KB141354

# 조선후기 통신사행록의 글쓰기 담론

## -글쓰기 방식과 일본 담론을 중심으로 -

Writing Discussion of Envoy's Travel Essay in the late Joseon Dynasty
- Focusing on Writing Method and Discussion about Japan -

부산광역시 BUSAN METROPOLITAN CITY  부산문화재단 BUSAN CULTURAL FOUNDATION

본 도서는 2015년 부산광역시와 부산문화재단의 사업비 지원을 받았습니다.

지은이 **정은영**

1977년 부산에서 태어나 부산대학교 국어국문학과를 졸업하고, 2014년 같은 학교 대학원에서 박사학위를 받았다. 주요 논문으로는「조선후기 통신사와 조선중화주의」, 「『일본록』에 나타난 대일지식 생성 연구」, 「교린체제 모색기 통신사의 일본 정보 탐색 연구」, 「교린체제 확립기 통신사의 삼도 인식 연구」 등이 있다. 현재 부산대학교에서 강사로 일하고 있다.

조선후기 통신사행록의 글쓰기 담론
: 글쓰기 방식과 일본 담론을 중심으로

© 정은영, 2015

1판 1쇄 인쇄_2015년 11월 20일
1판 1쇄 발행_2015년 11월 30일

지은이_정은영
펴낸이_양정섭
펴낸곳__도서출판 경진
　　　등록_제2010-000004호
　　　블로그_http://kyungjinmunhwa.tistory.com
　　　이메일_mykorea01@naver.com

공급처__(주)글로벌콘텐츠출판그룹
　　　대표_홍정표
　　　편집_송은주　디자인_김미미　기획·마케팅_노경민　경영지원_안선영
　　　주소_서울특별시 강동구 천중로 196 정일빌딩 401호
　　　전화_02) 488-3280　팩스_02) 488-3281
　　　홈페이지_http://www.gcbook.co.kr

값 18,000원
ISBN 978-89-5996-501-4 93370

# 조선후기 통신사 행록의
# 글쓰기 담론

글쓰기 방식과 일본 담론을 중심으로

정은영 지음

경진출판

# 머리말

"가깝고도 먼 나라"

정말 진부하지만 우리나라와 일본의 관계를 이처럼 정확하게 표현한 말이 있을까싶다. 지리적으로 가까울 뿐만 아니라 오랜 기간 문화적으로도 긴밀한 관계를 유지했던 양국이지만, 왜구의 약탈과 임진왜란의 발발, 그리고 강제병합을 거치며 정서적 거리감은 그 어떤 나라보다 먼 것이 사실이다. 그리고 이러한 반목의 역사는 여전히 진행 중이다. 독도 영유권 문제를 비롯하여 위안부·강제 징용 등의 과거사 해결방안을 두고 한·일 양국이 첨예하게 대립하면서, 일본에 대한 반감은 그 어느 때보다 고조되어 있다.

그런데 지금 우리의 모습은 400년 전과 닮아 있다. 임진왜란이라는 7년간의 전쟁을 거치며, 조선인에게 일본은 '한 하늘을 이고 살 수 없는 원수'였으며 '창자를 씹어먹어도 시원치 않은 오랑캐'였다. 심지어 조선 조정에서는 길잡이 노릇을 한 대마도를 정벌하자는 논의가 진행될 정도였다. 그러나 우리 조상들은 전쟁을 통한 복수 대신 평화적인 방법으로 양국 간의 외교 관계를 재정립하고자 하였는데, 그 방안으로 모색된 것이 바로 통신사의 파견이었다. 이러한 노력의 결과, 통신사가 파견된 200여 년 동안 조선과 일본은 서로를 이해하고 존중할 수 있는 관계로 나아갔고, 동아시아에는 그 유례를 찾아볼 수 없는 평화가 구축되었다.

특히 조선후기에 파견된 통신사는 이전과는 달리 문화사절단으로서의 성격이 강화되었다. 한 차례의 사행에 500명 내외의 인원이 일본으로 떠났는데, 조선의 문학·회화·음악·의학 등의 분야에서 최고의 실력을 갖춘 인물들이 사행원으로 선발되었다. 이는 오랑캐 일본에게 당한 치욕을 문화적 우월성으로 되갚으려는 의도가 통신사 파견의 기저에 깔려 있었기 때문이었다. 즉 조선은 선진문화를 일본에 전해주던 이전의 방식을 그대로 고수하여 자국 우위의 외교 관계를 확립하려 했던 것이다. 그렇다면 조선 조정의 작전은 성공하였을까?

문화적 자부심으로 무장한 통신사행원들은 호기롭게 일본을 향해 떠났다. 그러나 일본에 도착한 그들이 느낀 감정은 당혹감과 절망감이었다. 일본의 아름다운 풍광은 일찍이 조선에서 볼 수 없었던 仙境이었으며, 商船으로 가득한 항구와 정비된 도로, 그리고 화려한 성곽은 일본의 경제력을 여실히 보여주었다. 전쟁의 피폐함으로 가득한 고국을 떠올리며 통신사행원들은 일본의 물력 앞에 조물주를 원망할 수밖에 없었다. 조선에서는 미처 알지 못했던 일본의 진짜 모습을 목도한 통신사는 자신들의 견문을 빠짐없이 기록하여 통신사행록으로 남겼다. 이렇게 저술된 통신사행록은 후대 통신사에게는 외교 지침서였으며, 조선의 지식인에게는 일본을 간접체험할 수 있는 창구였다. 특히 明 멸망 이후, 中華를 자처하던 조선의 지식인에게 통신사행록을 통해 전해진 다양한 일본정보는 현재 조선의 실상과 문제를 깨닫게 하는 계기가 되었다.

하지만 이러한 가치에도 불구하고 통신사행록은 『열하일기』, 『북학의』와 같은 연행록에 비해 제대로 된 평가를 받지 못했다. 실제 박지원, 박제가 등의 실학자들이 중국으로 떠나기 전에 통신사행록을 읽었고, 그들이 보고 열광했던 淸의 문물은 이미 통신사행록에 수록되어 있었음에도…. 바로 그 안타까움에서 이 연구는 시작되었다. 정확한 일본정보를 전달하고자 했던 조선후기 통신사의 노력과 그러한 정보들이 만들어낸 다양한 일본 담론, 그리고 그 담론을 통해 자기를 반성하고 새로운 학문 지평을 열고자 했던 조선 지식인의 열망이 통신사행록에 담겨 있었기 때문이다.

아는 만큼 보인다고 조선후기 통신사에 무지했던 나는 통신사행록을 수없이 읽었으면서도 무엇을 어떻게 보아야 할지 몰라 좌절과 포기를 반복하였다. 때로는 현실의 문제는 외면한 채 수백 년 전의 책을 들고 끙끙거리고 있는 내 자신이 한심스러웠다. 그러나 전대의 통신사행록을 통해 성리학과 조선중화주의라는 이념의 틀에서 벗어나 자성의 목소리를 냈던 조선후기 지식인들처럼, 지금 우리가 맞닥뜨린 문제도 과거의 역사 속에서 그 해결책을 찾을 수 있지 않을까라는 기대감으로 연구를 계속하고 있으며, 이 책은 그러한 연구의 첫걸음이라고 할 수 있다.

부족함이 많은 글이었기에 이 책이 나오기까지 많은 분들에게 신세를 졌다. '好學'이라는 두 글자로 연구자의 길로 이끌어주신 김성진 선생님, 새로운 시각으로 글을 쓸 수 있게 도와주신 이헌홍 선생님과 조태흠 선생님, 그리고 장문의 편지로 격려를 아끼지 않으셨던 조규익 선생님께 감사드린다. 무엇보다도 소심한 제자를 타이르시며 끝까지 이끌어주신 한태문 선생님께도 존경과 감사의 말씀을 전한다. 그리고 방대한 자료를 함께 정리해 준 친구 선우와 희원이, 부족한 글을 처음부터 끝까지 읽고 고쳐주신 류경자 선생님, 세세한 부분까지 신경써주신 도서출판 경진 양정섭 사장님과 편집실 분들께도 깊이 감사드린다. 마지막으로 철부지 막내를 말없이 바라봐 준 부모님과 가족들에게 무한한 존경과 사랑을 전한다.

2015년 11월

# 목차

# 제1장 서론

## 1. 연구사 검토 및 문제제기

　임진왜란은 17세기 동아시아 삼국의 체제 기반을 송두리째 무너뜨린 전쟁이었다. 조선이 7년간의 전쟁을 거치는 동안 中原의 패권은 明에서 後金으로 넘어가고 있었다. 일본 역시 戰國時代를 평정한 豊臣秀吉이 임진왜란과 함께 그 榮辱을 다하면서, 전쟁 직후 비어 있던 권좌를 두고 내전이 시작되었다. 그러나 임진왜란으로 가장 큰 피해를 입은 나라는 조선이었다. 전 국토가 전쟁터였던 조선은 150만이던 토지 결수가 50만으로 급감했으며 경작 인구 또한 감소했다. 농경지의 급격한 감소는 바로 稅收 충당의 어려움으로 연결되었고 이는 전쟁 복구를 힘들게 만들었다. 또한 노비대장과 토지대장의 소실로 노비가 감소함으로써 조선 왕조의 근간이었던 신분제가 동요하였다.[1]

무엇보다 임진왜란이 조선사회에 남긴 가장 큰 상처는 오랑캐라고 여겼던 일본에게 속수무책으로 당했다는 치욕과 정신적 패배감이었다. 하지만 조선이 이러한 상처를 채 추스르기도 전에 조선을 둘러싼 국제 정세는 빠르게 변하고 있었다. 後金의 급격한 성장은 조선을 위협했고, 南邊 역시 전쟁 재발의 가능성이 상존하고 있었다. 하지만 전쟁으로 황폐해진 국토를 재건하는 일이 급선무였던 조선은 일본과의 관계를 개선하여 남변을 안정시키고자 하였다.

그리고 조선과 일본 간의 올바른 관계 정립을 위해서는 일본을 제대로 아는 것이 무엇보다 중요했다. 특히 조선으로서는 임진왜란 전에 사신을 파견하고도 일본의 침략 가능성을 간파하지 못했던 경험이 있던 터라, 일본에 대한 정보의 확충은 그 어느 때보다 절실한 문제였다. 이를 위해 조선은 對馬島에 探敵使를 보내는 한편 明과 긴밀한 공조 관계를 유지하면서 일본의 동태에 촉각을 곤두세웠다. 그러나 이러한 방법을 통해 입수할 수 있는 일본정보는 지극히 제한적이었으며 그 정확성을 담보할 수도 없었다.

그래서 조선은 공식적으로 通信使를 파견하여 일본에 대한 정보를 탐색하고자 하였다. 통신사는 國書를 전달하는 외교적 임무를 수행하였기에 關白이 있는 江戸까지 갈 수 있었다. 따라서 江戸까지 가는 노정에서 일본에 대한 정보를 자연스럽게 탐색할 수 있었다. 조선후기 통신사는 자신들이 파견된 목적을 정확하게 인지했고, 이에 따라 일본에서의 경험을 빠짐없이 기록으로 남겼다.

---

1) 하우봉, 「16세기말 동아시아 국제전쟁」, 『동아시아의 역사』, 동북아역사재단, 2011, 238쪽.

그 기록이 바로 通信使行錄이었다. 그래서 조선후기 통신사행록은 단순한 일본 체험기가 아니라, 對日 외교 정책 수립의 참고자료였으며, 동시에 후대 사행원들의 외교 지침서로 활용되었다. 뿐만 아니라 여행이 자유롭지 않았던 시대, 통신사행록은 조선의 지식인에게 일본을 간접 체험할 수 있는 기회이자, 일본지식을 획득할 수 있는 주요 창구였다.[2]

조선후기 통신사행록에 대한 연구는 1980년대에 들어서야 본격적으로 이루어졌다. 1980년대 이전에도 통신사행록에 대한 연구가 있었지만, 작품에 대한 구체적인 논의가 진행되지는 않았다. 김태준[3]은 1931년 간행된 『朝鮮漢文學史』에서 申維翰의 『海游錄』을 朴趾源의 『熱河日記』와 쌍벽을 이루는 기행문학의 白眉로 평가하였다. 그리고 구자균[4]과 김사엽[5]은 『日東壯遊歌』의 국문학사적 의의와 가치를 논했으나, 이는 작품에 대한 본격적인 연구라고 할 수 없었다. 뒤이은 장덕순의 『일동장유가』 연구[6] 역시 자료 발굴과 소개의 차원에 머물렀다.

---

2) 일본에 대한 정보를 수록하고 있는 조선시대의 자료로는 통신사행록 외에 포로실기와 표류기 등을 들 수 있다. 그러나 포로 실기와 표류기에서 다루고 있는 정보는 일본의 특정 지역에 한정되어 있으며, 그 교류 범위나 행동반경에 따라 탐색 대상 역시 제한적일 수밖에 없었다. 그러나 무엇보다 일본의 변화상을 적실하게 담아내지 못한다는 한계를 가졌다. 이에 비해 통신사행록은 조선후기 200여 년간의 기록이라 대외 정세나 일본의 내부적 변동에 따른 변화상을 상세하게 담을 수 있었다. 그러므로 통신사행록은 조선의 지식인이 일본에 대한 정확한 지식을 얻을 수 있는 주된 창구가 되었다.

3) 김태준, 『朝鮮漢文學史』, 조선어문학회, 1931.

4) 구자균, 『韓國平民文學史』, 민족문화사, 1947.

5) 김사엽, 『改稿 國文學史』, 정음사, 1954.

6) 장덕순, 「日本紀行의 日東壯遊歌」, 『현대문학』 95, 현대문학, 1962.

그러다 1970년대 강재언, 이원식, 이진희 등의 在日한국인 학자를 중심으로 통신사 연구[7]가 활발히 진행되었고, 이에 자극을 받은 국내에서도 통신사에 대한 연구가 본격적으로 시작되었다. 그 시초는 소재영과 김태준이 엮은 『여행과 체험의 문학: 일본편』[8]이었다. 이 책에서는 조선 지식인의 일본 체험 유형 중 하나로 『海行摠載』를 다루고 있는데, 이를 통해 통신사행록에 대한 학계의 관심을 이끌어 낼 수 있었다. 뒤이은 1980년대의 연구는 선행연구에서 그 가치를 인정받았던 『海游錄』[9]과 『日東壯遊歌』[10]를 위주로 이루어졌다. 아울러 1763년 癸未使行의 또 다른 기록인 『海槎日記』에 대한 연구[11]도 함께 진행되었다. 또한 이 시기의

---

7) 강재언, 『譯註 申維翰海游錄』, 東洋文庫, 1974; 이원식, 「朝鮮純祖辛未通信使の訪日について: 對馬における日韓文化交流中心に」, 『韓國學報』 72, 조선학회, 1974; 이진희, 『李朝の通信使: 江戸時代の日本と朝鮮』, 講談社, 1976.

8) 소재영·김태준 공편, 『여행과 체험의 문학: 일본편』, 민족문화문고간행회, 1985.

9) 최박광, 「한일간 한문학 교류에 대하여, 청천 申維翰을 중심으로」, 『한국한문학연구』 제5집, 한국한문학연구회, 1981; 최박광, 「靑泉 申維翰と日本」, 『논문집』 제6집, 건국대학교 부설교육연구소, 1982; 최박광, 「18세기 일본한시단: 申維翰 문집에서」, 『일본학』 제2집, 동국대학교 일본학연구소, 1982; 최박광, 「18세기 한일간의 한문학교류: 청천 申維翰과 新井白石」, 『전통문화연구』 제1집, 명지대학교 한국전통문화연구소, 1983; 소재영, 「『해유록』에 비친 한일관계: 申維翰의 『해유록』 연구」, 『숭실어문』 제4집, 숭실대학교 국어국문학회, 1987; 김윤향, 「18세기 申維翰의 일본인식에 관한 고찰: 통신사기록 '해유록'을 중심으로」, 이화여자대학교 석사논문, 1987; 이혜순, 「申維翰의 『해유록』 연구」, 『논문집』 제18집, 숭실대학교, 1988.

10) 홍유표, 「일동장유가에 나타난 일본관」, 동국대학교 석사논문, 1984; 소재영, 「18세기의 일본체험: 『일동장유가』를 중심으로」, 『논문집』 제18집, 숭실대학교, 1988.

11) 김의환, 「조엄이 본 18세기 후반기의 일본사회와 조일관계: 그의 『해사일기』를 중심으로」, 『현암 신국주 박사 화갑기념 한국학논총』, 동국대학교출판부, 1985; 이성후, 「조엄과 김인겸의 對日觀 연구」, 『금오공대 논문집』 제7집, 금호공과대학교, 1986; 이혜순, 「18세기 후반 조선통신사의 일본인식: 조엄의 해사일기와 창수록을 중심으로」, 『동방고전문학연구』, 학산조종업박사화갑기념논총, 1990.

연구 경향 중 하나는 통신사를 매개로 이루어진 조·일 간 문화교
류에 대한 것으로 김태준의 연구가 대표적이다.[12]

1990년대에는 그 어느 때보다 통신사행록에 대한 연구가 활발
했는데, 특히 조선과 일본 文士 간에 이루어진 문학 교류가 집중
적으로 연구되었다.[13] 아울러 그러한 교류 과정에서 표출된 통신
사의 일본인식도 연구의 대상이 되었다.[14] 그리고 그간의 연구에
서 다루어지지 않았던 17세기 사행록[15]이나 통신사행록 저술의

---

12) 김태준, 「임진란 이후의 한일교류」, 『문예진흥』 제96집, 한국문화예술진흥원, 1984; 김태준, 「동아시아 문학의 자국주의와 중화주의의 위기: 18세기 한일문학 교류의 한 양상」, 『일본학』 제6집, 동국대학교 일본학연구소, 1987; 김태준, 「18세기 한일문화교류의 양상: 『강관필담』을 중심으로」, 『논문집』 제18집, 숭실대학교, 1988; 박창기, 「조선시대 통신사와 일본의 문단: 1711년 사행시 임가 및 목하순암문과의 교류를 중심으로」, 『일본학보』 23, 한국일본학회, 1989.

13) 이혜순, 「18세기 한일문사의 교류양상: 기해사행시 한일문사의 〈창수집〉을 중심으로」, 『대동문화연구』 26, 성균관대학교 대동문화연구소, 1991; 이혜순, 「18세기 한일문사의 금강산: 부사산 우열논쟁과 그 의미」, 『한국한문학연구』 제14집, 한국한문학연구회, 1991; 이혜순, 「18세기 한일문사의 창화시 연구: 신묘사행시 대판성오십운 창화시를 중심으로」, 『한국한시연구』 2, 한국한시학회, 1994; 최박광, 「한일간의 문학교류: 申維翰과 月心性湛의 경우」, 『인문과학』 제29집, 성균관대학교 인문과학연구소, 1999.

14) 김승우, 「기행시문집에 나타난 우리나라 역대 문인·학자들의 일본관 연구: 려한시대 일본기행 시문집 〈해행총재〉를 중심으로」, 『덕성어문학』 제7집, 덕성여자대학교 국어국문학과, 1992; 김정일, 「1636년 통신사와 조선의 대마도인식」, 『숙명한국사론』 창간호, 숙명여자대학교, 1993; 하우봉, 「원중거의 일본인식」, 『이기백선생고희기념 한국사학논총』 하, 일조각, 1994; 하우봉, 「실학파의 대외인식」, 『국사관논총』 제76집, 국사편찬위원회, 1997; 임형택, 「계미통신사와 실학자들의 일본관」, 『창작과비평』 가을호, 1994; 김성진, 「조선후기 통신사의 기행시문에 나타난 일본관연구」, 『도남학보』 제15집, 1996; 김성진, 「조선후기 통신사의 일본문학인식」, 『한국문학논총』 제18집, 한국문학회, 1996; 이원식, 「통신사기록을 통해 본 대일본인식」, 『국사관논총』 76, 1997; 이성후, 「청천 申維翰의 대일관연구」, 『논문집』 제18집, 금오공과대학교, 1997.

15) 이혜순, 「17세기 통신사행집단의 문학과 의식세계: 남용익의 〈장유〉를 중심으로」, 『한국한문학연구』 제17집, 한국한문학회, 1994; 한태문, 「갑자 통신사행기

또 다른 주체인 書記·驛官·閭巷文人에 대한 관심16)도 고조되었다. 그 결과 사행록의 저술 주체에 따른 비교 연구17)도 함께 이루어질 수 있었다.

한편 1990년대 중반에는 한태문18)과 이혜순19)이 조선후기 통신사 문학을 통시적으로 다루면서 사행 문학 전반에 대한 이해가 가능해졌다. 한태문은 조선후기 사행문학을 외교체제의 성격과 문학적 전개 양상을 고려하여 '교린체제 모색기(1607~1624)의 문학', '교린체제 확립기(1636~1655)의 문학', '교린체제 안정기(1682~1763)의 문학', '교린체제 와해기(1811)의 문학'으로 구분하고 각

『東槎錄』 연구」, 『인문논총』 제50집, 부산대학교, 1997; 한태문, 「『東槎錄』 소재 서간에 반영된 한일 문사의 교류양상 연구」, 『한국문학논총』 제23집, 한국문학회, 1998; 정장식, 「1655년 통신사행과 일본연구」, 『일본학보』 44, 한국일본학회, 2000.

16) 한태문, 「여항문인의 壬戌使行期 연구: 『東槎錄』과 『東槎日錄』을 중심으로」, 『국어국문학』 제30집, 부산대학교 국어국문학과, 1993; 한태문, 「홍세태 사행문학 연구」, 『우암어문논집』 제4집, 부산외국어대학교 국어국문학과, 1994; 한태문, 「이언진의 문학관과 통신사행에서의 세계인식」, 『국어국문학』 제34집, 부산대학교 국어국문학과, 1997; 김성진, 「남옥의 생애와 일본에서의 필담창화」, 『한국한문학연구』 제19집, 한국한문학회, 1996; 김경숙, 「18세기 전반 서얼문학연구: 이세원, 신유한, 강백, 김도수를 중심으로」, 이화여자대학교 박사논문, 1999.

17) 박태순, 『계미통신사(1763)의 일본관: 김인겸의 〈일동장유가〉와 박지원의 〈우상전〉을 중심으로」, 『일본평론』 제4집, 가톨릭대학교 사회과학연구소, 1991; 이동찬, 「18세기 대일 사행체험의 문화적 충격양상: 〈해사일기〉와 〈일동장유가〉를 중심으로」, 『한국문학논총』 제15집, 한국문학회, 1994; 이동찬, 「계미 통신사행 기록의 장르선택: 〈해사일기〉와 〈일동장유가〉를 중심으로」, 『한국문학논총』 제18집, 한국문학회, 1996; 이성후, 「『일동장유가』와 『해사일기』의 비교연구」, 『논문집』 제17집, 금오공과대학교, 1996; 정한기, 「『일동장유가』에 나타난 일본에 대한 인식연구: 『해사일기』의 비교를 중심으로」, 『관악어문연구』 제25집, 서울대학교 국어국문학과, 2000.

18) 한태문, 「조선후기 통신사 사행문학 연구」, 부산대학교 박사논문, 1995.

19) 이혜순, 『조선통신사의 문학』, 이화여자대학교출판부, 1996.

시기별 문학의 전개 양상과 의미를 고찰하였다. 그리고 이혜순은 통신사행록뿐만 아니라 筆談唱和集과 서신까지 연구 대상으로 삼아 통신사 사행문학의 성립 배경과 형성, 각 시기별 조일 문사 교류의 특징 등을 살폈다. 한편 1990년대 후반에는 통신사행록에 대한 연구 영역이 儀禮·民俗學으로까지 확대되었다.[20]

2000년대에는 1990년대의 연구 경향이 계속 이어져 양국 지식인 간의 교류와 통신사의 일본인식에 대한 연구[21]가 주를 이루었다. 이 시기에 특이할 만한 사항은『海行摠載』미수록 작품에 대한 번역 작업이 이루어져 연구 대상 자료가 늘어났다는 점이다. 1986년 하우봉이『해행총재』미수록 사행록을 언급[22]한 이후로

---

20) 한태문,「조선후기 대일 사행문학의 실증적 연구: 부산 영가대 해신제와 제문을 중심으로」,『동양한문학연구』제11집, 동양한문학회, 1997; 한태문,「『해행총재』소재 사행록에 반영된 일본의 통과의례와 사행원의 인식」,『한국문학논총』제26집, 한국문학회, 2000; 최종일,「조선통신사와 일광산치제 연구」, 강원대학교 석사논문, 1998.

21) 정장식,「1636년 통신사의 일본인식」,『문명연지』제2권 제2호, 한국문명학회, 2001; 정장식,「계미(1643) 통신사행과 일본인식」,『일본문화학보』, 한국일본문화학회, 2001; 정장식,「1748년 통신사와 일본에 대한 인식 변화」,『인문과학논집』제31집, 청주대 인문과학연구소, 2005; 김문식,「조선후기 통시사행원의 대일인식」,『대동문화연구』제41집, 성균관대학교 대동문화연구원, 2002; 정응수,「한일간의 상호 이미지 연구: 新井白石과 신유한을 중심으로」, 원광대학교 박사논문, 2003; 민덕기,「김인겸의『일동장유가』로 보는 대일인식: 조엄의『해사일기』와의 비교를 통해」,『한일관계사연구』23, 한일관계사학회, 2005; 박애경,「일본 기행가사의 계보와 일본관의 변모양상」,『열상고전연구』제23집, 열상고전연구회, 2006; 백옥경,「역관 김지남의 일본 체험과 일본인식:『東槎日錄』을 중심으로」,『한국문화연구』10, 이화여자대학교 한국문화연구원, 2006; 정은영,「조선후기 通信使와 朝鮮中華主義: 使行기록에 나타난 對日 認識 전환을 중심으로」,『국제어문』제46집, 국제어문학회, 2009; 신로사,「1643년 통신사행과 조경의 일본인식에 관한 小考」,『민족문화』제41집, 한국고전번역원, 2013.

22) 하우봉,「새로 발견된 일본사행록들: 《해행총재》의 보충과 관련하여」,『역사학보』112, 역사학회, 1986.

1655년 乙未使行의 正使 趙珩이 쓴 『扶桑日記』가 번역되었고, 이를 필두로 1763년 癸未使行의 製述官 南玉의 『日觀記』, 書記 成大中의 『日本錄』, 元重擧의 『乘槎錄』과 『和國志』, 그리고 1711년 辛卯使行의 押物通事 金顯文이 저술한 『東槎錄』이 연이어 번역23)되었다. 이러한 번역 작업을 바탕으로 조선후기 통신사행록에 대한 연구가 질적·양적으로 큰 성장을 이루었다. 특히 1763년의 癸未使行은 단일 사행 중 최다종의 사행록이 저술되었을 뿐만 아니라 江戶까지 다녀온 마지막 사행이었다는 점, 그리고 北學派와의 영향관계가 드러난다는 점에서 학계의 주목을 받아 이에 대한 연구가 꾸준히 진행되었다.24) 또한 이 시기에는 1990년대 후반부터

---

23) 임장혁, 『조형의 부상일기연구』, 집문당, 2000; 원중거 지음(김경숙 옮김), 『승사록: 조선후기 지식인, 일본과 만나다』, 소명출판, 2006; 남옥 지음(김보경 옮김), 『일본록: 붓끝으로 부사산 바람을 가르다』, 소명출판, 2006; 원중거 지음(박재금 옮김), 『화국지: 와신상담의 마음으로 일본을 기록하다』, 소명출판, 2006; 성대중 지음(홍학희 옮김), 『일본록: 부사산 비파호를 날 듯이 건너』, 소명출판, 2006; 김현문 지음(백옥경 옮김), 『東槎錄』, 혜안, 2007.

24) 김성진, 「癸未使行時의 南玉과 那波師曾」, 『한국문학논총』 제40집, 한국문학회, 2005; 김성진, 「癸未使行時의 筆談唱和와 大阪의 混沌社」, 『한국문학논총』 제54집, 한국문학회, 2010; 민덕기, 「김인겸의 『日東壯遊歌』로 보는 對日인식: 조엄의 『海槎日記』와의 비교를 통해」, 『한일관계사연구』 제23집, 한일관계사학회, 2005; 구지현, 『계미통신사 사행문학 연구』, 보고사, 2006; 김경숙, 「『승사록(乘槎錄)』의 서술 방식과 사행록으로서의 의의」, 『한국문화연구원논총』 제10호, 이화여자대학교 한국어문학연구소, 2006; 김보경, 「남옥(南玉)의 『일관기(日觀記)』 연구: 대상·보기·쓰기 문제를 축으로」, 『한국고전연구』 통권 14호, 한국고전연구학회, 2006; 백옥경, 「역관 오대령의 일본인식: 『명사록』을 중심으로」, 『조선시대사학보』 38, 조선시대사학회, 2006; 박채영, 「玄川 元重擧의 通信使行錄 硏究: 『乘槎錄』과 『和國志』를 중심으로」, 이화여자대학교 석사논문, 2009; 이계용, 「일동장유가에 나타난 작가의식 연구」, 성결대학교 석사논문, 2009; 진재교, 「원중거의 「안용복전」 연구: '안용복'을 기억하는 방식」, 『진단학보』 108, 진단학회, 2009; 윤재환, 「『日觀詩草』를 통해 본 秋月 南玉의 日本 認識」, 『고전과해석』 제8집, 고전문학한문학연구학회, 2010; 박재금, 「원중거의 일본체험, 그 의의와 한계: 『화국지』를 중심으로」, 『한국한문학연구』 제47집, 한국한문학회, 2011; 이홍식, 「1763

시작된 통신사 儀禮 연구25)가 더욱 활발해졌으며, 그와 동시에 의례 관련 음식과 음식문화 교류에 대한 연구26)도 이루어졌다. 그리고 문학을 비롯하여 조·일 문화교류 전반에 관한 관심27)도 여전하였다. 한편 2000년대 들어와 통신사행록에 대한 관심은 조선전기의 기록으로까지 확대되었고28) 아울러 조선의 전·후기 통

년 계미통신사행과 한일 관계의 변화 탐색: 충돌과 갈등 양상을 중심으로」, 『동아시아문화연구』 제49집, 한양대 동아시아문화연구소, 2011; 정은영, 「『日本錄』에 나타난 對日知識생성 연구」, 『어문학』 제122집, 한국어문학회, 2013.

25) 한기숭, 「日本通信使 研究: 聘禮의 性格 分析을 中心으로」, 동의대학교 석사논문, 2004; 송지원, 「조선통신사의 의례」, 『조선통신사연구』 제2호, 조선통신사학회, 2006; 장혜진, 「에도(江戶)시대 조선통신사 닛코(日光)행에 관한 일고찰: 17세기 중반 류큐 사절의 닛코행 비교를 통하여」, 한양대학교 석사논문, 2007; 정은영, 「조선통신사와 망궐례」, 『조선통신사연구』 제5호, 조선통신사학회, 2007; 정영문, 「通信使가 기록한 國內行使路程에서의 餞別宴」, 『조선통신사연구』 제7호, 조선통신사학회, 2008; 최나리, 「1711년 신묘통신사 빙례개변에 대하여: 新井白石과 雨森芳洲의 대립을 중심으로」, 경희대학교 석사논문, 2010; 하우봉, 「조선시대의 통신사 외교와 의례문제」, 『조선시대사학보』 58권, 조선시대사학회, 2011.

26) 이경희·조수미·한태문, 「영가대 해신제 제수 요리의 원형복원에 대하여」, 『조선통신사연구』 제8호, 조선통신사학회, 2009; 박정희, 「17~18세기 通信使에 대한 日本의 儀式茶禮 研究」, 원광대학교 박사논문, 2009; 진영은, 「朝鮮通信使 交流에 나타난 韓日 飮食文化 硏究」, 순천대학교 석사논문, 2013.

27) 문경철, 「朝鮮通信使로 본 韓日文化交流: 唐人춤과 唐子춤을 中心으로」, 원광대학교 석사논문, 2011; 신로사, 「1811년 辛未通信使行과 朝日 문화 교류: 筆談·唱酬를 중심으로」, 성균관대학교 박사논문, 2011.

28) 정영문, 「宋希璟의 『日本行錄』 硏究」, 『온지논총』 제14집, 온지학회, 2006; 손승철, 「『海東諸國紀』의 사료적 가치」, 『한일관계사연구』 제27집, 한일관계사학회, 2007; 손승철, 「여행기를 통해 본 한·일 양국의 표상: 조선시대 『해동제국기(海東諸國紀)』와 『화국지(和國志)』를 통해 본 일본의 표상」, 『동아시아문화연구』 44권, 한양대학교 동아시아문화연구소, 2008; 손승철, 「조선통신사 사행록 연구: 『海東諸國紀』와 『和國志』同異点 분석」, 『인문과학연구』 제30집, 강원대학교 인문과학연구소, 2011; 손승철, 「전근대 동아시아 국제관계의 재인식: 『해동제국기』를 통해 본 15세기 조선지식인의 동아시아관: 약탈의 시대에서 공존·공생의 시대로」, 『사림』 41권, 수선사학회, 2012; 신동규, 「『海東諸國紀』로 본 中世日本의 國王觀과 日本國王使의 성격」, 『한일관계사학회』 제27집, 한일관계사학회, 2007;

신사행록을 모두 아우르는 연구29)가 함께 진행되었다.

한편 그간의 통신사행록에 대한 연구는 『조선통신사 사행록 연구총서』30) 간행으로 집대성되었으며, 최근에는 통신사행록 외에 조·일 양국 지식인 간의 筆談唱酬集이 번역·출간31)되기도 하였다. 더 나아가 2016년 통신사 유네스코 등재를 위한 논의가 한국과 일본 연구자를 중심으로 진행되고 있어 통신사에 대한 연구는 더욱 활발해질 전망이다.

그러나 통신사행록에 관한 지금까지의 연구는 특정한 시기와 작품, 그리고 주제에 편중되어 있다. 조선후기 총 12차례의 사행 중 7차례는 17세기에 이루어졌음에도 불구하고 대부분의 연구는 18세기 위주로 진행되었다. 물론 18세기 통신사행록이 분량이나 내용면에서 17세기보다 더 발전된 형태를 취하고 있다. 하지만 통신사행록이 전대 사행록을 模本으로 삼아 저술되었다는 사실을 고려하면 18세기 사행록에 대한 연구는 17세기 사행록 연구가 뒷받침되었을 때에만 그 가치를 정확하게 평가할 수 있다. 같은 맥락에서 18세기 사행록에 대한 연구 역시 1763년, 혹은 『海游錄』

---

엄찬호, 「『海東諸國記』의 역사지리적 고찰」, 『한일관계사연구』 제27집, 한일관계사학회, 2007; 이효정, 「朝鮮 前期 士大夫의 日本 使行 經驗: 宋希璟의 『日本行錄』을 중심으로」, 『조선통신사연구』 제5호, 조선통신사학회, 2007; 하혜정, 「『海東諸國記』 底本 연구」, 『동양고전연구』 제28집, 동양고전학회, 2007; 조정효, 「『일본왕환일기』의 사행문학적 성격과 의의」, 부산대학교 석사논문, 2011.

29) 정영문, 「조선시대 대일사행문학 연구: 『해행총재』 소재 작품을 중심으로」, 숭실대학교 박사논문, 2005.

30) 조규익·정영문 엮음, 『조선통신사 사행록 연구총서』, 학고방, 2008.

31) 연세대 필담창화집 연구단은 필담창화집 178권을 완역하여 『조선후기 통신사 필담창화집 번역총서』(보고사)로 출간하였다.

(申維翰)·『日東壯遊歌』(金仁謙)·『和國志』(元重擧)라는 특정 사행이
나 작품에 국한되어 있으므로 좀 더 균형 있는 연구가 필요하다.

무엇보다 조선후기 통신사행록 연구의 가장 큰 한계는 그 논의
가 일본인식이라는 특정 주제로 귀결된다는 점이다. 특히 조선후
기 통신사를 파견했던 근본적인 목적이 備倭였고, 사행록의 저술
역시 동일선상에서 이루어졌다는 점을 고려한다면, 통신사의 일
본인식보다는 그러한 인식을 가능하게 했던 일본지식[32]에 대한
연구가 선행되어야 한다. 그럼에도 불구하고 현재 우리나라의 학
문 체제는 그 연구 영역이 명확하게 구분되어 있어 사행록에 대
한 종합적인 이해와 검토가 불가능했다. 그러다 보니 정치·외교·
경제·문학·예술 등 일본에 대한 복합적인 지식을 다루고 있는 통
신사행록을 일본지식과 관련하여 살핀 연구는 미비한 편이다.

손혜리는 1763년 癸未使行의 서기 成大中이 저술한 『日本錄』 중
'녹운선 이야기'에 주목했다. 손혜리는 일본 기생 녹운선의 사랑
이야기가 조선의 문학작품에 수용되었다는 사실을 들어, 통신사
행록이 동북아시아 지식의 축적과 확산에 영향을 미쳤다고 보았

---

32) 사물을 분별하고 판단한다는 점에서 '인식'과 '지식'은 유사한 개념으로 쓰이기
도 한다. 그러나 '인식'이 감각적인 직관이나, 개인의 주관적인 대응을 내포한
개념이라는 점에서 이 둘은 구별된다. '인식'은 경험이나 이론을 통해 외부세계
를 이미지로 형성하고 판단하는 작용이다. 이에 비해 '지식'은 의사결정이나 해
결 방법에 이용하기 위한 정보를 의미하거나, 객관적 실재의 본질이나 내적 관계
를 판단·추리하기 위한 사고활동을 뜻한다. 따라서 인식에 비해 지식이 더 객관
적일 수밖에 없다. '인식'과 '지식'에 대해서는 한국문학평론가협회, 『문학비평용
어사전』, 국학자료원, 2006; 철학사전편찬위원회외 30인, 『철학사전』, 중원문화,
2009; 이종수, 『행정학사전』, 대영문화사, 2009; 정치학대사전편찬위원회, 『21세
기 정치학대사전』, 한국사전연구사, 2010; 기다 겐·노에 기이이치·무라타 준이
치·와시다 기요카즈 지음(이신철 옮김), 『현상학사전』, 도서출판 b, 2011 참조.

다.33) 손혜리의 이러한 논의는 조선후기 통신사행록을 지식의 측면에서 파악할 수 있는 단초를 제공하였다. 이를 시작으로 통신사행록을 일본지식과 관련해서 살피는 연구가 본격적으로 시작되었다. 정훈식34)은 조선후기 사행록의 지식 생성 구조를 탐구목적, 구성 방법, 그리고 생성 기반으로 나누어 살폈다. 그는 통신사의 일본지식 탐구는 備倭에서 촉발되었고, 博覽과 辨證이 그 탐구 방법이었다고 보았다. 정훈식은 華夷와 文物을 기반으로 형성된 일본지식이 일본을 재인식한 계기가 되었음은 물론, 조선 개혁의 방안으로써의 '學日本' 성립으로 연결되었다고 통신사행록의 가치를 평가했다. 박희병35)은 조선 전·후기 통신사행록의 문견록을 대상으로 일본지식이 어떤 방식으로 축적되었는지를 통시적으로 살폈다. 그리고 元重擧가 저술한 『和國志』와 李德懋의 『蜻蛉國志』의 영향 관계를 밝히고, 이 두 작품을 조선에서 일본학을 성립시킨 저술이라고 평가했다. 그리고 최근 정은영36)은 成大中의 『일본록』을 연구 대상으로 삼아 통신사행록에 나타난 일본지식의 생성과 축적 양상을 살폈다. 그는 사행록을 통해 축적된 일본지식이 정정과 확인, 해석과 종합적 평가, 그리고 현실적 적용을 거쳐 또 다른 지식 생성으로 연결되었음을 밝혔다. 하지만

---

33) 손혜리, 「청성 성대중의 문학활동과 문학론」, 성균관대학교 석사논문, 2000.

34) 정훈식, 「조선후기 일본지식의 생성과 통신사행록」, 『동양한문학연구』 제29집, 동양한문학회, 2009.

35) 박희병, 「조선의 일본학 성립: 원중거와 이덕무」, 『한국문화』 61, 서울대학교 규장각 한국학연구원, 2013.

36) 정은영, 「『일본록』에 나타난 대일지식 생성연구」, 『어문학』 제122집, 한국어문학회, 2013.

이러한 연구 역시 특정 사행록을 중심으로 논의를 전개하였거나 통신사행록 체재 중 일부만을 대상으로 삼아 연구를 진행하였다는 한계를 지녔다.

　조선후기 통신사행록은 통신사의 견문이 어떤 방식으로 기술되고, 어떻게 지식으로 형성되었는지를 생생하게 보여준다. 또한 이렇게 형성된 지식이 개인의 지식 확충에 머물지 않고 특정 담론을 형성하며 당대의 조선 지식인과 공유되었다는 사실까지도 알려준다. 아울러 통신사행록에 나타난 일본지식의 연구를 통해 조선시대의 해외 체험과 관련 지식의 수용이 조선의 학문과 사회에 어떤 영향을 미쳤는지도 살펴볼 수 있다. 따라서 이글에서는 조선후기 통신사행록을 통한 일본지식의 형성과 그 수용에 초점을 두고 논의를 진행하겠다. 조선후기 통신사행록의 텍스트 형성 방법에 대해 자세히 살펴보고, 이렇게 형성된 일본지식이 통신사행록을 통해 조선에 전해지면서 조선 내에서 어떠한 논의가 전개되었는지에 대해서도 알아보겠다. 그리고 이러한 일본지식과 담론이 조선후기 사회에 어떤 변화를 가져 왔는지에 대해서도 아울러 살펴보겠다.


## 2. 연구대상과 방법

　일본지식을 다루고 있는 조선후기 자료에는 통신사행록과 筆談唱和集이 있다. 그러나 筆談唱和集에서의 筆談은 주로 일본인의 질문에 통신사행원이 답을 하는 방식[37]으로 이루어졌다. 이는 일본인의 주도로 이루어진 지식 교환의 형태이며, 그 지식을 추구하는 주체 역시 일본인이었다고 할 수 있다. 반면 통신사행록은 통신사가 주체가 되어 탐색한 일본지식을 다루고 있으며, 그 내용을 통해 조선사회와 지식인이 관심을 가졌던 대상이 무엇이었는지까지 확인해볼 수 있다. 또한 筆談唱和集은 일본에서 출판·간행되어 그 지식의 수용 범위가 일본으로 국한되었다. 물론 후대 사행원이 일본에서 간행된 筆談唱和集을 열람할 수 있었고, 그것을 기증 받아 조선으로 유입하는 경우도 있었다. 그러나 실제로 현재까지 발견된 筆談唱和集의 대부분은 일본 소재인 경우가 많다. 반면 사행록은 조선 내에서 전승되었을 뿐만 아니라, 그 가치에 따라『海東諸國記』처럼 국가적 차원에서 간행되어 외교문제의 참고자료로 이용되기도 하였다. 그런가 하면 개인의 문집에 실려 가문 내에 전승되거나 그 嗣承관계에 따라 지식인 사회에 전해지기도 하였다. 그러므로 일본에 대한 정보와 지식을 파악하는 데 있어 조선후기 통신사행록만큼 유용한 수단은 없었다.

그래서 본 연구에서는『海行摠載』와『大系 朝鮮通信使』, 도서관 소장 영인본 통신사행록을 대상[38])으로 하여 일본정보의 지식화 과정과 일본지식의 조선 내 수용 양상을 고찰하는 데에 일차적 목표를 두었다. 이를 위해 제2장에서는 정보 탐색 경로와 글쓰기 방식을 중심으로 조선후기 통신사행록의 지식 형성 방법을 살펴보겠다. 사행은 동일한 경로를 따라 명문화된 의례를 반복하면서

---

37) 김형태, 「1764년 통신사(通信使) 의원필담(醫員筆談)『왜한의담(倭韓醫談)』의 특성 및 문화사적 가치 연구」,『배달말』제53집, 배달말학회, 2013, 226쪽.
38) 연구 대상 목록은 다음과 같다.

진행되었다. 따라서 전대 사행록은 후대 사신에게 좋은 교과서이자 외교 지침서 역할을 하였다. 그래서 통신사로 선발되고 나면 이전 사행의 기록을 숙지하는 것이 일반적인 정보 탐색의 경로였다. 그러나 7년간의 전쟁 후에 파견된 조선후기 통신사는, 그 파견 목적은 물론 수행 임무에 있어서도 조선전기와 같을 수 없었다. 더욱이 통신사 파견의 실제적인 목적이 敵情 탐색이었기에 이전 통신사행록을 통해 정보를 얻는 데에는 한계가 있었다.

그래서 조선후기 통신사는 일본의 변화상을 빠짐없이 기록하였고, 더 많은 정보를 확충하고자 했다. 그리고 이를 위해 이전 사행록을 숙지하던 전통적인 방식 외에 정보를 탐색할 수 있는 다양한 경로를 모색하였다. 또한 통신사는 이렇게 수집된 일본정보를 좀 더 객관적으로 파악할 수 있는 방법을 마련하였다. 이런 과정을 거치면서 단순한 정보가 일본지식으로 확립되어 갔는데, 이 장에서는 일본지식이 어떠한 경로로 형성되고 구체화되었으

| | 시기 | 저자 | 직책 | 사행록명 | | 시기 | 저자 | 직책 | 사행록명 |
|---|---|---|---|---|---|---|---|---|---|
| 1 | 丁未 (1607) | 경섬 | 부사 | 海槎錄 | 16 | 壬戌 (1682) | 홍우재 | 역관 | 東槎錄 |
| 2 | 丁巳 (1617) | 오윤겸 | 정사 | 東槎上日錄 | 17 | | 김지남 | 역관 | 東槎日錄 |
| 3 | | 박재 | 부사 | 東槎日記 | 18 | 辛卯 (1711) | 임수간 | 부사 | 東槎日記 |
| 4 | | 이경직 | 종사관 | 扶桑錄 | 19 | | 김현문 | 역관 | 東槎錄 |
| 5 | 甲子 (1624) | 강홍중 | 부사 | 東槎錄 | 20 | 己亥 (1719) | 홍치중 | 정사 | 海槎日錄 |
| 6 | | 신계영 | 종사관 | 仙石遺稿 | 21 | | 신유한 | 제술관 | 海游錄 |
| 7 | 丙子 (1636) | 임광 | 정사 | 丙子日本日記 | 22 | 戊辰 (1748) | 조명채 | 종사관 | 奉使日本時聞見錄 |
| 8 | | 김세렴 | 부사 | 海槎錄 | 23 | | 홍경해 | 군관 | 隨槎日錄 |
| 9 | | | | 槎上記 | 24 | 癸未 (1763) | 조엄 | 정사 | 海槎日記 |
| 10 | | 황호 | 종사관 | 東槎錄 | 25 | | 남옥 | 제술관 | 日觀記 |
| 11 | 癸未 (1643) | 조경 | 부사 | 東槎錄 | 26 | | 성대중 | 서기 | 日本錄 |
| 12 | | 신유 | 종사관 | 海槎錄 | 27 | | 김인겸 | 서기 | 日東壯遊歌 |
| 13 | | 미상 | | 癸未東槎日記 | 28 | | 원중거 | 서기 | 乘槎錄 |
| 14 | 乙未 (1655) | 조형 | 정사 | 扶桑日記 | 29 | | 원중거 | 서기 | 和國志 |
| 15 | | 남용익 | 종사관 | 扶桑錄 | 30 | | 오대령 | 역관 | 溟槎錄 |

며, 전달되는지를 통신사행록의 글쓰기 방식을 통해 살펴보았다.

　제3장에서는 통신사행록에 내포된 일본 담론에 대해 알아보았다. 200년 동안 통신사가 남긴 수많은 사행록은 그 자체로 독립적인 기록이기도 하지만 일본지식을 형성하는 과정의 일부이기도 하였다. 즉 통신사행록은 시대를 관통하여 축적된 일본지식의 총체라고 할 수 있다. 그러다 보니 통신사행록에 수록된 일본정보와 지식에는 조선사회의 이념이 반영될 수밖에 없었다. 그래서 통신사는 조선사회의 관습과 조선인으로서의 시각에 맞춰 일본을 탐색하고자 하였다. 그러나 통신사가 실제 목도한 일본은 기존 지식과는 전혀 다른 모습이었다. 통신사는 이러한 차이를 가감 없이 통신사행록에 담아냈고, 이것이 조선사회에 다시 전해지면서 새로운 논쟁의 지점을 형성하였다. 사행이 거듭될수록 통신사의 일본지식은 축적·확대되었고, 이를 바탕으로 한 새로운 해석이 더해지면서 일본을 둘러싼 논쟁은 더욱 활발해졌다. 그리고 그러한 과정을 거치며 기존의 일본 담론이 강화되기도, 반대로 전혀 새로운 담론이 형성되기도 하였다. 제3장에서는 통신사행록에 내포된 일본 담론의 양상을 정치·외교적인 것과 문학·학술적인 부분으로 나누어 살펴보았다. 아울러 통신사행록을 매개로 형성된 조선 내부에서의 일본 담론 역시 다루었다.

　제4장에서는 통신사행록의 일본지식이 조선사회와 지식인에게 어떤 영향을 미쳤는지에 대해 규명하였다. 전쟁 재발의 두려움에서 시작된 일본지식 확충은 조선 지식인의 일본인식, 더 나아가 자기 인식에 영향을 미쳤다. 특히 일본의 경제적 발전과 학문적 성장은 그들과는 다른 조선의 현실을 깨닫게 하였다. 그래

서 제4장에서는 조선후기 통신사행록의 일본지식이 조선사회에 어떤 인식론적·학문적 변화를 가져 왔는지에 대해 살펴보았다.

# 제2장 통신사행록의
# 텍스트 형성 방법과 글쓰기 방식

 

 

임진왜란 이후 단절되었던 조선과 일본의 국교는 대내외적인 상황을 해결하기 위해 급속히 재개되었다. 계속되는 政爭으로 정권 유지가 불안정했던 일본과, 일본의 침략 위협에 시달리던 조선은 국교를 재개하여 정치적 부담감을 줄이고자 하였다. 특히 여진족이 後金을 건설하고 자국을 위협하는 상황에 처한 조선으로서는 남변의 안전을 우선적으로 도모해야 했다.

일본군이 조선에서 철수한 직후인 1599년부터 對馬島主는 사자를 파견하여 포로 송환과 교역 재개를 요구했다. 그러나 일본의 진의를 알 수 없었던 조선 조정은 섣불리 강화 요청을 받아들일 수 없었다. 그런데 남해안에서 對馬島民에 의한 영해침범사건이 연이어 일어나면서, 일본의 재침을 우려하며 민심이 동요하기 시작하였다. 이에 조선은 對馬島와 교섭하기로 방침을 전환1)하고, 1601년 全繼信과 孫文彧을 對馬島에 보내 일본의 상황을 정탐하였으며, 1604년에는 四溟大師를 탐적사로 파견하였다.[2] 조선의 입장에서는 일본이 겉으로는 강화를 요청하면서 자국을 재침한 전력이 있는데다 일본과의 강화를 明이 어떻게 받아들일지 알 수 없는 상황이었다.

그래서 조선 조정에서는 四溟大師를 보내 일본과의 강화를 추진하였다. 공식 사절이 아님에도 불구하고 四溟大師는 이미 일본에 알려진 조선 측 인사이므로 강화 체결을 논의하는데 문제가 없었다. 또한 國書를 전달하는 공식 사절이 아니었으므로 유사시에 발생할 수 있는 明과의 외교 분쟁에도 대비할 수 있었다. 1604년 8월 對馬島에 도착한 四溟大師 일행은 對馬島主에게 德川家康과의 회견을 요청하였다. 그리고 四溟大師는 그 이듬해 3월 伏見城에서 家康을 만나 그의 강화 의지를 확인하고[3] 같은 해 5월 1,400여 명의 조선인 포로와 함께 조선에 돌아왔다.[4]

家康의 강화 의지를 확인한 조선 조정은 통신사 파견을 결정하였다. 그리고 1607년 呂祐吉을 正使로 한 조선후기 첫 번째 통신사가 피로인 쇄환을 명분으로 일본에 파견되었다. 임진왜란 때 납치된 조선인은 10만 명에 이를 것으로 추정되었는데, 宣祖는 이들 피로인을 쇄환하는 것이 군주로서의 당연한 역할이라고 생

1) 누키이 마사유키, 「손문욱 시론」, 『조선통신사연구』 제17호, 조선통신사학회, 2013, 53~54쪽.
2) 하우봉, 「16세기말 동아시아 국제전쟁」, 『동아시아의 역사』 II, 동북아역사재단, 2011, 240~242쪽.
3) 한태문, 「조선후기 통신사와 四溟堂」, 『어문연구』 64, 어문연구학회, 2010, 240쪽.
4) 누키이 마사유키, 「손문욱 시론」, 『조선통신사연구』 제17호, 조선통신사학회, 2013, 66쪽.

각하였다. 그래서 宣祖는 備忘記를 내려 사신의 명칭을 '回答兼刷
還使'로 명했다.

군주는 백성에게 부모의 도리가 있다. 백성들이 오랑캐에게 잡혀
가, 예의를 숭상하는 조선의 백성들로 하여금 장차 오랑캐 나라의 백
성이 되게 하였으니 슬프지 않을 수 있겠는가. 전날 回答使에게 그곳
에 이르러서 刷還에 관한 일을 스스로 주선해 보도록 啓下하였으나,
이 말은 허술한 듯하여 그가 능히 刷還해 올 것인지를 확약하지 못하
겠다. 또 회답사를 보내면서 마땅한 명칭이 없는 것도 혐의스럽다.
이제 위에서 보내거나 혹 禮曹에게 글을 보내게 하여 곧장 의리에
의거, 우리나라의 포로를 모두 刷還시켜 두 나라의 우호를 다지게 하
라고 하여 한 번 그들의 뜻을 떠보는 것이 마땅하다. 사신의 칭호를
포로로 잡혀간 사람들을 刷還하는 것으로 명분을 삼을 경우, 그 호칭
을 回答刷還使라고 하는 것도 한 계책일 것이다.5)

그러나 이는 사신 파견을 위한 명분일 뿐 실제 목적은 일본 정
세를 파악하는 데 있었다. 임진왜란이 끝난 후, 조선은 일본의 상
황을 예의주시하고 있었다. 明의 咨文과 對馬島의 書契를 통해
1603년 家康이 豊臣秀吉의 잔당을 몰아내고 幕府를 개창한 사실
도 이미 알고 있었다. 그러나 그런 방법으로는 일본의 권력이 家

---

5) 『宣祖實錄』 40년 1월 4일(戊辰), "君之於民 有父母之道 其民陷於虜庭 忍令禮義之民
將爲蠻貊之民 可不爲悲乎 前日令回答使 到彼自爲周旋刷還事 啓下矣 此似歇後 未可
必其能刷出否也. 且回答使之遣 亦嫌無名 今宜或自上貽書 或令禮曹致書 直據義理 令
盡刷我國被擄人 以申兩國之好 一以探試其意 使臣以刷還被擄爲其名號則以回答刷
還使爲稱 此一謀也".

康에게 있는지, 아니면 그가 여전히 豊臣秀賴의 신하인지 등의 세부적인 정보는 얻을 수가 없었다. 그래서 조선 조정에서는 현재 일본의 동향을 탐색할 수 있는 여러 가지 방안을 강구하였다.

우리나라 사람은 적을 잘 헤아리지 못한다. 임진년에 平秀吉이 우리나라에 使節을 청한 것에 대해 모두들 명분을 빌리려는 저의라고 하였으나 平秀吉이 중국을 경멸하면서 어찌 우리나라에 명분을 빌리려 하였겠는가. 平調信의 죽음에는 前例에 弔問한 예가 없으니 결코 보낼 수 없다. 이번에 사람을 보내더라도 對馬島에만 간다면 저들의 情形을 제대로 알아 낼 수 없을 것이다. (…중략…) 사람을 보내어 淸正에게 편지를 전하면서 人口 刷還을 명분으로 오가게 한다면, 곧 저들의 情形을 알아낼 수 있을 것이다. 만나지 못하고 그냥 돌아온다 해도 對馬島에서의 偵探보다는 나을 것이다.6)

領相 沈喜壽를 비롯한 조정의 대신들은 平調信의 弔問을 핑계로 사람을 보내 일본의 정세를 파악하고자 했다. 그러나 宣祖는 對馬島를 통해서는 급변하는 일본 정세를 파악하기에 한계가 있다고 판단했다. 그래서 피로인 쇄환을 명분으로 사신을 파견하여 새로 들어선 幕府의 상황과 그를 둘러싼 정세를 파악하고자 했다. 回答兼刷還使의 파견은 곧 이러한 선조의 의중이 크게 작용한 결과였

---

6) 『宣祖實錄』 39년 2월 12일(辛亥), "我國之人不能料敵 壬辰年間 平秀吉請使於我國 皆以爲借重之意也 平秀吉輕侮天朝 豈有借重於我國乎 平調信之死 前例旣無弔禮 決不可爲也 今者送人 而只到對馬島 則彼中情形 必不能知之矣 (…中略…) 送人遺書於 淸正處 以刷還人口爲名 而往來則彼中事情 或可以知之 雖不遇而空還 猶勝於對馬島 之偵探矣".

다. 따라서 回答兼刷還使는 일본을 정확하게 파악할 수 있는 제반 사항의 입수가 주 임무로 부여되었다. 이들은 조·일 양국의 새로운 관계 정립을 위해 일본에 대한 정보를 가급적 많이 수집해야만 했다. 그래서 조선전기 사행과는 다른 다양한 탐색 방법을 동원하였고, 수집한 정보를 잘 전달할 수 있는 글쓰기 방식을 시도하였다. 그리고 통신사행을 통해 축적된 일본정보에 명확성과 객관성을 부여하면서 단순한 정보가 일본지식으로 확립될 수 있었다.

## 1. 일본정보 획득의 경로

여행이 일상화되지 않았던 조선시대에 있어 사행은 조선의 지식인이 해외를 체험할 수 있는 거의 유일한 기회였다. 그래서 燕行이나 通信使行에 나선 사신들은 자신의 견문을 온전히 기록하여 조선의 지식인에게 전하고자 하였다. 그런데 사행은 국서 전달 등의 공적 임무를 수행하였기 때문에 개인적인 견문만으로 상대국을 파악하기에는 시간적 한계가 있을 수밖에 없었다. 게다가 사행은 공식적인 경로가 정해진 여정이어서 이전 사행원의 흔적을 쉽게 발견할 수 있었다. 그래서 사행원들은 전대 사행록을 통해 기본적인 지식을 습득하고 사행을 떠났다. 해당 국가나 지역의 지명, 역사, 인물, 풍속 등을 수록한 전대 사행록은 말 그대로 후대 사행원의 교과서[7]였다. 특히 사신의 파견이 정례화 되었던

---

7) 조규익, 『국문 사행록의 미학』, 역락, 2004, 248쪽.

연행에 비해 그 파견이 유동적이었던 통신사행에서는 전대 사행
록의 가치와 의미가 그만큼 더 컸다고 할 수 있다.

　　산천·풍토와 그들의 族系 가운데『海東諸國記』에 참고가 될 만한
　　것은 상세하게 모두 찾아 물어서 만약 착오가 있으면 보고 들은 대로
　　標紙를 붙일 것.[8]

　통신사가 파견되기 전에 예조에서는〈通信使事目〉이라고 하여
員役의 수, 禮單 物目, 통신사의 선발과 除給에 대한 규정 등을
명문화하여 내려주었다. 그런데 1479년 사행에는 기존의 항목 이
외에 통신사가 일본에서 탐지해야 할 정보에 대한 하달이 있었는
데, 그 주요 내용은 일본 정세의 탐지였다. 이와 함께『海東諸國記』
에 참고가 될 만한 자료를 찾을 것과 誤謬가 있는 부분에 付標를
하라는 명이 내려졌다. 따라서 통신사가 이러한 임무를 수행하기
위해서는『海東諸國記』에 대한 숙지가 필수적이었으며, 숙지한
내용을 바탕으로 사행에서 견문을 확충해야 했다. 그리고 상이하
거나 잘못된 점에 부표를 하기 위해서는『海東諸國記』를 휴대하
고 사행에 나서야만 했다. 또한 부표한 부분을 후일의 참고자료
로 활용하자면 오류에 대한 정정 역시 이루어져야 했다.
　이를 참고하여 조선전기 사행의 정보 탐색 경로를 살펴보면,
파견이 확정된 사신들은 전대 사행록을 숙지하거나 휴대하고 사
행 노정에 올랐고, 그 내용을 바탕으로 일본에서의 견문을 기록

---

8)『成宗實錄』10년 3월 25일(辛巳), "山川風土及彼人族系 參考諸國記 詳悉訪問 如有
　錯誤 隨所聞見付標".

하였음을 알 수 있다. 또 견문을 기록하는 과정에서 오류나 달라진 내용이 발견되면 그것을 수정하여 다시 기록하였다. 그러한 과정을 통해 새로운 사행록이 저술되었고, 그것은 『海東諸國記』와 더불어 후대 사행의 참고자료로 활용되었다. 이렇듯 조선전기 통신사가 일본정보를 탐색할 수 있는 가장 유용한 경로는 바로 전대 사행록이었다.

그러나 임진왜란이 발발하고 조선과 일본의 관계가 변하면서 조선전기와 동일한 방식으로는 일본을 제대로 파악할 수 없었다. 그래서 시대에 맞는 일본정보 구축이 그 어느 때보다 절실했다. 1471년에 저술된 申叔舟의 『海東諸國記』는 일본과의 원활한 交隣을 목적으로 지어진 평화기의 사행록이었다. 그러므로 일본의 조선 침략 후, 그 敵情을 탐색하기 위해 파견된 조선후기 통신사가 참고하기에는 그 내용이 제한적이었다. 또한 金誠一의 『海槎錄』과 黃愼의 『日本往還日記』 역시 德川幕府 개창 전의 상황을 다루고 있어 그들이 탐색해야 할 일본과는 거리가 있었다. 그래서 조선후기 통신사는 새로운 정보의 구축을 위해서 현재 일본을 파악할 수 있는 새로운 경로로써 일본정보를 탐색하였다.

## 1) 정보 제공자들과의 문답

### (1) 사행 경험자들로부터의 정보 입수

통신사는 이전 사행과의 시간적 간극과 정보의 격차를 해소하기 위해 자신들에 앞서 일본을 방문한 사람들의 도움을 받고자

했다. 그래서 1607년 丁未使行의 正使 呂祐吉은 정확한 敵情 탐색
을 위해 探敵使와의 동행을 원했다.

臣들이 살피어 듣건대, 家康幕府 내 일체의 중요 업무는 한두 명의
승려가 있어 그 권세를 모두 잡았다고 합니다. 그러므로 惟政이 갔을
때도 먼저 이 무리와 교제하여 서로 정을 돈독히 하여 적의 정세를
정탐하는 기회로 삼았다고 합니다. 신들이 갈 때에도 저들의 정황을
살피고자 한다면 이런 계책을 버릴 수 없을 듯합니다. 惟政이 비록
다시 갈 수 없더라도 그때 데리고 갔던 영리한 승려 한 사람을 뽑아서
데려다가 하는 말을 들어 보조하게 함이 어떻겠습니까?[9]

呂祐吉은 적정을 정확히 탐색하기 위해서는 탐적사로 파견되
었던 승려와의 동행이 가장 좋은 방안이라고 생각했다. 일단 이
미 일본에 다녀온 경험이 있는데다 일본의 승려들과 안면을 익힌
상태였기 때문이었다. 조선과는 달리 일본의 승려는 단순한 종교
인이 아니라 일본의 외교 관련 문서를 담당하고 있었기에 그들을
통해 조선에 유용한 정보를 획득할 가능성이 컸다. 그러나 조정
에서는 呂祐吉의 요청을 받아들이지 않았다. 대신 備邊司 差官을
통해 四溟大師의 서신을 통신사에게 전해주었다. 承兌와 玄蘇, 그
리고 對馬島主에게 보내는 四溟大師의 서신에는 통신사의 被擄人
刷還이 원활하게 이루어질 수 있도록 도와달라는 뜻이 담겨 있었

---

9)『宣祖實錄』39년 10월 7일(壬寅), "臣等伏聞 家康府中一切機務 有一二緇髡 全執其
   權 故惟政之行 先結此徒 互致情款 以爲偵探賊情之地 臣等之行 若欲審察彼中情形
   似難舍此行計 惟政雖不可再去 擇帶其時率去伶俐僧一人 以備聽用何如".

다. 비록 탐적사와의 동행은 불발되었지만, 이들의 직·간접적인 도움은 이후에도 계속되었다. 승려 靈一은 1636년 통신사를 직접 방문하여 자신이 파악한 일본정보를 전해주었다.

山人 靈一이 加恩으로부터 보러 와서 함께 잤다. 靈一은 곧 惠琦의 師兄인데 일찍이 松雲을 따라 일본에 갔던 자다. 前日에 따라갔던 일을 역력히 말하는데 들을 만하였다.10)

四溟大師와 함께 탐적사로 일본에 파견되었던 승려 靈一은 자신의 일본 체험을 후대 통신사행원에게 전하기 위해 직접 관소를 방문했다. 그때 부사 金世濂은 靈一과 함께 유숙하며 그가 전하는 일본 상황을 숙지했다. 이렇듯 四溟大師와 그의 제자들은 통신사 행원에게 일본지식을 전하는 조언자의 역할을 수행하였다.11)

한편 사행이 거듭되면서 통신사 내에서의 지식 전수도 이루어졌다. 1763년 癸未使行員은 당시 漆原縣監으로 있던 田光國을 만났다. 그는 1748년 戊辰使行에 軍官으로 참여하였던 인물로 계미 통신사에게 사행의 험난함에 대해 이야기해 주었다.12) 특히 그가 일본으로 떠나기 전, 英祖는 특별히 군관인 田光國 등을 불러 일본의 事情·도로의 遠近·山川의 險易·일본 武藝의 長短 등을 파악해 오라고 따로 명령을 하달하였다.13) 그런 만큼 田光國의 이야기

---

10) 金世濂, 『海槎錄』, 8월 21일(壬辰), "山人靈一 自加恩來見同宿 卽惠琦師兄 曾從松雲 往日本者也 言前日從行事歷歷可聽".

11) 한태문, 「조선후기 통신사와 사명당」, 『어문연구』 64, 어문연구학회, 2010, 244쪽.

12) 南玉, 『日觀記』, 8월 23일(丁未), "漆原縣監田光國晤語 田是丁卯隨槎者 畧道夷險".

는 통신사가 일본을 파악하는데 실질적인 도움을 주었다. 뿐만 아니라 여러 번 혹은 대를 이어 통신사행에 참여하는 원역이 늘어나면서 이전 통신사행원을 통한 지식의 전달은 빈번하게 이루어졌다. 가장 대표적인 경우가 역관이었다.

어젯밤에 저들이 와서 내일 만약 바람이 불지 않으면 潮流를 타고 나아가기가 어려우므로 바람을 기다리기를 원한다고 말하였다. 上使께서 듣고 그 말을 의심하였으며, 여러 裨將들 또한 의심하였다. 우리 동료들(역관) 중에 물품을 몰래 매매하려고 하는 자가 있다는 말이 있었는데 듣고 귀를 막았다. 서로 수작하기를 전과 같이 했으나 마음이 찢어지는 것 같았다. 예전에 先祖와 伯父께서 使行 오셨을 때 손을 잡고 서로 통곡했다고 하셨는데 바로 이런 심경에서 나온 것이란 생각이 들었다. 추모하는 슬픔을 더욱 억제하기 어려웠다.[14]

무릇 城池의 견고함과 배의 정교함, 樓閣의 장려함, 인물의 번성함은 사람의 마음과 눈을 놀라게 하였다. 蘇州와 杭州를 전에 보지 못하였다면 이곳이 제일이라고 하겠다.[15]

---

13) 『英祖實錄』 23년 11월 17일(癸卯), "召信使軍官趙東晋金柱岳李吉儒田光國李楠李柱國曹命傑李逸濟等 敎曰 幕任有別 故使之擇去 如是招見面諭者 意非偶然 彼中事情 道路遠近山川險易武藝長短人心習俗 善覘以來".

14) 洪禹載, 『東槎錄』, 7월 23일, "昨夕彼輩來 言明若無風 難進潮灘 願留候風 使道聞而疑之 衆裨亦疑 我僚有言潛賣 聞而掩耳 相酬如舊 心腸欲裂 憶昔先祖伯父之行 握手相痛 果出於此境 追慕之悲 益復難抑".

15) 金顯文, 『東槎錄』, 9월 16일(壬寅), "大抵城池之堅固 舟楫之精巧 樓閣之壯麗 人物之繁盛 駭人心目 未見蘇杭之前 想此爲第一矣".

조선후기 통신사행록에서 끊임없이 제기되는 내부 문제가 역관에 대한 불신이었다. 對馬島人과 결탁하여 그들의 편의를 봐준다거나 밀무역 등을 통해 개인적인 이익을 탐한다는 내용이 대부분이었는데, 壬戌使行의 堂上譯官 洪禹載 역시 그러한 시선에서 자유롭지 못했다. 洪禹載는 이에 대한 고통과 울분을 토로하며, 그 祖父와 伯父가 동일한 이유로 통곡했었다는 이야기를 기록으로 남겼다. 그가 언급한 祖父는 洪喜男이었고, 伯父는 洪汝雨였다. 洪喜男은 대일외교에 정통한 역관으로 1624년 甲子使行부터 丙子·癸未·乙未使行에 이르기까지 총 네 번의 통신사행에 연이어 참여했다. 또한 1655년 乙未使行에는 아들 洪汝雨, 뒤이은 壬戌使行에는 손자 洪禹載가 일본에 파견되었다. 洪禹載가 『東槎錄』에 祖父와 伯父가 겪은 사행의 어려움을 기록한 것으로 보아, 전대 사행을 통해 형성된 일본지식이 가문 내로 전수되었다는 점을 알 수 있다. 특히 통신사의 三使가 사행 때마다 교체되는 데 비해, 역관은 지속적으로 사행에 참여하였다. 이런 점에서 역관은 그 어느 사행원보다 일본지식에 정통하였다.

1682년 壬戌使行의 漢學譯官 金指南과 1711년 辛卯使行의 押物通事 金顯文 역시 父子지간이었다. 金指南이 자신의 사행 체험을 『東槎日錄』으로 남겼듯이 아들 金顯文 역시 『東槎錄』을 저술하였다. 특히 金顯文의 사행록에는 『東槎日錄』의 내용을 그대로 가져다 쓴 경우가 적지 않다. 大坂에 도착한 金指南은 도시의 화려함과 인물의 번성에 놀라움을 금치 못하며, 그 번화함을 중국의 蘇州·杭州와 비교하였다. 그리고 아들 金顯文은 大坂을 본 소감을 『東槎日錄』의 기사를 인용하여 표현하였다. 이는 전대 사행의 일본지식이 사행록을 통해서도 집안 내에 전해졌다는 사실을 보여준다.

그런데 통신사 내에서의 지식 전수는 가문 내에서 끝나지 않고, 후손에 의해 또 다른 사행원에게 전해지기도 하였다.

三使가 西福寺에 올랐다. 느지막이 두 벗과 함께 다시 올라갔다. 申靑泉의 기록에 辛卯使行 때 從事官 李邦彦의 시가 있다고 해서 찾아보았으나 없었다. 成嘯軒의 기록에 '櫻梅皇月木犀'라는 말이 있는데 가히 알 수가 없다.16)

1763년 사행의 제술관 南玉은 두 벗인 成大中, 元重擧와 함께 西福寺에 올랐다. 南玉은 申維翰이 말한 이전 사행원의 흔적과 成嘯軒의 사행록에 나온 다양한 樹木을 보려고 했으나 실패했다. 그런데 그가 언급한 成嘯軒은 자신과 함께 癸未使行에 나선 正使書記 成大中의 宗祖父 成夢良이었다. 成大中 스스로가 "집안 대대로의 직책"이라고 밝혔듯, 그의 가문은 文士로서 대를 이어 사행에 참여하였다. 그의 宗曾祖父 成菀은 1682년 壬戌使行의 제술관이었고, 종조부 成夢良은 1719년 己亥使行의 서기로 사행에 참여하였다. 특히 成大中은 자신의 사행록에 申維翰의 『海游錄』을 많이 언급했는데, 이는 成大中이 집안 내에서 申維翰에 대한 많은 이야기를 들을 수 있었기 때문17)으로 보인다. 또한 成大中이 南玉과

---

16) 南玉, 『日觀記』, 10월 20일(癸卯), "三使上西福寺 晚與兩友再登 申靑泉記云 有辛卯 從事李邦彦詩章 而覓之无 有成嘯軒記云 櫻梅皇月木犀 而不可知".

17) 손혜리, 「성대중의 사행체험과 『일본록』」, 『한문학보』 22, 우리한문학회, 2010,

元重擧를 '二友'라고 계속해서 지칭했고, 그와 함께 많은 견문을 나누었다는 점을 고려하면 그의 가문에서 내려오던 일본정보와 지식이 동료 사행원과 공유되었다는 사실을 알 수 있다.

　이러한 사행 지식의 공유는 비단 역관이나 문사에만 국한된 것은 아니었다. 1763년 癸未使行의 서기 元重擧는 부산에 머무는 동안 첨지 金潤河의 집에 유숙하였다. 그런데 金潤河의 부친은 一騎船의 선장으로 1719년 己亥使行에 참여했었고, 그 손자인 淸風은 小童으로 戊辰年(1748)에 제술관을 陪從하여 일본에 파견되었다. 그 역시 己亥使行 때 釜山鎭의 執事로 통신사 파견에 관여했을 뿐만 아니라 副騎船의 선장으로 1763년 癸未使行에 참여[18]하였다. 그가 통신사 원역에게 전해준 일본지식은 일본 체험뿐만 아니라 당시 실무자로서 釜山鎭에서 보고 들은 내용까지 더해져 사행록에서 다루고 있던 것보다 상세하였다.

　연행과는 달리 통신사의 파견은 정례화되지 않아 짧게는 7년, 길게는 30년의 시간차가 존재했다. 거기다 사행에 대한 기록마저 절대적으로 부족하였다. 그런데 대를 이은 사행 참여나 전대 통신사행원과의 문답은 그러한 정보의 단절을 상쇄시킬 수 있는 효과적인 방안이 되었다. 그리고 일본으로 떠나기에 앞서 이러한 정보의 공유가 이루어지면서 사행단을 재정비하고, 정보 탐색의 방향을 모색하는데 실질적인 도움이 되었다.

---

　316쪽.
18) 元重擧, 『乘槎錄』, 9월 초3일·10월 초3일.

## (2) 일본 체류자와의 문답

통신사에는 특정 집안이 代를 이어 사행에 참여한 경우뿐만 아니라, 한 사람이 여러 번 사행에 참여하기도 하였다. 역관 康遇聖은 후자의 대표적인 경우로 1617년, 1624년 그리고 1636년 세 차례의 사행에 참여했다. 그런데 이 시기에 저술된 사행록에는 그가 家康의 陣中에 있으면서 關原合戰[19]의 실상을 목격했다는 기록이 등장한다.

未時에 발행하여 關原을 지나니 곧 家康이 輝元과 싸워 승리한 곳이다. 康遇聖이 일찍이 사로잡혔을 때 家康의 군중에서 서로 전쟁하는 것을 목격하였다 한다.[20]

康遇聖은 임진왜란 때 일본에 잡혀갔던 被擄人 출신 역관이었다. 10년의 억류 생활을 하다 조선으로 돌아온 그는 뛰어난 일본어 실력뿐만 아니라 일본 사정에 밝다는 점이 인정되어 역관에 발탁되었다. 이후 세 번의 통신사행에 참여한 그는 과거 피로인이었던 점을 십분 발휘하여 피로인 쇄환에 많은 공을 세웠다.[21]

---

19) 豊臣秀吉 사후 일본의 정치는 五大老가 총괄하였다. 그러나 五大老 중 한 명인 前田利家가 사망하면서 德川家康의 독재체제로 변하였고, 이에 石田三成과 小西行長을 주축으로 하는 西軍이 豊臣家를 위한다는 명목으로 군사를 일으켰다. 加藤清正과 福島正則 등이 그 반대인 東軍에 가담하면서 1600년 東西의 20만 대군이 관원(關ヵ原)에서 격돌하였다. 이를 關原合戰이라고 한다.

20) 姜弘重, 『東槎錄』, 11월 29일(己卯), "未時發行過關原 卽家康與輝元勝戰之地也 康遇聖曾於被擄時 在家康軍中 目見相戰之時云".

21) 『通文館志』 제7권, 「人物」, 〈康遇聖〉, "壬辰被擄十年 乃還熟諳倭俗 且善其語".

또한 처음 일본을 방문하는 통신사행원에게 일본 정세에 대한 정확한 정보를 제공하였다. 康遇聖이 피로인 생활로 체득한 일본지식은 단기간 일본에 체류하면서 통신사가 수집하는 정보와는 질적인 차이가 있었다. 통신사가 숙지한 일본지식이 기존의 지식에 단편적인 견문이 더해진 형태였던 데 비해 피로인이 전하는 일본 상황은 훨씬 정확했으며, 현지 거주민만이 알 수 있는 현실적인 내용이었다. 따라서 오랜 기간 일본인과 교류하고 생활하면서 생성된 피로인의 일본지식은 일본의 실상을 파악하기에 용이했다.

그래서 조선후기 통신사는 쇄환 과정에서 만난 피로인과의 문답을 통해 일본 내에서만 감지할 수 있는 미묘한 정세 변화와 민심의 向背 등과 관련된 정보를 입수할 수 있었다.

또 樂安사람 曹一男이라는 자가 있어 찾아와 양반의 아들이라 칭하였다. 丁酉年에 사로잡혀 와 平戶島에서 살고 있는데 곧 壹岐島主가 거주하는 지역이다. 바야흐로 도주의 管下가 되어 지난 4월에 도주를 따라 이곳에 왔다고 한다. 우리나라 말이 비록 약간 서투르나 또한 아주 잊어버린 말은 없었다. (…중략…) "항간에서 사람들이 모두 말하기를, '이번에 만약 사신이 오지 않았다면 반드시 군대를 움직였을 것이다.' 하는데, 비록 그렇게 말은 하나 군대를 어찌 경솔하게 움직일 수 있겠습니까? 그러나 사람들의 말은 이와 같습니다."라고 하였다.[22]

---

22) 姜弘重, 『東槎錄』, 12월 14일(甲午), "又有樂安人曹一男者 來稱兩班之子 丁酉被擄 來居平戶島 卽一岐島主所居之地也 方爲島主管下 去四月隨島主來此云 我國語音雖 似少澁 而亦無頓忘之語 (…中略…) 又言閭閭之人皆曰 今番使臣若不來 則必動兵云 言雖云然 兵豈輕動 然而人言如此云".

1623년 秀忠의 뒤를 이어 家光이 제3대 關白에 올랐다. 幕府에서는 對馬島를 통해 關白 襲職을 축하하는 사신을 파견해 달라고 조선에 요구했다. 그러나 仁祖反正과 李适의 亂 등으로 불안한 내정을 수습하는 게 먼저였던 조선에서는 1~2년 후에 사신을 보내고자 하였다. 이러한 결정에는 일본의 재침 가능성이 낮다는 丁巳使行(1617)의 판단이 크게 작용했다. 하지만 對馬島는 橘智正 등을 보내 사신의 파견을 거듭 요구했다. 결국 국내와 북방이 불안한 때, 일본과의 관계마저 악화될 것을 우려한 조선은 1624년 8월에 사신을 파견하였다. 그런데 일본에서 만난 조선인 피로인들은 사신을 환대하고자 한 關白의 노력과 일본 내의 소문을 전했다. 소문의 내용은 일본의 조선 재침에 관한 것이었다. 이를 통해 통신사는 조선의 사신 파견이 지연된 것에 대해 일본이 외교적으로 민감하게 받아들였다는 사실을 알 수 있었다. 비록 그 진위 여부는 알 수 없었지만, 통신사가 일본의 항간에 떠도는 이야기까지 수집할 수 있었던 데는 조선인 피로인의 역할이 컸다.

1636년 丙子使行은 '通信使'라는 명칭으로 파견되었다. 그러나 명칭만 바뀌었을 뿐, 피로인의 쇄환은 여전히 통신사의 주된 임무였다. 그리고 쇄환의 과정에서 피로인을 만나 문답을 나누는 것 역시 일본에 대한 정보를 수집하는 유효한 방법이었다.

대개 그(조일남)가 말하기를, "對馬島主와 調興이 서로 爭訟하는데, 비록 (대마도주가) 大君의 힘을 얻어 지금까지 편안히 보전하였으나 大官과 여러 장수들이 義成에게 죄가 있다 하고 大君의 訟事 판결이 부당하다고 많이 하니, 앞으로 있을 결말이 어떻게 될지 모릅니다.

(…중략…) 소인이 平戶太守가 신임하는 측근의 말을 들으니, '이번에
勅使가 비록 가더라도 어찌 일마다 모두 잘 될 수 있겠는가. 義成의
생사는 아직도 정해진 것이 아니다.'고 합니다."라고 하였다. (…중
략…) "태수는 義成과 본래 서로가 좋은 사이는 아니었습니다. 지난번
調興과 쟁송할 때에 여러 장수들이 태수로 하여금 對馬島를 겸해서
관할하여 義成의 職任을 대리하도록 대군에게 청하였습니다. 이에 의
성이 태수에게 萬金을 보내니, 태수가 '두 나라 사이의 酬應하는 일은
義成과 같은 사람이 없으니, 감히 대리로 받을 수 없다.'고 사양한 까
닭에 義成이 이로 말미암아 그의 덕분으로 여긴다고 합니다."라고 하
였다.[23]

"이번 信使가 온 데 대하여 關白이 어떻게 여기는가?"라고 물으니,
"몹시 기뻐하더이다."라고 답했다. 또 "두 나라가 誠信으로써 서로 和
好하는데, 혹시 군사를 일으킬 염려는 없는가?"라고 물으니, 답하기
를 "關白은 세습을 한 지 이미 오래되어 혹시 사람을 부려 움직이는
자가 있을까 두려워하여 깊이 거처하며 나오지 않습니다. 나라 안에
서 무기를 쓰지 못하게 하고, 天皇을 朝謁하는 일 역시 오랫동안 폐지
했습니다. 이것으로 보면 지금 關白이 있는 동안은 걱정할 일이 없을
것으로 보입니다."라고 하였다.[24]

---

23) 黃㦿, 『東槎錄』, 10월 25일(丙申), "大槪其言曰 對馬島主與調興相訟 雖得大君之力
至今安保 而大官諸將 多以義成爲有罪 大君決訟爲不當 前頭結末 未知如何 (…中
略…) 小人聞平戶太守左右之言 今此勅使雖往 而安得每事盡善 義成生死尙未定云云
(…中略…) 太守與義成素非相能之間 而頃日調興訟時 諸將請令太守兼管馬島 以代
義成之任 義成行萬金於太守 太守辭以兩國之間酬應之事 莫如義成不敢代受 義成由
是德之云".

壹岐島에 도착한 통신사는 피로인 曹一男의 방문을 받는다. 그리고 그와의 문답을 통해 對馬島主가 자신들이 인지하고 있는 것보다 더 심각한 상황에 처했음을 알게 되었다. 曹一男은 對馬島主의 직임을 平戶太守가 대리하는 방안에 대해 幕府 차원의 논의가 있었다는 사실과, 이를 무마시키기 위해 對馬島主가 平戶太守에게 뇌물을 주었다는 점을 통신사에게 전했다. 對馬島主를 돕고자 파견된 통신사였지만 幕府 내에서 논의된 사항까지 알기는 어려웠다. 그래서 통신사는 피로인과의 문답을 통해 對馬島主나 幕府가 조선에 전하기 꺼리는 일본의 상황까지 알 수 있었다. 그런데 丙子使行을 찾은 曹一男은 1624년 甲子使行 때에도 통신사를 찾아 와 일본에 대한 정보를 제공25)했었다. 儒者였던 曹一男은 壹岐島主에게 발탁되었는데, 江戶까지 그를 陪從할 정도로 신임을 받았다. 曹一男은 통신사가 묵고 있던 江戶의 관소로 직접 찾아와 사신 파견을 바라보는 幕府의 시각을 전하였었다. 그리고 이번에도 직접 壹岐島에 정박 중이던 통신사의 배를 찾아와 일본 내부에서만 알 수 있는 정보를 제공하였던 것이다.

이렇듯 일본에 오랜 시간 거주한 피로인의 말은 그 자체가 일본의 민심을 대변하고 있어 통신사의 정세 파악에 도움을 주었다. 1643년 癸未使行員은 品川에서 피로인 安慶佑를 만났다. 士族 출신인 그는 醫術을 배워 일본에 정착해 가정까지 꾸린 상태라

---

24) 作者未詳, 『癸未東槎日記』, 8월 6일(丁卯), "問日今番信使之來 關白以爲如何 答極喜之 又問日兩國以誠信相好 無搆兵之虞乎 答曰關白世襲已久 恐有朵頤者 深居不出 令國內韜戈不用 朝謁天皇 亦久廢之 以此觀之 今關白時 似無患云云".

25) 姜弘重, 『東槎錄』, 12월 14일(甲子) 기록으로 각주 13) 참조.

조선으로의 귀환은 원하지 않았다. 하지만 통신사가 묵고 있는 館所에 찾아와 일본의 動向을 전해주었다. 40여 년이라는 오랜 시간을 일본인으로 살아가고 있는 安慶佑의 말은 일본인이 전하는 말이나 진배없었다. 安慶佑는 일본의 조선 침략 가능성을 묻는 통신사의 질문에 현재 關白인 家光이 집권하고 있는 동안에는 그럴 가능성이 낮다고 대답했다. 그리고 德川幕府가 불안정한 권력을 유지하기 위해 각 藩의 무기 사용을 엄격하게 규제하고 있어 군사적 도발 가능성은 낮다는 근거까지 제시했다. 이러한 정보는 일본 내부 사정에 정통해야지 알 수 있는 내용이었다. 그런 면에서 조선인 피로인은 일본에 거주하는 내부 조력자였다. 하지만 피로인과의 문답은 1643년 癸未使行 이후 사행록에 등장하지 않는다. 1624년 甲子使行을 끝으로 공식적인 피로인 쇄환이 끝났을 뿐만 아니라, 이미 종전 40년이 경과한 시점이었기에 생존해 있는 피로인의 숫자도 많지 않았기 때문이었다.

한편 일본은 중국과의 관계 개선에 조선이 일정한 역할을 해주기를 바라며 통신사의 파견을 지속적으로 요청했다. 秀吉이 조선 침략의 명분으로 對明 정벌을 내세웠기에 일본과 明의 국교는 단절되었다. 더욱이 秀吉의 강화 요청을 수용하여 明이 冊封使를 파견했음에도 불구하고 정유재란이 발발하였고, 이에 따라 양국 간의 勘合 貿易도 폐지되었다. 秀吉 사후 정권을 주도한 家康은 明과의 국교 정상화를 추진하였다. 그래서 1600년 사신을 보내 明과의 무역 재개 중재를 조선 측에 의뢰했으나 뜻을 이루지 못하였다. 이후에는 일본과 중국에 이중으로 복속되어 있던 琉球를 통해 교섭을 진행[26]하고자 했으나 이 또한 실현되지 않았다. 1600년

8월에는 임진왜란 때 연행했던 명의 인질 茅國科를 중국 福建으로 송환하며, 大明總理軍務都指揮 茅國器 앞으로 金印을 요청하는 書翰을 보내기도 하였다.[27] 金印을 요청한 것은 일본이 명의 冊封을 받겠다는 의미였다. 이를 통해 동아시아 국제질서에 편입하고자 하는 일본의 의지를 중국에 전한 것이었다. 그러나 이러한 일본의 시도는 모두 불발로 끝이 났다. 하지만 1610년에도 家康은 福建道 總督軍務都察院都御史에게 측근 本多正純을 보내 무역 재개를 위한 勘合符를 발행해 줄 것을 요청[28]하는 등 계속해서 동아시아의 국제질서에 편입하기 위한 노력을 이어갔다.

조선후기 통신사가 처음으로 파견된 1607년에는 明과 일본 간의 국교가 재개되지 않은 상태였다. 그러나 일본의 長崎와 중국의 南京을 통한 商船의 출입은 이루어지고 있었다. 그래서 통신사는 사행 노정에서 중국인 선원과 상인들을 심심찮게 볼 수 있었다. 심지어 三使가 머물고 있는 館所로 중국인이 방문하기도 하였다.

　중국사람 葉二官이 와서 말하기를, "이곳에 온 지 이미 오래 되었는데, 將倭에게 신임을 받아 때때로 福建에 왕래합니다. 福建의 장사꾼들 역시 연이어 나와서 옵니다. 지난해에는 중국 배가 장사를 依託하여 왔지만, 실은 倭情을 정탐하고 갔습니다."라고 하였다.[29]

26) 하우봉, 「16세기말 동아시아 국제전쟁」, 『동아시아의 역사』 II, 동북아역사재단, 2011, 245쪽.
27) 민덕기, 「에도 막부의 동아시아 국제사회로의 진입 노력: 무로마치 막부와 비교하여」, 『일본사상』 제6호, 한국일본사상사학회, 2004, 159쪽.
28) 로널드 토비 지음(허은주 옮김), 『일본 근세의 '쇄국'이라는 외교』, 창해, 2013, 62~63쪽.

중국사람 둘이 와서 뵈었다. 역관 등이 그들에게 물어보니, 이들은 福建 사람으로 賣買하는 일로 지난해에 와서 長崎에 도착했는데, 아직 돌아가지 못하였다고 하였다. 중국 사람과 南蠻 사람은 무상으로 왕래한다고 하였다.[30]

葉二官이라는 중국인이 江戶에 머물고 있던 통신사를 방문했다. 葉二官은 사신들에게 중국 福建의 상인들이 양국을 오가며 교역을 하고 있다는 사실을 전했다. 또한 일본을 왕래하는 사람 중에는 상인으로 가장하고 일본을 정탐하러 온 사람도 있음을 알려주었다. 慶暹은 『海槎錄』에서 葉二官이란 인물에 대해 자세하게 설명하지는 않았다. 하지만 그가 먼저 통신사를 찾아와 중국인 첩자에 대한 정보를 제공했다는 점과 스스로를 倭將의 신임을 받는 사람이라고 밝힌 사실로 볼 때, 그 역시 적정 탐색을 위해 일본에 파견된 인물이었을 가능성이 높다. 비록 일본과 국교는 단절되었지만 明 역시 전쟁 재발에 대비하는 차원에서 그 동향을 파악해야 하는 상황이었다.

1617년 丁巳使行에서도 三使와 福建 출신 상인 간의 接見이 있었는데, 중국인의 통신사 방문은 丙子使行까지 이어졌다.

밤에 스스로 福建 사람이라고 일컫는 사람이 있어 밖에 와서 뵙기를

---

29) 慶暹, 『海槎錄』, 6월 3일(甲午), "中朝人葉二官來言 來此已久 爲將倭所信任 時時往來於福建 福建商賈 亦連續出來 往年唐船 托以買賣而來 實爲哨探而去云".

30) 李景稷, 『扶桑錄』, 8월 27일(己未), "唐人二人來見 譯官等問之 是福建人也 以買賣事往年來到長崎 時未回還云 唐人與南蠻人 往來無常云".

청하였다. 漢學譯官 皮得忱으로 하여금 물었더니, '15년 전 바람에 표류하여 78인이 이곳에 닿았는데 아직 돌아가지 못하였다.' 한다. 이어 이곳에서의 사정을 물었더니, '20년 전에는 중국지방에서 도둑질해 먹기도 하였었으나 지금의 關白 때부터는 일절 금지하였고, 이번 사신 행차에는 關白이 온 나라의 힘을 다하여 접대한다.'고 하였다.[31]

1636년 丙子使行에서도 福建 출신 중국인이 통신사 접견을 요청하였다. 이에 三使는 漢學譯官인 皮得忱으로 하여금 문답을 나누도록 하였다. 그러나 중국인의 일본 정착 내력과 통신사를 바라보는 시각 등 그 내용이 기본적인 질문에 그쳤다. 이는 後金과의 긴장 관계가 형성되면서 일본 탐색의 중요성이 상대적으로 약화되었기 때문이었다. 1644년 明이 멸망하면서 일본에서의 조선·明 간의 정보 교류는 이루어질 수 없었다. 그리고 後金(淸)과 조선은 1638년 咨文制度를 도입했다.

上께서 하교하시기를, "差倭가 곧바로 돌아갔으니, 청나라에 移咨하지 않을 수 없다. 齎咨官으로 하여금 倭情의 우려스러운 뜻과 삼남 지방의 뱃사람들이 모두 쌀 운반하는 배에 동원됨으로써 해변 방비가 허술해진 정상을 갖추어 자세히 말하게 하는 것이 타당하다."라고 하였는데, 이에 비국이 상의 하교에 따라 시행하기를 청하였다.[32]

---

31) 黃屎, 『東槎錄』, 12월 1일(辛未), "夜有人自稱福建人 求謁於外 令漢學譯官皮得忱問之 則十五年前因漂風 七十八人到此未還 仍問此中事情 則二十年前 或竊食於中國地方 而自今關白一切禁止 今此使行 關白竭一國之力以待云".
32) 『仁祖實錄』23년 4월 15일(丁卯), "上下敎曰 藤差之徑還 不可不移 咨于淸國 令齎咨官 將倭情可虞之意 及三南水手盡赴米船 海防虛疎之狀 備細言之爲當 於是備局請依

병자호란 후 後金은 조선과 일본의 직접적인 교류에 민감하게 반응하였다. 그에 따른 견제와 협박이 계속되자 인조는 後金의 침략 가능성을 차단하고, 後金과 일본의 직접 교류로 야기될 대일 정책의 혼란을 방지하기 위해 자문을 보내기로 하였다. 통신사의 경우, 통신사 파견을 요청하는 일본의 書契가 도착하는 순간부터 파견 시기와 규모의 결정, 復命 자리에서 이루어진 일본지식까지 모든 것을 後金에 보고하였다.[33] 後金과 이와 같은 보고 체계가 구축되면서 일본 내에서 통신사와 중국인이 만날 필요성은 사라졌다.

사행 노정에서 만난 조선인 피로인과 중국인은 통신사가 가진 정보 수집의 한계를 극복하는 데 도움을 주었다. 통신사는 조선인 피로인, 중국인과의 문답을 통해 일본 정세에 대한 정보를 원활하게 수집할 수 있었다. 그 결과 조선은 일본이 자국을 재침략할 수 있다는 두려움에서 벗어나 북방의 안정을 도모하는 대외정책을 수립할 수 있었다.

### (3) 일본 현지인과의 교유

일본 현지인과의 대화는 동일한 외교 사안에 대한 조·일 양국 간의 시각차나 서로에 대한 이해 정도를 사실적으로 파악[34]할

---

上教施行".

33) 김태훈, 「17세기 대일정책 변화 연구」, 서울대학교 박사논문, 2013, 136~137쪽.
34) 김아리, 「노가재여행일기의 글쓰기 방식: 상호텍스트성을 중심으로」, 『한국한문학연구』 제25집, 한국한문학회, 2000, 132쪽.

수 있다는 점에서 일본정보를 확충할 수 있는 유용한 방법이었다. 그럼에도 불구하고 통신사의 三使는 일본인과의 문답에 소극적이었다. 일본정보를 탐구하고자 하는 욕망은 강했으나 일본어를 구사하지 못했기 때문에 역관을 통하거나 필담을 나누어야만 했다.35) 그런데 역관을 통해 대화를 나누는 것은 번거로울 뿐만 아니라 그 本意가 왜곡될 가능성이 다분했다. 그리고 필담의 경우에는 상당한 정도의 한문 실력을 갖추어야 하는데 그런 일본인이 많지 않았다. 하지만 무엇보다 임진왜란으로 인한 적개심과 일본에 대한 불신이 통신사가 일본인과의 문답을 꺼린 더 큰 이유였다. 또한 통신사가 자신들과 동행한 以酊菴 장로나 對馬島主 등에게 궁금한 점을 묻더라도, 그 주제가 외교상 민감한 사안인 경우가 많았다. 그래서 以酊菴 장로가 실질적인 답을 미루거나, 對馬島主가 정보 유출을 단속하면서 일본인과의 문답을 통해서는 원활한 정보 탐색을 할 수 없었다.

하지만 통신사의 파견 목적이 피로인 쇄환에서 關白 襲職에 대한 축하로 변모하면서 사행원역의 선발에도 변화가 일어났다. 이전 사행에는 파견되지 않았던 吏文學官(1643년 癸未使行에는 讀祝官으로 명칭 변경)을 사행원역으로 선발하였고, 乙未使行(1655)부터는 書記의 인원을 늘렸다. 그리고 1682년 壬戌使行부터는 서기보다 직급이 높은 製述官을 파견36)하는 등 文才를 갖춘 인물을 다수

---

35) 이러한 상황은 연행사도 마찬가지였다. 한자를 읽은 방식이나 단어가 지칭하는 대상이 다른 경우가 있었기 때문이다. 그래서 연행사와 통신사는 상대국의 언어와 문자에 관심을 나타내었다(조규익, 『국문 사행록의 미학』, 역락, 2004, 188~189쪽).

36) 사행원 선발의 변화에 대해서는 장순순, 「조선후기 통신사행의 제술관에 대한

통신사행원으로 선발하면서, 통신사의 문화사절단으로서의 성격은 강화되었다. 한편 일본 역시 武斷政治에서 文治政治로의 이행기를 맞으며, 유교적 소양을 쌓은 지식인층이 늘어나고 있었다. 특히 林羅山이 개설한 私塾이 막부 직할의 昌平坂學問所로 바뀌면서 일본의 문학적 역량이 비약적으로 성장하였다.[37] 일본의 文士들은 통신사와 筆談을 나누고 唱酬를 함으로써 자신의 역량을 공인받을 수 있었다. 통신사에 대한 聘禮改革을 단행했던 新井白石조차도 통신사와의 만남으로 일본 최고 문사의 반열에 오를 수 있었다.

이처럼 양국 문사의 교류가 활발해지면서 학문적 공감대를 바탕으로 한 인간적 교유도 나타났다.

내가 館所에 가서 잠깐 쉬는데 雨森東과 松浦儀가 와서 보았다. 내가 松浦儀에게 이르기를, "당신은 霞沼詩人이 아닙니까? 芳名을 들은 지 오랩니다. 저번에 부산에서부터 배를 나란히 하여 바다를 건너 對馬島에서 열흘 동안이나 머물면서, 한번 대하고 이야기하지 못한 채 지금에서야 통할 수 있었습니다. 어찌 이렇게 늦게 보게 되었습니까?"라고 하였다. 松浦儀가 조선말을 알아듣지 못하므로 雨森東이 옆에서 통역을 해 주었다.[38]

---

일고찰」, 『전북사학』 제13집, 전북대학교 사학회, 1990; 하우봉, 「조선후기 대일통신사행의 문화사적 의의」, 『사학연구』 제95호, 한국사학회, 2009 참조.

37) 구지현, 「필담창화집을 통해 본 한일문사의 문학교류」, 『조선통신사연구』 제4호, 조선통신사학회, 2005, 154쪽.

38) 申維翰, 『海游錄』, 7월 19일(庚寅), "余就館小休 雨森東松浦儀來見 余謂儀曰 子非霞沼詩人乎 誦芳名久矣 頃自釜山齊帆而渡滄波 留馬州匝旬 不得一當晤語 泄泄至今 何

木下純庵의 제자였던 雨森東은 스승의 추천을 받아 對馬島의 서기가 되어 조선과의 외교실무를 담당하였다. 그리고 參判使의 일원으로 부산과 對馬島를 왕래하며, 3년에 걸쳐 조선의 역관에게 조선어를 배우기도 하였다. 그래서 일본으로 떠나기 전부터 申維翰은 雨森東이 조선어와 漢語에 능통할 뿐만 아니라, 문학적인 역량 또한 뛰어난 인물이라는 사실을 알고 있었다. 그러나 기괴한 복식에 푸르스름한 얼굴빛을 가진 雨森東을 대하고 申維翰은 문인으로서의 기상이 보이지 않는다며 실망감을 표했다. 하지만 사행 노정을 함께 하면서 申維翰과 雨森東은 인간적인 교유 관계를 형성하기 시작했다. 때로는 자국의 입장을 대변하며 외교적 갈등을 표출하기도 했지만, 일본 문사들과 함께 어울려 시를 짓고 필담을 나누며 그 누구보다 인간적인 교감을 나누었다. 특히 조선어가 가능했던 雨森東은 申維翰과 일본 문사를 잇는 매개자의 역할을 수행했으며, 학문 이외에도 申維翰이 일본에 대해 가졌던 다양한 궁금증을 해소시켜 주었다.

이러한 경향은 1763년 癸未使行에 와서 더 심화되었다. 南玉은 『日觀記』에 그가 일본에서 만나 필담과 창수를 주고받은 일본 문사의 이름과 號, 字, 嗣承關係 및 이전 통신사행과의 唱和 여부를 기록했는데 그 수가 무려 500여 인에 달했다.[39] 필담이 가능한 일본인이 늘어나면서 수집할 수 있는 일본지식의 분야가 다양해졌는데, 특히 각 藩의 문사와의 문답을 통해 해당 지역의 여러

---

見之晚也 儀不解鮮語 雨森東從旁譯之".
39) 김보경, 「남옥의 『日觀記』 연구」, 『한국고전연구』 제14집, 한국고전연구학회, 2006, 257쪽.

정보를 확인할 수 있었다. 그 동안 통신사와 일본 문사와의 교류
는 對馬島와 太學頭의 집안으로 한정되어 있었다. 그래서 일본 지
역에 대한 정보는 단순히 전대 사행록과 일본의 문헌, 그리고 사
행원 자신의 견문에 의지할 수밖에 없었다. 그런데 지역 문사와
의 교류가 가능해지면서 해당 지역의 정보를 현지인을 통해 전해
들을 수 있어 기존 지식은 더 정확해졌고, 새로운 내용이 추가되
기도 하였다.

> 자기가 지은 『東遊』 시문을 바치고 평을 써주길 청했다. 그가 從遊
> 한 자는 이른바 獨嘯菴 永富鳳과 大朝 木弘公이란 자이니 모두 大坂에
> 있다. 그 아우 釋曄子는 나이가 지금 14세인데 그 창화한 것도 모두
> 시권 속에 들어 있었다. 永富鳳과 大朝는 조금 우수하고 釋曄子 또한
> 벌써 詩筆에 능했다.[40]

1763년 癸未使行의 제술관과 서기는 藍島에서 의원 龜井魯를
만났다. 對馬島 서기 紀蕃實의 중개로 築前의 서기들과 함께 온
龜井魯는 통신사에게 시를 바치고 화답시를 요청하였다. 龜井魯
의 시를 읽은 成大中은 그 실력을 "奇才"라고 하였고, 南玉은 조선
에서도 인정받을 수 있는 실력이라고 평했다. 기상 악화로 藍島에
체류한 20여 일 동안 南玉·成大中·元重擧는 龜井魯와 5번의 창화
를 나누었고, 함께 산보를 하며 藍島의 절경을 구경하기도 했다.

---

40) 南玉, 『日觀記』, 12월 초9일(辛卯), "致所著東遊詩文乞題評 其所從遊者 所謂獨嘯菴
永富鳳大朝木弘公 皆在大坂 其弟釋曄子年方十四 其所唱和並在卷中 鳳朝稍優 曄亦
其能詩筆".

그리고 직접 만나지 못할 때는 서신을 주고 받으며 교유를 이어 나갔다.

龜井魯와의 만남으로 통신사는 앞으로 경유할 지역의 문사 정보를 알 수 있었다. 龜井魯는 다른 지역 문사와의 교류를 위해 關東 지역으로 여행을 떠났는데, 그때 지은 시문을 모아 『東遊』라 이름 짓고 통신사의 평을 구했다. 시문 안에는 앞으로 경유할 大坂 등지의 문인 작품이 수록되어 있어, 통신사는 해당 지역 일본 문사들의 실력을 미리 파악할 수 있었다. 실제 龜井魯에게 얻은 정보는 통신사가 일본의 학문 경향을 파악하는데 유용하게 작용하여 蒹葭堂 문인과의 교유로까지 이어졌다.

또한 西京에서부터는 那波師曾과 동행하였는데, 그는 학문을 비롯하여 일본에 대한 다양한 정보를 통신사에게 전해주었다.

> 西京의 州藩 授經인 那波師曾[字는 孝卿, 號는 魯堂]은 외모는 뛰어나지 않았으나 문학에 늘 해박하였고, 經史를 통달했다. 의원 富野義胤[字는 仲達]과 더불어 維天 長老 일행의 書記가 되었다. 무릇 우리들과 함께 천 리를 왕복하면서 唱酬하고 談話하는 즐거움을 지극히 했으니 그 정성과 뜻이 가히 아름다웠다.[41]

癸未使行의 서기들은 西京의 授經인 那波師曾과 많은 시간을 함께 하였는데, 특히 문학적 지향성이 유사했던 제술관 南玉과는

---

41) 南玉, 『日觀記』, 1월 25일(丁丑), "西京州藩授經那波師曾 字孝卿, 號魯堂 貌不揚 而文學長博通經史 與醫士富野義胤 字仲達 俱託維天長老之行爲書記 盖欲與吾輩 同往返千里 極酬唱談燕之娛 其誠與志可嘉".

돈독한 우정을 나누었다. 那波師曾은 南玉 일행에게 일본 문사를 소개해주거나 『徂徠集』과 같은 일본 서적을 구해다 주었다. 이를 통해 통신사가 일본의 학문과 문화를 다양한 형태로 접할 수 있도록 도와주었다.[42] 또한 那波師曾은 일본의 학문뿐만 아니라 역사, 제도 등 그간 통신사가 의문을 가졌던 부분에 대해 답을 해주었으며, 자국의 현 상황과 문제점에 대해서도 허심탄회한 심정을 토로하기도 하였다. 그래서 成大中은 수많은 일본 문사 중 龜井魯와 那波師曾에 관한 별도의 글을 남기기도 하였다.

내가 일본에 이르러 기이한 人才 두 명을 보았는데 築州의 龜井魯와 西京의 那波師曾이다. (…중략…) 나는 두 사람이 뜻밖의 禍를 당하지 않으면 반드시 困辱을 치를 것이라 우려하였다. 매번 그들의 재주를 아끼라고 전하고, 長老의 門徒 및 築州의 書記들을 깨우쳐주기도 하였으나 힘을 얻을 수 있을지 아닐지는 알지 못하겠다. 이에 천하에 재주 있는 이를 시기하지 않는 나라가 없으며, 또 그것은 재주 있는 자가 스스로 취한 데 있음을 알게 되었다.[43]

〈書日本二才子事〉에서 成大中은 龜井魯를 '東海之大', '一人者'로 표현하며 그의 詩才를 높이 평가했다. 그리고 那波師曾과는 오랜 시간 사행을 함께 하며 古今의 인물과 역사, 학문과 일본에 대한

---

42) 김성진, 「계미사행시의 남옥과 나파사증」, 『한국문학논총』 제40집, 한국문학회, 2005, 116쪽.

43) 成大中, 『日本錄』, 「槎上記」, 〈書日本二才子事〉, "余至日本 見奇才二人 築前龜井魯 西京那波師曾也 (…中略…) 私慮二人 不中奇禍必困累 每以才客立 喩長老之徒及築前書記 而未知能力否也 乃知天下無不妒才之國 而皆有才者自取也".

많은 이야기를 나누었다며 그 박학다식함을 칭찬했다. 成大中의 〈書日本二才子事〉는 일본 문사의 문학적 역량에 대한 조선 문인의 찬사였던 것이다. 하지만 이 글의 끝에서 成大中은 그들의 능력을 수용하지 못하는 일본의 현실에 대해서도 지적하였다. 아울러 그들의 탁월한 재능이 오히려 두 사람에게 해가 될 지도 모른다는 인간적인 염려도 더하였다.

文을 통한 일본 敎化에 역점을 두었던 조선은 당대 최고의 문사들을 선발하여 일본으로 파견하였다. 또한 권력 강화라는 정치적 목적으로 시행되었던 막부의 유학 장려는 일본 문사의 실력을 향상시켰다. 이러한 정치·외교적 논리에 따라 만난 조선과 일본의 문사였으나, 학문적 교감을 바탕으로 知己之友의 관계를 맺었다. 그리고 이러한 인간적 교유는 허심탄회한 대화까지 연결되면서 일본문사는 통신사에게 일본에 대한 다양한 정보를 제공하였다.

## 2) 독서를 통한 정보 확충

### (1) 史書를 통한 기본 정보의 획득

임진왜란 중 일본은 조선의 서적과 활자를 약탈했다. 그래서 당장 조선에서는 世子 훈육에 필요한 기본적인 유교 경전마저 구하기 힘든 실정이었다. 그래서 조선 조정에서는 사행을 떠나는 역관에게 서적의 구입을 지시하였다. 1624년 甲子使行 倭學譯官 역시 鳥銃과 관련 서적의 구입을 명받았다. 그래서 鹿兒島 藩主 島津氏의 家臣이자 승려인 大龍玄昌이 저술한44) 「南浦文集」을 구해 三使에게 바쳤다.

역관 등이 두 권 서적을 가지고 와서 보이는데, 이름은 「南浦文集」으로 곧 薩摩州의 승려 大龍玄昌이 저술한 것이었다. 널리 여러 서적을 보았고 文辭 또한 아름다워, 일본 다른 중들의 비교가 미치지 않았다. 저술한 「鐵砲記」를 보니, '鳥銃이 원래 일본에서 만든 것이 아니라, 70~80년 전에 南蠻 사람에게 배워서 획득했는데, 인하여 妙技를 전했다.'고 하였다. (…중략…) 또 「戰場文」에는 西征에 나간 士卒 중 전장에서 죽은 자가 몇 만 명인지 알지 못한다고 말하고 있었다. 이로써 살펴보건대, 우리나라가 비록 도처에서 敗戰하였으나 왜인의 죽은 자도 또한 많았으니, 죽임 당한 것이 相當하였음을 알 수 있다.[45]

통신사가 이 서적에 관심을 가진 건 文集에 수록된 「鐵砲記」와 「戰場文」 때문이었다. 「鐵砲記」에는 鳥銃의 일본 유입 과정이 상세하게 적혀 있었고, 「戰場文」에는 임진왜란에 참전한 일본군에 대한 정보가 있었다. 이러한 兵書는 일본의 재침이 우려되는 상황에서 조선에 유용한 문헌이었다.

그러나 통신사가 兵書보다 중요하게 생각한 일본 문헌은 史書

---

44) 노성환, 「조총을 통해서 본 한일관계」, 『동북아문화연구』 제20집, 동북아시아문화학회, 2009, 492쪽.

45) 姜弘重, 『東槎錄』, 12월 23일(癸卯), "譯官等以兩卷書冊來示 名曰南浦文集 卽薩摩州僧人大龍玄昌所著也 博覽諸書 文辭燁燁 非如日本諸僧之比也 觀所著鐵砲記 鳥銃本非日本所創 七八十年前 學得於南蠻人 因傳妙技云 (…中略…) 且於戰場文有云 西征士卒 死於戰場者 不知其幾萬 以此觀之 我國雖到處敗衄 而倭人死者亦多 可見物故之相當也".

였다. 일본에 도착한 통신사는 일본지식의 부족을 절감했을 뿐만 아니라, 기존 지식에 수많은 誤謬가 있음을 발견하였다.

당초 禮曹에서 馬島의 사정을 자세히 몰라서 調興에게 증여하는 물품을 宗方과 꼭 같이 마련했었는데, 本島에 도착해서 자세하게 듣고 보니 일행을 맡아 주선하여 시행하는 소임이 모두 調興에게 있었다. (調興은) 연전에 江戶에 들어가서 오래도록 關白의 곁에 있으면서 가장 귀여움을 받았고, 본도에서도 名號와 位階가 또한 높았다. 宗方은 비록 玄蘇의 제자로써 圖書를 받기까지 하였으나, 본도의 일에는 간여함이 없었다. 하나의 젊은 중에 불과한데 증여하는 것이 다름이 없다면, 그가 반드시 낙심할 것이다.[46]

1617년에 파견된 통신사는 對馬島主의 家老인 調興에게 줄 예물을 제대로 준비하지 못해 곤란을 겪었다. 調信이 對馬島主 義調에게 중용된 이래 對朝鮮 貿易은 調興의 집안이 전담[47]하고 있었다. 거기다 調興이 현 關白의 신임을 얻고 있었는데, 통신사는 이러한 사실을 對馬島에 도착하고 나서야 파악했다. 실제 조선과 對馬島 간의 교역은 오랜 기간 동안 빈번하게 이루어져 왔었다. 그럼에도 불구하고 禮曹의 對馬島 정보가 이 정도로 허술하였기

---

46) 李景稷, 『扶桑錄』, 7월 10일(壬申), "當初禮曹未詳馬島事情 調興贈物 與宗方一體磨鍊 及到本島 詳細聞見 照管一行 凡所周旋 皆在調興 年前入往江戶 在關白之側 最見憐恤 本島名位亦尊 宗方雖以玄蘇弟子 至受圖書 而不與本島之事 不過一少僧 而贈給若無差別 渠必落莫".

47) 三宅英利 지음(趙學允 옮김), 『근세 일본과 조선통신사』, 경인문화사, 1994, 62~63쪽.

때문에, 통신사는 일본 內地와 幕府에 대한 기존의 정보도 믿을
수 없었을 것이다.

그래서 통신사는 기존의 지식과 자신들의 견문으로 메울 수 없
는 실제 일본과의 간극을 서적을 통해 극복하고자 하였다. 특히
史書에는 각종 제도의 기원과 變改 과정은 물론 대외 관계와 문화
교류 등 일본에 관한 다양한 정보가 기록되어 있었다. 일본의 정
치제도에 대한 정보가 부족하여 외교적 결례를 할 수밖에 없었던
통신사로서는 정치·경제·사회 등 일본을 종합적으로 이해할 수
있는 史書의 탐독이 필요했다.

통신사행록에 자주 등장하는 일본의 史書는 『年代記』(혹은 『日
本 年代記』)였다.

關白은 곧 攝政大臣으로 국사를 專斷하는 신하입니다. 이로써 나라
안에서 소위 天皇을 임금이라 하고, 關白을 왕이라 일컫지 않습니다.
臣 등이 그 『年代記』를 얻어 보니, 그 책의 癸卯年에 이르기를, 家康을
征夷大將軍에 임명했다고 하였습니다. 또 乙巳年에는 秀忠公을 征夷
大將軍에 명했다고 기록하고 있습니다. 將軍이란 秀吉이 關白이 된 것
과 같은 것입니다. 將軍과 關白은 특별이 다르고 같은 점이 없습니다.
(…중략…) 臣 등이 그들의 『年代記』를 보니 그 전에는 佛道에 대한
말이 없다가 소위 欽明이라는 이름의 天皇 12년에 이르러서 기록하기
를 백제의 聖明王이 佛經을 보내왔다고 했는데, 佛法이 여기에서 시작
된 듯합니다.[48]

---

48) 李景稷, 『扶桑錄』, 10월 18일(己卯), "關白卽攝政大臣 而專擅國事之臣也 是以國中
以其所謂天皇爲君 不稱關白爲王 臣等得見其年代記 其書於癸卯年曰 家康任征夷大

『年代記』는 통신사가 일본의 제도를 설명할 때 근거로 드는 대표적인 史書였다. 『年代記』에 대한 별도의 설명을 남긴 통신사행록이 없어 그 실체를 정확하게 알 수는 없지만, 『年代記』라는 제명과 "癸卯年", "欽明天皇 12년" 등의 明記 방식을 고려했을 때, 編年體 사서였음을 유추할 수 있다. 1617년 丁巳使行의 從事官 李景稷이 통신사행록에서 다룬 『年代記』의 내용은 일본 關白의 기원, 服飾制度와 佛敎, 그리고 白馬塚 관련 기사였다. 일본의 정치제도뿐만 아니라 현재 일본의 문화를 형성하고 있는 사상과 종교 등에 대한 다양한 정보 역시 『年代記』를 통해 확충할 수 있었던 것이다. 특히 李景稷은 일본의 복식제도와 불교가 백제를 통해 전달되었다는 사실을 중점적으로 다루었다. 또한 白馬塚은 조선의 역사에서는 잊혀졌던 일본 征伐史로, 이러한 기록들은 한반도의 민족적·문화적 우월성을 부각시키는 역할을 했다. 그래서 李景稷 이후에 파견된 甲子使行(1624)과 丙子使行(1636)에서도 『年代記』 관련 기사는 빠지지 않고 등장했다.

한반도와 관련된 『年代記』의 기사 때문인지 조선후기 통신사는 『年代記』의 내용을 역사적 사실로 수용했다. 1719년 己亥使行에서는 大佛寺에서의 연향을 두고 조선과 일본 간에 논쟁이 벌어졌다. 국서 전달이 끝나고 조선으로 돌아가는 통신사를 위해 關白은 연향을 베푸는 게 관례였는데, 그 장소가 大佛寺였다. 그러나 1719년 己亥使行의 원역들은 大佛寺가 秀吉의 願堂임을 알고 연향 불참을

---

將軍 又書於乙巳年曰 秀忠公任征夷大將軍云云 將軍猶秀吉之爲關白也 將軍關白別無異同 (…中略…) 臣等見其年代記 前無釋佛之語 至於其所謂天皇名欽明者之十二年 書曰 百濟聖明王貢佛經 似是佛法 始於此也".

일본 측에 통보했다. 당황한 對馬島主와 장로들은 大佛寺가 秀吉의 願堂이 아니라고 밝혔으나, 통신사는 이를 받아들이지 않았다. 이에 西京尹이 자신들의 주장을 뒷받침하는 근거로 전한 것이 바로 『年代記』였다.

> "帳幕을 치거나 私館에서 연회한다는 것은 나라의 군주가 주재하는 사신 연회의 예절로서는 모두 구차스러우니 결코 거행할 수 없다. 또 사신이 의리에 의거하여 (대불사에) 가지 않겠다는 것은 平氏의 願堂이란 것 때문이다. 만약 일본의 文蹟을 가지고 그 말의 잘못을 밝힌다면 곧 사신이 어찌 어렵다 버틸 수 있겠는가?"라고 하고는 인하여 자기의 집에 간직하였던 『日本年代記』印本 한 책을 내어 주며 사신에게 전해 보이게 하였다.[49]

西京尹이 전한 『年代記』에는 대불사가 秀吉이 아닌 제3대 關白 家光을 위해 세운 것으로 기록되어 있었다. 그러나 이는 위조된 것이었다. 하지만 己亥使行의 正使와 副使는 『年代記』의 기록을 보고는 다음날인 11월 3일 關白이 주최하는 大佛寺 연향에 참여했다. 이 사건을 통해 통신사가 『年代記』의 내용을 얼마나 신뢰하였는지를 알 수 있다.

한편 일본 史書에 대한 통신사의 관심은 서적의 구매로 이어졌다. 1711년의 辛卯使行의 종사관 李邦彦은 『本朝通紀』에 대해 언

---

49) 申維翰, 『海游錄』, 11월 2일(庚午), "幕次及私館 在國君享使之禮 皆涉苟艱 決不當爲也 且使行之據理不往 以平氏故也 如以日本文蹟 發明其說之謬 則使行有何持難 因出其家藏日本年代記印本一冊 使之通示".

급하였다.

일본의 古今 事蹟은『本朝通紀』에 상세히 기재되어 있으므로 여기
에서는 생략하기로 한다.50)

『本朝通紀』는 일본 제1대 天皇인 神武天皇부터 제107대 天皇인
後陽成天皇까지를 다루고 있는 編年體 史書로, 長井定宗이 1698년
江戶에서 발간하였다. 그런데 李邦彦은 일본의 古今 事蹟은『本朝
通紀』에 상세히 기재되어 있다고만 밝힐 뿐 그 내용을 자세하게
기록하지는 않았다. 이는 곧『本朝通紀』가 이미 조선에 전해져 그
내용을 상세하게 적을 필요가 없었기 때문으로 풀이된다. 그런데
일본 史書의 국내 유입은 통신사를 통해 이루어졌다. 이러한 점은
私費를 들여 일본의 史書를 구입하였다51)는 부사 任守幹의 통신
사행록을 통해 확인할 수 있다.

일본의 史書는 사행원의 일본 이해에 도움을 주었을 뿐만 아니
라, 국내로 유입되어 조선 지식인의 참고도서로 활용되었다. 韓致
奫의『海東繹史』인용 書目을 보면, 일본의 첫 官撰 史書인『日本
書記』를 비롯하여『日本紀』·『續日本記』·『日本逸史』·『類聚日本國
史』등 수많은 일본 史書가 조선에 유입되었음을 알 수 있다. 통신
사를 통한 일본 史書의 유입은 조선 지식인의 일본인식에 영향을
주었을 뿐만 아니라 조선과 일본의 관계사를 이해하는 좋은 자료

---

50) 李邦彦,『東槎錄』,「聞見錄」, "日本古今事蹟 詳載本朝通紀 今姑略之".
51) 任守幹,『東槎日記』,「海外記聞」, "曾奉使其國也 高價而潛購其史 其興廢之迹 槩可
見也".

가 되었다.

## (2) 다양한 독서를 통한 정보의 확대

사행이 거듭될수록 일본 서적에 대한 관심은 확대되었다. 이에
따라 史書로 한정되었던 탐독 대상 역시 다양해졌다.

> 서적으로는 곧 『日本紀』·『續日本紀』·『風土記』·『神社考』·『本朝文粹』
> 등의 글이 있다. 그러나 怪誕하고 駁雜하여 두루 볼 만한 것이 없었
> 다.52)

1655년 乙未使行의 종사관 南龍翼은 별도의 문견록을 저술하며
〈文字〉를 하나의 항목으로 설정하였다. 여기에서는 일본 문자의
기원에서부터 글자체, 존칭어 등을 다루고 있었는데, 南龍翼은 여
기에 일본의 서적에 대해서도 언급하였다. 南龍翼은 일본의 서적
에 대해 "怪誕하고 駁雜하여 볼 만한 것이 없다"라고 혹평을 하였
다. 하지만 일본의 史書를 비롯하여 지리·종교·문학서까지 논의
의 대상으로 삼고 있어 이를 통해 통신사의 탐독 대상이 확대되
었다는 점을 알 수 있다.

이러한 경향은 18세기가 되면서 더욱 심화되었다. 이 시기 통
신사가 관심을 표명한 서적은 크게 일본 문사의 文集과 일본지식
을 총체적으로 다루고 있는 서적으로 나눌 수 있다.53) 조선과 일

---

52) 南龍翼, 『聞見別錄』, 「風俗」, 〈文字〉, "書籍則有日本記續日本記風土記神社考本朝文
粹等書 而怪誕駁雜 皆無可觀者".

본 문사 간 교류가 활발해지면서 통신사에게 일본인의 작품집을 증여하는 경우가 많아졌다. 특히 다수의 일본 문사들이 통신사에게 문집의 序文을 써주기를 부탁하였는데, 조선 문사의 평가가 일본 내 명망을 높이는 지름길이었기 때문54)이었다. 또한 이 시기 일본에서는 古學派가 명성을 떨치고 있었는데, 이에 따라 통신사는 일본의 다양한 학술서적을 구해 탐독하였다. 일본 程朱學의 祖師라고 평가받던 竹田誠直의 『四書疏林』과 사상적 대척점에 있던 古學派 伊藤維槙의 『童子問』, 荻生徂徠의 『徂徠集』 등이 통신사의 독서 목록에 올랐다.

한편 18세기 통신사는 이전 사행과 마찬가지로 일본에 대한 다양한 지식을 확충하기 위해 일본 서적을 탐독하였다. 1748년 戊辰使行의 종사관 曺命采는 「聞見總錄」에서 다양한 일본 서적을 언급하였다.

倭國의 冊名으로 『各州分形記』라 이르는 것을 얻어 보았는데, 66주에서 1년간 바치는 곡식의 합계가 2천 2백 52만 9천 2백 83석이라고 하였다. 일본의 법은 각 주의 稅入을 모두 그 태수의 廩祿으로 바치고, 남는 것이 있으면 곧 다른 태수의 부족한 늠록의 수에 옮겨 충당한다.55)

---

53) 김경숙, 「조선후기 韓·日 서적 교류 고찰: 18세기 통신사 사행록을 중심으로」, 『한중인문학연구』 23, 중한인문과학연구회, 2008, 242쪽.

54) 구지현, 「17세기 通信使 筆談에 나타난 한일간 서적 교류의 모습」, 『한국한문학연구』 제47호, 한국한문학회, 2011, 537쪽.

55) 曺命采, 『奉使日本時聞見錄』, 「聞見總錄」, "得見倭冊之名曰各州分形記者 以爲六十六州一年貢穀 合爲二千二百五十二萬九千二百八十三石云 而日本之法 各州稅入 皆

曹命采는 倭將 隆景이 지은『武田兵書』를 읽고 일본의 陣法이 八陣圖를 모방했다는 사실을 알았고,『服制圖』를 보고는 그 내용이 일본의 喪禮에 대한 기존 지식과 다르다며 의문을 제기하기도 하였다.『各州分形記』의 내용 역시 이전 사행록에서 다루었던 일본의 지리·지역에 대한 정보였다. 이처럼 曹命采는 기존 지식의 정확성을 추구하는 한편, 그 내용을 더 풍부하게 기술하고자 일본 서적을 탐독하였다.

이러한 경향은 1763년 癸未使行에서 더욱 뚜렷해지는데, 그 중 元重擧는 다양한 일본 문헌을 논의의 근거로 제시하였다.『和國志』에서 언급한 일본 서적은『古今文人刊行錄』·『懷風操』·『武刃兵術』·『武鑑』·『宗室錄』·『地勢論』·『日本書紀』·『年代記』·『童子問』·『徂徠集』·『和漢三才圖會』 등으로, 元重擧가 이전의 그 어떤 통신사보다 실로 다양한 서적을 활용하였음을 알 수 있다.

壬辰年의 일은 앞 사람들이 기록하여 실은 것이 광대하고 또 상세하지 않음이 없다. 그러나 모두 한결같이 우리나라의 일만을 말하고, 적국의 사정에는 상세하지 못했다. (···중략···) 내가 왜인들이 간행한 몇 권의 작은 기록을 얻어 참조하고 합하여 엮어서 이 조항을 지었다. (···중략···) 내가 반드시 이것을 기록하고자 한 것은 다만 그 일을 잊지 않고자 하는 데서 연유하였다. 이는 臥薪嘗膽의 뜻에서 나온 것이다.[56]

---

供其太守之廩祿 有剩餘則移充他守廩祿不足之數".

[56] 元重擧,『和國志』권1, 〈壬辰入寇時敵情〉, "壬辰事前輩記載 非不廣且詳矣 然皆一直說我國事 不詳於敵情 (···中略···) 余得倭人刊行數本小記 參合聯綴作爲此條 (···中

元重擧는 일본의 정세를 살피면서 정작 일본의 문헌을 참고하지 않으면 이는 暗中摸索에 불과하다고 생각했다. 그래서 일본의 문헌에서 조선에 유용한 정보를 찾아내고 종합하여 이를 문견록에 기록하였다. 또한 元重擧는 일본의 현재를 정확하게 파악하기 위해서는 과거와의 照應이 필수적이라고 판단하여 조·일 혹은 중·일 간의 關係史를 再構하는데 힘을 쏟았다. 이러한 元重擧의 생각은 臥薪嘗膽에서 출발했으나, 결국은 일본의 실상을 정확하게 인식함으로써 자국의 현 상황을 객관적으로 알고자 하는 의도57)라고 할 수 있다.

그런데 여러 종류의 일본 문헌 중에서도 18세기 통신사의 눈을 사로잡은 책은 단연 『倭漢三才圖會』였다. 『倭漢三才圖會』의 정확한 명칭은 『和漢三才圖會』로 일본 江戶시대 중기에 寺島良安에 의해 편찬된 백과사전이었다. 明代 학자인 王圻, 王思義 부자가 편찬한 백과사전인 『三才圖會』를 모방하여 만든 이 책에는, 일본 고유의 문물과 지식에서부터 일본인이 접한 서양 문명58)까지 수록되어 있었다. 이 책이 통신사행록에 언급된 것은 曺命采의 「聞見總錄」이 처음이었다. 曺命采는 직전 사행에서 있었던 大佛寺 연향 논란에 대해 기록하면서 "왜국의 소위 『三才圖』"를 보았다고 밝혔다.

이후 1763년 통신사 역시 『倭漢三才圖會』를 승려 周宏을 통해 구해서 읽고는 일본지식이 그 어느 때보다 풍부해졌다. 특히 『倭

---

　　略…) 愚必欲記之者 乃所以不欲忘之也 此出於臥薪嘗膽之餘意也".

57) 박희병, 「조선의 일본학 성립: 원중거와 이덕무」, 『한국문화』 61, 서울대학교 규장각 한국학연구원, 2013, 204쪽.

58) 안대회, 「18·19세기 조선의 백과전서파와 『화한삼재도회』」, 『대동문화연구』 제69집, 성균관대학교 대동문화연구원, 2010, 421쪽.

漢三才圖會』는 일본에 대한 다양한 지식과 함께 圖版이 수록되어 있어, 그 지식의 全貌를 더 쉽게 파악할 수 있었다.

그 나라의 산천·노래·풍속·법제를 알고자 한다면 곧 『倭漢三才圖會』와 『武鑑』이 가장 요긴할 것이다.[59]

1763년 癸未使行의 제술관 南玉은 일본의 官制를 다루고 있는 『武鑑』과 함께 『和漢三才圖會』를 일본의 면모를 가장 잘 알 수 있는 문헌이라고 평가했다. 成大中 역시 『和漢三才圖會』에 대해 일본인이 자신들의 풍속을 서술한 책이라고 설명하며, 그 가치를 부여하였다. 『倭漢三才圖會』는 통신사를 통해 조선에 전해져 소위 百科全書學派라고 불리는 李家煥, 李德懋, 柳得恭, 朴齊家, 韓致奫, 徐有榘, 李圭景 등의 학자에게 전해졌다.[60] 그래서 조선의 지식인이 일본지식을 더 쉽게 습득할 수 있는 참고서로 활용되었다.

통신사는 기존 사행록과 지도에서 오류를 발견하고, 이를 해결하기 위해 일본 서적을 읽기 시작하였다. 서적에는 일본지식이 총망라되어 있어 통신사가 수집할 수 있는 정보의 폭을 확장시켜 주었다. 뿐만 아니라 일본 서적을 통한 일본정보의 확충은 조선의 시각에서 벗어나 좀 더 객관적인 시각에서 일본을 바라볼 수 있는 기회를 제공하였다.

---

59) 南玉, 『日觀記』, 「總記」, 〈書畫〉, "欲知其國山川謠俗法制 則倭漢三才圖會武鑑 爲最要者".
60) 안대회, 「18·19세기 조선의 백과전서파와 『화한삼재도회』」, 『대동문화연구』 제69집, 성균관대학교 대동문화연구소, 2010, 422쪽.

## 2. 일본지식의 구체화를 위한 글쓰기

### 1) 세밀한 설명을 위한 개념의 구체화

일본은 漢字를 매개로 하는 동아시아 문화권에 속하면서도 중국, 조선과는 다른 문화적 특질을 지니고 있었다. 이는 明이 16세기 중반 이후에 내린 海禁정책과 임진왜란으로 인한 국교 단절로 양국 간의 직접적인 교류가 이루어지지 않았기 때문이었다. 조선이 정례화된 사신 파견을 통해 중국의 문물을 거의 동시대에 수용했던 것과는 상반되는 상황이었다. 그러나 중국 南京의 商船이 長崎에 입항하거나, 일본의 船團이 중국과 직접 교류하는 방식으로 서적과 器物의 전래는 이루어졌다. 상인을 매개로 한 이러한 문물교류는 중국의 문화를 수용하되 일본에 맞게끔 변용하는 형태로 정착되면서 조선과는 많은 차이를 보였다.

### (1) 일본 용어의 조선식 개념화

조선과 일본 간에는 호칭과 명칭의 차이가 존재했다. 동일 개념을 나타내는 한자어마저 달랐으나, 전대 사행록은 이러한 차이를 중요하게 다루지 않았다.

堂宇는 그다지 호화 사치하지 않으나, 정교하고 치밀하며 깨끗하고 조촐하여 먼지 하나도 묻지 않았다. 섬 안의 왜인들이 外廳에 모여 공급할 것을 준비하는데, 무릇 접대하는 일은 자못 공손하고 정성스

러웠다.[61]

對馬島를 비롯한 일본의 주요 경유지에 도착한 사행원역은 支
供과는 별도로 藩主로부터 접대를 받았다. 明의 冊封使와 함께 일
본에 파견되었던 1596년 丙申使行의 정사 黃愼은 對馬島主가 사
행원에게 베풀어준 잔치를 그저 '接待'라는 단어로 표현하였다.
그러나 조선후기 통신사는 동일한 상황에 '振舞'[62]라는 말을 사
용했다.

　　振舞는 우리나라의 잔치라는 것인데, 倭音으로는 候老麻伊라 이른
　　다.[63]

'振舞'라는 일본식 한자어가 생소했던 1617년 丁巳使行의 종사
관 李景稷은 그 단어에 대응하는 우리말 '잔치'를 제시하여 '振舞'
에 대한 뜻을 명확하게 밝혔다. 이런 과정을 거쳐 이후 통신사행
에서는 일본 측의 공식적인 宴享이나 接待를 가리키는 용어로 '振
舞'가 常用되었다.

　이렇듯 양국 간 이질적인 문화 중 하나인 식문화, 특히 宴享과
관련해서는 별도의 개념 정의가 필수적이었다. 통신사의 파견이
결정되면 일본에서는 이전에 파견되었던 통신사가 좋아했던 음

---

61) 黃愼, 『日本往還日記』, 8월 10일(乙巳), "堂宇不甚華侈 而精緻潔淨 不留一塵 島中諸
　　倭集外廳 以備供給 凡接待之事 頗極恭款".
62) 실제 일본어로는 '振舞い'로 접대나 향응을 일컫는다.
63) 李景稷, 『扶桑錄』, 8월 12일(甲辰), "振舞猶我國所謂宴也 倭音謂候老麻伊也".

식 목록과 下程 物目을 각 번에 고시하여 통신사 접대에 소홀함이
없도록 조치했다. 그러나 오랜 기간 조선과 교류를 했던 對馬島를
제외하고는 대부분의 藩에서 일본식 宴享 儀禮를 준수했는데, 이
모든 것이 통신사에게는 색다른 관심의 대상이 되었다. 그 대표
적인 것이 삼사에게 지공된 '三五七 제도'였다.

그 연향에는 三五七의 제도가 있다. 처음에 일곱 그릇이 담긴 盤을
올리는데, 혹은 물고기 또는 채소를 가늘게 썰어 높이 쌓은 것이 마치
우리나라의 과일 쟁반 같다. 다음에 다섯 그릇이 담긴 반을 올리고,
다음에는 세 그릇이 담긴 반을 올렸다. 물새를 잡아서 그 깃털은 두고
는, 두 날개를 펴고 등에 금칠을 하며, 과실·물고기·고기들에 모두
金箔을 펴발랐다. 잔을 받치는 상에는 반드시 剪綵花를 쓰며, 혹 나무
로 새겨서 만들기도 하는데 진짜에 거의 가깝다. 이는 곧 성대한 잔치
에 손님을 공경하는 예인데, 손님에게 술과 음식을 베푸는 것을 통칭
振舞라고 한다.[64]

통신사행록에 등장한 '三五七의 제도'란 七五三膳을 가리킨다.
七五三膳이란 本膳에 일곱 가지의 요리, 二膳에 다섯 가지, 三膳에
세 가지의 요리를 담는 일본의 의례식[65]이다. 이 양식은 公家의

---

64) 黃㦿, 『東槎錄』, 「聞見摠錄」, "其宴享則有三五七之制 初進七器之盤 或魚或菜 細切
高積 如我國果盤 次進五器之盤 次進三器之盤 而取水鳥 存其毛羽 張其兩翼 塗金於
背 果實魚肉 皆鋪以金箔 獻杯之床 必用翦綵花 或木刻造作 殆逼眞形 此乃盛宴敬客
之禮 而凡享客酒食 通謂之振舞矣".

65) 타카마사 하루코, 「朝鮮通信使の饗應について」, 『조선통신사연구』 제3호, 조선통
신사학회, 2006, 112~113쪽.

의례식이 武家 사회에 침투한 것으로, 關白이 藩主를 방문하는 御成이 왕성해짐에 따라 더 사치스럽게 변했다. 음식의 수나 조리 기술, 담는 방법 등을 화려하고 아름답게 보이는데 주안점을 두었기 때문에 먹는 것보다는 보기 위한 饗應食[66]이었다. 이처럼 통신사의 삼사는 일본 최고의 饗應食이었던 七五三膳을 대접받았다. 1636년 丙子使行의 종사관 黃㦿는 자신이 받았던 饗應食에 대해 비교적 정확한 명칭으로 기록하고 이를 설명하였다. 또한 그는 다른 사행록에서 그저 '振舞'라고 기록되었던 일본 측의 宴享이 바로 七五三膳이었음을 함께 적고 있다. 조선과는 다른 일본의 연향에 대해 그들의 용어를 그대로 적고 이를 정의하는 방식은 사행을 통해 알게 된 정보를 좀 더 쉽게 이해시키는 방법이었다.

또한 이러한 연향에는 미소년들이 통신사의 접대를 담당했는데, 이를 '弱衆'이라고 불렀다.

찬을 나르고 술을 받드는 자들은 모두 나이가 어리고, 외모가 아름다우며 영리한 사람이었다. 그 명칭은 弱衆이라고 하는데, 방언으로는 곧 瓦家守였다.[67]

15~16세 정도의 소년들이 바닥에 끌릴 정도의 긴 바지를 입고 음식과 술을 나르는 장면은 통신사에게 익숙하지 않은 장면이었

---

66) 오쓰보 후지요, 「朝鮮通信使饗應食の意義」, 『조선통신사연구』 제10호, 조선통신사학회, 2010, 87~88쪽.

67) 姜弘重, 『東槎錄』, 10월 10일(辛亥), "進饌奉酒者 皆年少貌美伶俐之人 其名曰弱衆 方言則瓦家守也".

다. 그래서 전대의 사행록에도 이에 대한 기록이 남아 있으나, '弱衆'이라는 말 대신 그저 '小將'으로 표현하고 있을 뿐이었다. 그런데 조선후기 통신사는 연향에 참여하는 일본인까지 정확한 명칭을 사용하여 기록하였다. 지식인이자 기록자인 사신이 그 나라의 언어에 관심을 보이는 것은 자연스러운 일이었다.[68] 그래서 조선전기의 사행록인 『海東諸國記』에서도 일본의 語音에 대한 기록을 찾을 수 있다. 그러나 조선후기 통신사가 보였던 일본식 한자어에 대한 관심과는 조금 달랐다. 이는 조선후기 통신사가 양국 언어의 상이성을 깨달았다는 의미이자, 정확한 일본지식을 추구하기 위한 기초 작업이었다.

조선과는 다른 한자어 사용은 일본의 정치제도에서 많이 나타났다. 1607년 통신사는 大坂에 체류 중 景直으로부터 家康의 傳位 사실을 전해들었다. 家康이 셋째 아들인 秀忠에게 關白의 지위를 넘겼으며, 江戸에 새 도읍을 세웠다는 것이다. 家康은 자신이 살아 있는 동안에 아들에게 關白의 자리를 讓位함으로써, 반대 세력으로부터 아들을 보호하는 것은 물론 德川家가 關白의 직을 世襲할 수 있는 여건을 마련하였다.

　이날 어떤 사람이 家康의 文書를 가지고 지나가는 것을 우연히 얻어 보게 되었는데, 隱居所 云云이라 칭하고 있었다. 대개, 家康이 전위한 뒤에 駿河府에 피해 살면서, 그 살고 있는 성을 隱居所라 하여 전위한 사실을 보인 것이다.[69]

---

68) 조규익, 『국문사행록의 미학』, 역락, 2004, 189쪽.

그렇다 보니 秀忠이 關白의 지위에 있었지만 실권은 여전히 家康이 가지고 있는 이중적인 권력 구조를 낳게 되었다. 이에 따라 秀忠은 새로운 수도 江戶의 성에서 살고, 家康은 駿河府로 물러나 지내고 있었다. 이때 家康이 사는 곳을 隱居所라고 하였으니 조선의 上王殿과 동일한 의미로 볼 수 있다. 그러나 隱居所라는 단어 자체가 조선의 지식인에게는 생소하다 보니 慶暹은 이를 밝혀 기록으로 남겼다.

이렇듯 동일한 의미를 지칭하나 조선과는 다른 용어를 사용하는 경우 중 하나가 '藏入'이라는 단어였다.

각 州의 저자 가게는 太守가 그 稅를 거두는데, 倭京·大坂·兵庫·界濱 등지는 '藏入'이라 일컬으니, '藏入'이란 湯沐邑이란 것과 같은 것이다. 田稅와 市稅는 모두 秀忠이 收入하며, 薩摩州의 籠島와 肥前州의 長崎 같은 데는 역시 상이 물건을 중개하는 곳이므로 關白이 세를 거두는 곳이라 한다.[70]

1617년 丁巳使行의 종사관 李景稷은 일본의 租稅에 대해 이야기하며 西京·大坂·兵庫·界濱 등지가 '藏入'인데, 關白 秀忠이 이곳의 田稅와 市稅를 거두어 간다고 설명했다. 또 李景稷은 조선에서는 '藏入'이라는 단어 대신 '湯沐邑'이라고 한다고 설명을 덧붙여

---

69) 慶暹, 『海槎錄』, 5월 15일(丁丑), "是日有人持家康文書過去者 偶然得見 則稱之隱居所云云 蓋家康傳位之後 遜居於駿河府 名其所居之城曰隱居所 以示傳位之實也".

70) 李景稷, 『扶桑錄』, 10월 18일(己卯), "各州市廛則太守收其稅 如倭京大坂兵庫界濱等地 稱以藏入藏入如云湯沐邑也 田稅市征皆入於秀忠 如薩摩之籠島肥前之長崎 亦是駔儈之所 故亦爲關白收稅之地云".

단어에 대한 이해를 도왔다. '湯沐邑'은 중국 周나라 때 諸侯가 목욕할 비용을 마련하도록 天子가 내린 땅을 일컫는 말이었으나, 후대로 오면서 君主나 王家가 직접 賦稅를 걷을 수 있는 일정한 지역을 의미했다. 즉 天子나 諸侯의 食邑地라는 뜻으로 사용되었다. 關白이 收租權을 갖는 '藏入'은 곧 關白이 다스리는 直轄領을 가리키는 말이었다. 이렇듯 같은 뜻을 가졌으나 사용하는 명칭이 다를 경우, 통신사는 조선에서 사용하는 단어를 사용하여 독자의 이해를 도왔다.

'隱居所'나 '藏入'이라는 단어는 조선과는 다른 일본의 정치제도와 상황을 이해하는데 필수적인 개념이었다. 家康은 막부를 개창한 지 불과 3년도 되지 않아 아들 秀忠에게 讓位하였다. 그런데 일본에서 讓位는 특별한 일은 아니었다. 天皇 역시 일정한 나이가 되면 皇位를 물려주고, 上皇이 되어 '仙洞'이라 불리는 곳에 거주하였다. 하지만 天皇의 讓位가 일반적인 경우인 데 비해, 家康이 물러나 '隱居所'에 머문 것은 일본의 권력이 자신이 아닌 새로운 關白에게 있음을 부각시키려는 행위에 가까웠다. 그래서 慶暹은 '隱居所'를 두고 傳位한 사실을 애써 드러내는 것이라고 설명하였다. 이는 關白의 불안정한 권력 승계를 오히려 외부에 부각시켰다. 그리고 '藏入'이라는 단어 역시 일본의 關白이 조선의 國王과는 그 지위가 같지 않다는 점을 명확하게 보여주었다. 關白이 幕府 권력의 정점에 있는 것은 사실이지만, 그 역시 西京·大坂·兵庫·界濱 등 일부 지역의 收租權을 가진 관리라는 점이 드러났기 때문이다. 결국 '隱居所'나 '藏入'은 일본 내 關白의 지위를 이해할 수 있는 핵심적인 단어였다.

조선후기 통신사가 조선과는 다른 일본식 한자어를 기록으로 남긴 것은 단순한 언어적 관심이 아니었다. 또한 용어의 개념 정립에 국한된 것이라고도 볼 수 없다. 특정 대상과 그것을 나타내는 형태·표기의 차이는 조선과 일본의 이질성을 가장 손쉽게 드러내는 지점이었다. 그리고 그 안에는 유사하지만 또 다른 문화나 제도상의 차이가 나타날 수밖에 없다. 외교 상대국의 용어를 그대로 적고 이를 조선식으로 개념화하는 방식은 일본에서의 체험을 있는 그대로 기록하려는 노력인 동시에 정확한 일본지식을 형성하기 위한 방편이었다.

## (2) 세밀한 관찰을 통한 개념의 확정

후대 사행으로 갈수록 기존 사행록에서는 미처 다루지 못했거나 설명이 미진했던 사물에 대한 관심이 고조되었다. 그래서 사소한 기물 하나까지 자세히 관찰하고 빠짐없이 기록하려는 모습을 보였는데, 이럴 때 가장 유용한 설명 방식이 묘사였다.

그 單子를 보니 밖에는 '某使大人閣下'라고 쓰고, 안에는 '果品一備酒一尊'이라 썼다. 그 끝에 '計'를 썼는데 우리나라에서 '際'를 쓰는 것과 같다. 日月 아래에 그 성명을 쓰고 圖書를 찍었다. 과일은 곧 흰 삼나무로 만든 3층 盒에 담았으므로, 그 이름을 三重盒이라 한다. 위에 한 조각의 긴 전복을 두꺼운 종이에 싸고, 중간을 금빛과 붉은 빛의 두 가지 종이끈으로 묶어 두었는데, 그 풍속이 소위 德談이다. 과일이라는 것은 다 사탕붙이인데, 꽃 모양만큼 큰 것도 있고 흰 殭蠶

만큼 작은 것도 있어, 모양과 빛깔이 한결같지 않았다. 술통은 우리나라의 水桶과 같은데 나무판자로 덮었다. 위에 '諸白酒' 세 글자를 썼는데, 이는 저들의 좋은 술을 일컫는 것이다.[71]

1748년 戊辰使行에서는 對馬島 쪽에서 계속해서 日供을 지급하지 않아 사행원역이 굶주림에 시달렸다. 이에 대한 항의의 의미로 三使는 對馬島의 지공을 일절 받지 않기로 결의하였으나 이내正官과 裁判, 都船主까지 사과를 하면서 이 사건은 일단락되었다.이에 對馬島主가 사과의 의미로 三重盒을 삼사에게 진상했다. 삼중합은 1748년 이전에도 사행록에 무수히 등장했었다. 그런데 曹命采는 단순히 삼중합이 무엇인지를 설명하는데 그치지 않고 이를 상세하게 묘사하였다. 우선 삼중합과 함께 보낸 對馬島主의 單子에서부터 묘사를 시작하였는데, 단자에 쓴 내용 하나까지 놓치지 않고 자세하게 언급하였다. 그리고 삼중합의 재질과 모양 등기명의 바깥부터 삼중합 안에 든 내용물에 이르기까지 시선을 이동하면서 빠짐없이 묘사하였다. 심지어 사탕에 절인 과일과 금·은 종이에 묶인 전복 하나까지도 빼놓지 않았다. 이어 삼중합과함께 가져 온 술통에 대해서도 언급하였다. 그런데 특이한 점은술통을 설명하면서 조선의 水桶에 빗대어 표현한 것이다.

이와 같이 사행록에는 묘사와 함께 조선 지식인에게 익숙한 사

---

71) 曹命采,「奉使日本時聞見錄」, 2월 18일(壬申), "見其單子 外書某使大人閤下 內書果品一備酒一尊 其端書計字 如我國之書際字 日月下書其名着圖署 果品則貯以白杉木三層盒 故名之曰杉重盒 上以一片長鰒裹於厚紙 腰結金紅兩色紙繩而置之 渠俗之所謂德談也 果品者皆是糖屬 而有大如花形者 有小如白殭蠶者 形色不一 樽則如我國水桶 覆以木板 上書諸白酒三字 此乃彼中美釀之稱".

물을 대입시켜 이해를 돕는 방법이 빈번하게 등장하였다.

　　또 안팎 세 뜰에는 거북 무늬의 博石을 깔았는데, 길이와 넓이가
각 布帛尺으로 두 자가 넘었다. 또한 筑前州에서 실어 왔다고 하니,
그 功力을 알 수 있었다. 또 이중으로 된 銅雀門을 지나, 소위 權現의
大儀를 안치했다는 곳에 이르니, 곧 그 집의 제도는 關王廟와 꼭 같
았다.[72]

　　긴 거리를 지났는데 마치 우리나라 六曹의 앞길 같았다.[73]

　　1636년 丙子使行은 關白 家光의 권유로 급하게 日光山 유람을
떠나게 된다. 예정에 없던 일정이라 日光山이나 東照宮에 대한 사
전 정보가 전무한 상황이었다. 그렇게 마주하게 된 東照宮에 대해
정사 任絖은 별다른 설명 없이 조선의 關王廟와 그 제도가 같다고
짧게 서술했지만 비교 대상을 밝혀줌으로써 이해를 도왔다. 또한
1711년 辛卯使行의 압물통사 金顯文 역시 번화한 江戶의 거리를
다만 조선의 '六曹 거리'와 같다고 설명했다. 기존 사행록에서 江
戶를 井자 모양으로 정비된 시가지, 그 좌우로 이어진 점포와 쌓
여 있는 물화로 장황하게 묘사했던 것에 비해 너무나 간단한 설
명이었다. 하지만 江戶의 도로를 당시 조선의 都城에 비유함으로

---

72) 任絖, 『丙子日本日記』, 12월 22일(壬辰), "且內外三庭 鋪以龜文博石 長廣各布帛尺
　　二尺餘 亦自筑前來云 其爲用功可知 又入銅雀門二重 抵所謂權現大儀安置之處 °則
　　其室制 正如關王廟".
73) 金顯文, 『東槎錄』, 11월 3일(戊子), "過長掛 如我國六曹前路".

써 보다 쉽게 그 모습을 상상할 수 있었다. 즉 조선인에게 익숙한 장소나 사물을 제시함으로써 일본의 새로운 문물에 대한 지식을 정확하고 실감나게 전달할 수 있었던 것이다.

　종들이 동전 몇 개로 시장에서 엿을 사와서 그것을 바쳤다. 모양이 작은 楸子나 馬兜鈴 같은데, 주름과 모, 붉은 실 무늬가 있었다. 안이 비어 연하고 가벼워서 우리나라의 엿보다 나았다. 대략 말린 正果의 맛과 같았다.74)

　1763년 癸未使行에서는 下程으로 饌物을 바치는 대신 모든 것을 쌀로 지급하고, 관소 앞에 임시 시장을 설치하여 사행단이 필요한 물품을 직접 구매하도록 하였다. 그래서 사행원역이 직접 나가 일본의 서민 음식을 맛 볼 기회가 생겼다. 그래서 陪從하던 종들이 일본의 엿을 사다 南玉에게 건넸다. 이를 맛본 南玉은 그 겉모양은 楸子나 馬兜鈴의 열매와 같고, 그 무게는 우리나라 엿보다 가벼웠다고 자세하게 설명했다. 이렇듯 南玉은 주변에서 흔히 볼 수 있는 조선의 사물에 빗대어 일본 엿의 모양을 묘사하였는데, 심지어 그것이 우리나라의 말린 正果와 같다고 하여 그 맛까지 추측할 수 있을 정도였다.
　한편 조선의 지식인에게 조선만큼이나 친숙한 존재가 중국이었다. 일찍이 중화의 문물을 수용하고 그 학문을 배우며 서책을 가까이한 조선 지식인에게 일본의 새로운 문물을 중화의 것에 빗

---

74) 南玉, 『日觀記』, 12월 초6일(戊子), "奴輩以小銅錢 買市中飴餹進之 狀如小楸子馬兜鈴 而有皺稜赤絲紋 內空闊軟輕於我國之飴 而略如乾正之味".

대는 방법은 이해를 돕는 또 다른 방법이었다. 또한 중국으로의 燕行이 통신사행보다는 빈번하게 이루어졌기에 실제 중국의 문물이 다양한 경로로 조선에 유입되기도 했다. 때문에 실제로 보지는 못했더라도 중국의 繪畵나 서적을 통해서 알고 있었기에 그 의미하는 바를 충분히 파악할 수 있었다.

館所로 거처하는 곳에 이르니, 무릇 모든 것이 아주 깨끗하고 또한 매우 사치스럽고 工巧하였다. 그들의 풍속은 온돌을 놓지 않고 모두 판자로 마루를 만들어서 茶毯을 깔았다. 다담은 곧 일본의 자리 이름인데, 우리나라의 소위 藤莓席이라는 것과 같다. (…중략…) 담은 곧 크고 작은 돌로 쌓았는데, 가로 또는 세로로 겹쳐서 한 길이 넘게 만들었다. 돌을 다듬지 않고 그 형세에 따라 쌓은 것이 앞뒤가 깎은 듯하고 또한 틈이 없었다. 일찍이 중국 사람의 畵帖에서 세로 가로 무늬로 돌을 쌓은 것을 보았는데, 그것이 지금 본 바와 같았다.[75]

1748년 戊辰使行의 종사관 曹命采는 일본의 문물을 중국과 비교하여 표현하기를 즐겼는데, 이는 일본 사행 이전에 연행사로 파견되었던 曹命采의 이력과도 무관하지 않다. 이 시기에는 통신사행록이나 일본 서적을 통해 조선사회에 일본지식이 많이 알려졌을 뿐만 아니라, 이러한 지식을 바탕으로 일본을 새롭게 평가

---

75) 曹命采,『奉使日本時聞見錄』, 2월 17일(辛未), "及就所館處 凡百極其精潔 而亦甚侈巧 其俗不設烟堗 皆作板廳 鋪以茶毯 茶毯卽日本席名 而如我國之所謂藤莓席者 (…中略…) 墻垣則築以大小石子 或横或豎 累成丈餘 曾不治石 隨其勢而築之者 前後如削 又無罅隙 曾見唐人畵帖 有築石縱横之紋 今之所見".

하고자 하는 움직임이 일어나고 있었다. 그래서 그 어느 때보다 정밀한 일본 탐색이 필요하였는데, 이를 위해 영조는 연행의 경험이 있는 삼사를 통신사로 파견[76]하였다.

曹命采는 일본이 보내 온 단자 하나, 器皿 하나, 심지어 화장실에 붙어 있는 글귀 하나까지도 놓치지 않고 기록으로 남기고자 하였다. 鰐浦의 관소에 도착한 曹命采는 관소의 가옥 구조에 대해 자세하게 묘사하였다. 특히 "그들의 풍속"이라 표현하며 자신이 알고 있던 지식을 활용하여 견문의 내용을 풍부하게 하였다. 그는 관소를 짓는데 사용된 건축 자재나 일본 기물을 우리나라나 중국의 것과 비교하여 이해를 도왔다. 관소의 바닥에 깔려 있는 다담은 조선의 등메자리에 비교하였고, 돌을 이용하여 담을 쌓은 방식은 중국의 화첩에서 볼 수 있는 방식이라고 설명한 것이다.

이렇듯 묘사는 일본에서 본 새로운 경물을 설명하기에 좋은 방법이었다. 그러나 조선과 일본의 문화 중 이질적인 것이 많아 단순 묘사만으로는 독자가 이해하기 힘들 수도 있었다. 이럴 때 묘사와 함께 쓰면 좋은 방법이 익숙한 사물에 빗대어 표현하는 것이었다. 일본의 새로운 기물에 대해 자세하게 묘사를 하고 조선의 지식인에게 친숙한 사물을 대입함으로써 그 형체를 더 잘 형상화할 수 있기 때문이었다. 통신사는 이러한 방법을 사용하여 일본에 대한 정보를 더 명확하게 전달할 수 있었다.

---

76) 정장식, 「영조대 통신사와 이덕무의 일본 연구」, 『일본문화학보』 제23집, 한국일본문화학회, 2004, 205~206쪽.

## 2) 객관적 준거에 바탕을 둔 지식의 구체화

### (1) 준거에 의한 정보의 판단

일본에서의 사행 노정이 동일하다 보니 후대 사행원의 일본 체험은 이전 기록을 숙지하는 것에서 시작된다고 봐도 무방할 정도였다. 전대 사행록을 통해 일본지식을 먼저 습득한 후에 이루어진 통신사의 일본 체험은 활자로 읽고 상상했던 장면을 현실에서 마주하는 특별한 경험이었다. 그래서인지 이 시기 통신사행록에는 전대 사행록의 내용을 언급하는 기록이 자주 등장하였다.

대개 對馬島부터 赤間關까지를 三大海라고 부르며 赤間關 이후부터는 다 海岸을 따라 간다. 마치 우리나라 西南海와 같아서 조금만 바람과 파도가 일면 곧 뱃길의 어려움이 海洋을 건너기보다 심하다. 秋浦 黃愼의 일기에 기록된 바가 참으로 헛말이 아니다.[77]

黃愼은 『日本往還日記』에서 赤間關 이후의 뱃길에 대해 "다만 한쪽은 곧 큰 바다이기 때문에 바람과 파도가 조금 세면 배 운행의 어려움이 해양을 건너기보다도 심하다"[78]라고 기록하였다. 金世濂은 赤間關에서 兵庫까지의 험난한 海路로 이동하며 黃愼의 글

---

77) 金世濂, 『海槎錄』, 11월 4일(甲辰), "蓋自馬島至赤間關 號爲三大海 自赤間關以後 皆傍岸而行 如我國西南海 少有風濤 則船路之艱 甚於涉洋 黃秋浦日記所錄 信不虛 也".

78) 黃愼, 『日本往還日記』, 12월 9일(辛未), "但一邊是大洋 故風濤稍緊則船行之艱 甚於 涉洋".

이 무슨 의미인지 경험하였다. 그래서 黃愼의 일기가 사실이라고 『海槎錄』에 기록했는데, 이처럼 이전 사행의 기록은 후대 사행원의 見聞이나 생각에 정당성을 확인시켜 주는 역할[79]을 했다. 그래서 후대 사행원들은 자신의 기록을 좀 더 바람직하게 만들기 위해 전대 사행록을 見聞의 판단 準據로 인용하였다.

그런데 이전 사행록의 내용을 확인하다 보면 오류를 발견할 때가 있었다.

사행 기록을 보면 으레 十詠을 구했다는 말이 있는데, 지금은 곧 그러함이 없으니 어쩌면 배의 일을 트집 잡아 그런 것인가, 風氣가 옛날과 같지 않아서인가. 산천의 수려함은 倭京과 大坂에 버금가고 古跡의 느낌은 또 다른 州에는 있지 않은 것이었다. 그런데도 아무도 申周伯이 博多津을 슬퍼하며 지은 시를 지적하는 사람이 없으니 아마도 이것은 또한 단지 비슷하게 지은 듯하다.[80]

藍島에 도착한 南玉은 博多津을 직접 찾아갔다. 이전 사행록에 등장하는 博多津은 흔히 鄭夢周와 朴堤上의 古事를 설명하기 위해 언급하는 곳이었다. 그리고 이곳에서는 으레 이전 사행원의 시에 次韻을 하는 것이 일종의 관습처럼 여겨졌다. 그래서 이전의 통신사는 博多津에서 정몽주나 박제상의 忠節을 기리는 작품을 많이

---

79) 조규익, 『국문 사행록의 미학』, 역락, 2004, 248쪽.

80) 南玉, 『日觀記』, 12월 5일(丁亥), "見於槎行記 帆求十詠 今則無之 豈舡事鬧而然抑
風氣古而然 山川之秀麗亞 於倭京大坂 古跡之感 又他州所未有 而無人指點 申周伯哀
博多津辭想 亦只是彷佛而作也".

남겼다. 그러나 南玉이 실제로 본 博多津은 築前州의 중심 도시로 大坂이나 西京만큼 번화할 뿐 아니라 그 자연 경관도 아주 뛰어났다. 南玉은 사행원들이 博多津의 또 다른 면모는 언급하지도 않은 채, 단지 이전 사행록의 내용을 모방·답습하는 점을 비판했다. 이러한 점은 비단 지역 정보에만 국한된 사실이 아니었다. 일본의 정치·역사·문화 등 일본지식 전반에서 볼 수 있는 문제였다.

> 信長이 關白이었을 때에 그(秀吉)의 용모를 보고 기특히 여겨서 데리고 궁중에 들어왔다. 가까이 두고 총애하고 일을 맡겼다. 秀吉이 이로 말미암아 信長을 시해하고 스스로 關白 博陸侯가 되었다. 여러 酋長을 잔학하게 멸망시키고 州와 島를 통합하였다. 이때에 오직 原家康이 성에 웅거하여 항복하지 않았다.[81]

위의 내용은 秀吉이 關白의 자리를 찬탈하기 위해 平信長을 죽였다는 이야기로, 조선후기 통신사는 秀吉을 主君을 살해한 모리배로 기록하였다. 그리고 시간이 흐를수록 秀吉의 잔악함이 더해져 부정적인 이미지가 강화되었다. 丁未使行(1607)의 부사 慶暹은 平信長의 옛 도읍지에서 秀吉의 찬탈 사실만을 기록하였다. 그러나 그로부터 100여년 뒤에 파견된 申維翰은 平信長이 유독 秀吉을 신뢰하고 아꼈다는 사실을 덧붙여 그 부정적인 면모를 더욱 부각시켰다. 게다가 申維翰은 秀吉이 주군을 배신하고 關白에 오른 후에도 여러 藩主를 학살했다고 기록하였다. 하지만 실제 平信長은

---

81) 申維翰, 『海游錄』, 9월 27일(丙申), "信長時爲關白 見其狀貌而奇之 率入宮中 寵近用事 秀吉因弑信長 自立爲關白博陸侯 虐滅諸酋 統合州島 是時唯源家康據城不服".

1582년 本能寺에서 明智光秀에 의해 암살당했다. 이에 高松城에서 毛利氏와 대치하고 있던 秀吉은 군대를 돌려 光秀를 토벌하고 信長의 후계자가 되었다.[82]

1763년 癸未使行의 서기 元重舉는 이전 사행록이 범하고 있는 이 같은 誤謬를 지적하며 사실을 정정하였다.

秀吉이 平信長을 시해했다는 것은 우리나라에서 기사로서 쓰여져 전하지 않는 데가 없다. 그 당시에 무엇을 좇아 이러한 말이 있게 되었는지 알지 못한다. 秀吉의 하늘을 뒤덮는 惡行은 천하에서 만세토록 죽여도 용서하지 못할 바이다. 다만 우리나라에서 그가 弑害를 하여 찬탈했다고 배척한 것은 극심하게 진실을 잃은 것이다. (…중략…) 우리나라 사람들은 매번 간첩을 좇아 사실이 아닌 말을 즐겨 전하였다.[83]

이전 통신사의 역사 왜곡은 국교를 재개하며 임진왜란의 원흉인 秀吉을 家康과 구별하기 위한 조처로 생각할 수 있다. 그것이 豊臣家를 멸망시켰다는 家康에 대한 긍정적 평가와 맞물리면서 국교 재개에 대한 정당성을 부여했던 것이다. 그러나 시간이 흘러 일본에 대한 지식이 축적되고, 考證의 學風이 성행함에 따라 秀吉의 功過에 대한 평가 역시 바뀔 수밖에 없었다. 그 일환으로

82) 동경대 교양학부 일본사연구회 편(김현구·이언숙 옮김), 『일본사개설』, 지영사, 1994, 183쪽.

83) 元重舉, 『和國志』 권1, 「平信長」, "秀賊之弑信長 我國記事無不著傳 不知其時何從有此言也 秀賊滔天之惡 天下萬世所不容誅 獨我國之斥以篡弑極甚失實 (…中略…) 我國人每陳於間諜 而喜傳不實之言".

秀吉이 關白의 자리를 찬탈했다는 내용 역시 정정이 이루어진 것이었다. 더불어 元重舉는 이러한 역사적 왜곡 자체는 조선의 무능을 보여준다고 한탄했다. 적정에 대한 탐색을 게을리 한 채, 검증되지 않은 이전의 정보를 계속하여 사용함으로써 정확한 일본 파악을 불가능하게 만들었기 때문이었다.

북쪽 아래에 神宮이 있는데, 검은 나무로 울타리를 둘러쳐서 방어했다. 대개 세속에서는 神宇를 私廟로 삼거나 國社로 삼았다. 그 州의 사람 중에 孝行과 烈行이 두드러진 자, 혹은 전사하거나 익사한 자 중 나라에 공이 있거나 고향에 공이 있는 자는 반드시 神社에서 받든다. 그러므로 산수가 아름다운 곳에는 종려나무나 대나무가 우거지고 누각이 크고 화려한 경우가 있는데 모두 神社이다. 神社의 성대함은 佛宇를 능가한다. 그들이 절이라고 일컫는 것 중에도 또한 神堂이 많다. 대개 그 나라 풍속이 귀신에게 아첨하여서 그런 것이니, 건국 초기에 神人이 一向州에 내려와 玉璽 하나와 劍 하나를 내려 준 신이한 일이 있었기 때문이다.[84]

이전의 통신사가 일본을 부정적으로 평가했던 근거 중 하나는 불교의 번성이었다. 성리학과 華夷論으로 무장했던 통신사에게 사찰과 민가가 뒤섞여 있는 일본의 모습이나 무수한 사찰의 수는

---

[84] 南玉, 『日觀記』, 1월 16일(戊辰), "北下有神宮 以烏木環柵以防之 蓋俗以神宇爲私廟 爲國社 其州人有賢烈表著 或戰死水死功在於國 或在於鄉者 必於神祠而奉之 故山水佳麗處 有棕竹蔭蔚 樓閣玄華者 皆神祠 神祠之盛 浮于佛宇 其稱寺者 亦多神堂 其國俗媚神而然 由其建國之初 以神人降于日向 有一璽一劍之異故也".

충격일 수밖에 없었다. 이러한 점은 일본이 오랑캐일 수밖에 없다는 논리로 연결되곤 하였다. 그런데 통신사가 사찰이라고 생각했던 건물 중 상당수는 神社였다. 하지만 조선 지식인의 입장에서는 神社나 사찰이 성리학과는 무관한 異端이었기에 그 둘의 구분 자체가 무의미했다. 그러나 南玉은 일본의 곳곳을 다니며 이전 사행록이 사찰과 신사를 구분하지 않았음을 직접 확인하였다.

특히 南玉은 일본의 神社에는 烈行과 孝行으로 이름 높은 자나 殉國 烈士를 모시고 있다는 것을 알았다. 이전 통신사가 사찰로 취급하며 폄하했던 신사가 결국 우리나라의 祠堂과 같은 기능을 하고 있었던 것이다. 그러나 일본의 神社와 조선의 祠堂이 사람들의 숭고한 업적을 기린다는 점은 동일하지만, 사람을 神으로 승격시켜 모신다는 사고는 조선과 상이한 것이었다. 이러한 차이에 대해 南玉은 神社는 귀신에게 아첨하는 일본인의 속성에서 나온 산물이라고 설명하였지만, 이를 오랑캐의 습속이라고 비하하지는 않았다. 다만 그러한 습속이 일본의 건국 신화와 관계있기 때문이라고 설명하였다. 南玉의 이러한 판단은 조선의 관점으로만 일본을 파악하려고 했던 그간의 경향에서 벗어났다는 점에서 의미가 크다.

한편 기존 정보에 대한 판단과 정정은 때로는 논쟁의 형태로 사행록에 기록되기도 하였다. 그 중 하나가 猿山을 둘러싼 논쟁이었다. 觀音寺 앞에 산이 하나 있었는데, 그 이름이 猿山이었다. 1643년 癸未使行의 사행록인 『癸未東槎日記』에서는 猿山이라는 이름이 원숭이가 많기 때문에 유래했다고 기록하였다. 그런데 바로 다음 사행의 각기 다른 사행록에서 원숭이 유무에 대한 상반

된 기록을 남기면서 이른바 '원숭이 논쟁'이 발생하였다.

앞에 작은 산이 있어 예부터 猿山이라고 불려왔다. 원숭이가 없으면서 이런 이름을 얻었는지 알 수가 없다.[85]

옆에 猿山이 있는데 소나무와 돌들이 섞여서 천 길이나 우뚝 섰다. 일본에 본래 원숭이가 나는데, 이 산에서 가장 많이 나므로 이름을 얻었다 한다.[86]

1655년 乙未使行의 종사관 南龍翼은 猿山에 대해 1643년과 동일한 내용을 남긴 데 비해, 정사 조형은 猿山에는 원숭이가 없다고 기록하였다. 이후 통신사에게 있어 猿山에 원숭이가 있는지의 유무를 확인하는 것은 너무나 당연한 일이었다. 심지어 1711년 辛卯使行의 압물통사 金顯文은 猿山에 원숭이가 너무 많아 일본인이 포획을 할 정도라고 기록했다. 사태가 이에 이르자 1719년 己亥使行의 제술관 申維翰은 對馬島 서기 雨森東에게 이에 대한 사실 여부를 질문했다.

내가 雨森東에게 이르기를, "일찍이 적간관의 동쪽에 猿山이 있다고 들었습니다. 산에서 원숭이가 많이 나서 원숭이 소리가 들을 만하다고 합니다. 어느 곳이 猿山인지 모르겠습니다."라고 하였다. 雨森東

---

85) 趙珩, 『扶桑日記』, 8월 22일(癸酉), "前有小山 古稱猿山 無猿而得此名 不可知矣".
86) 南龍翼, 『扶桑錄』 8월 22일(癸酉), "傍有猿山 松石參差 屹立千丈 日本本產猿 而此山 最多 故得名云".

이 곧 배를 잡고 웃으며 답하기를, "세상에는 진실로 實體는 없고 虛名만 나는 것이 있나 봅니다. 누가 보고 누가 그것을 전했습니까?"라고 하였다. 다음날 바다 위에서 왼편에 있는 조그마한 언덕을 바라보았는데, 이름을 元山이라 하였다. 산에는 鳥獸가 없었는데 전하는 사람이 한 번 잘못하여 猿字로 만들었다. 두 번 잘못하여 원숭이가 난다고 하였으며, 또 원숭이 소리가 들린다고 더했다. 이것은 弄獐의 그릇된 것보다 심하니, 사람으로 하여금 가히 絶倒하게 하였다.[87]

申維翰은 雨森東과의 문답을 통해 猿山에 원숭이가 있는지 여부를 질문했다. 그런데 雨森東은 猿山의 '猿'이 '元'이며, 원숭이 때문에 지명이 유래했다는 것은 모두 헛소문이라고 밝혔다. 이에 申維翰은 이전 사행의 기록이 잘못되었음을 지적하고 정확하지 않은 정보가 80년 동안 이어지면서 또 다른 오류를 낳았다며, 사행록의 관습적 글쓰기에 대해 비판하였다. 그러나 對馬島 서기 雨森東의 답에도 불구하고 이후의 통신사들은 원숭이 논쟁을 이어갔다. 그리고 1763년 癸未使行에서는 급기야 원숭이가 있기도 하고 없기도 하다는 결론에 도달하였다. 築州의 세 서기와 필담을 나누던 통신사는 원숭이의 유무를 질문했다. 이에 서기들은 일본에 원숭이[猿]는 없지만 猢猻은 內地의 곳곳에 있다[88]고 대답했다. 결국 120여 년간 통신사행록에서 계속된 원숭이 논쟁은 원숭

---

87) 申維翰, 『海游錄』, 8월 18일(戊午), "余謂雨森東曰 曾聞赤關之東有猿山 山多産猿 猿聲可聽云 不知何處是猿山 東卽捧腹而笑曰 世間固有無實受虛名者 孰見而孰傳之耶 來日海上 望左邊一培塿 名曰元山 山無鳥獸 而傳者一訛作産猿 再訛作産猿 又添作猿聲 甚於弄獐之誤 可令人絶倒".

88) 元重擧, 『乘槎錄』, 12월 14일(丙申).

이의 범위를 어디까지로 한정할 것인가로 귀결되고 말았다.

이처럼 전대 사행록에 수록된 일본정보는 그 옳고 그름에 상관 없이 후대 통신사의 판단 기준이 되었다. 이전과 동일한 기록은 통신사가 수집한 정보에 객관성을 부여하였다. 반대로 잘못된 부분에 대해서는 정보를 수정하였고, 그 내용은 또 다시 이후 통신사가 자신의 견문을 판단하는 근거로 작용하였다. 그리고 그러한 정보 탐색의 과정을 거듭하면서 통신사행록의 일본정보는 점점 정확해졌고, 단순 정보에서 벗어나 객관적 지식으로 확립되어 나갔다.

### (2) 문제의 발견과 해결

후대 통신사는 전대 사행록을 단순히 수용하거나 復記하지 않고, 의문이 나는 상황은 일본인에게 질문하여 답을 구했다. 그러나 그 답을 확신할 수 없거나 아예 답을 듣지 못하는 경우도 있었다. 그럴 때면 의문이 난다는 사실마저도 기록으로 남겼다. 그러다 보니 후대에 파견된 통신사는 전대 사행록에 기록된 의문사항을 기억했다가 이를 해결하고자 하였다.

혹은 말하기를, "霸家臺와 博多州는 倭音으로 서로 비슷하기에 이로써 訛傳된 것이요, 본래 霸家臺라는 이름은 없다."라고 하는데, 그런지 아닌지 알 수가 없다.[89]

---

89) 作者未詳, 『癸未東槎日記』, 5월 18일(庚戌), "或云霸家臺與博多州倭音相似 以此訛傳 而本無霸家臺之名云 未知其然否".

雨森東이 남도에 있으면서 나에게 준 시에, "雄關月照覇家臺"라는 구절이 있어서 覇家臺가 어디냐고 물었더니, 雨森東이 말하기를, "이 것은 博多津인데 일본 음으로 和家多입니다. 귀국의 文忠公 申叔舟가 사신으로 왔을 때의 筆錄에 覇家臺라고 썼으니, 이것은 音譯이 잘못된 것이나 그 뜻이 곧 아름다우므로 지금 그렇게 부르고 있습니다."라고 하였다.[90]

申叔舟가 『海國諸國記』에 博多의 다른 이름으로 覇家臺를 언급한 이후, 조선후기 통신사는 藍島에 이르면 늘 覇家臺의 위치를 궁금해 했다. 그러나 일본인조차 覇家臺라는 지명을 모르는 경우가 대부분이었다. 그래서 1643년 癸未使行의 원역은 이에 대한 의문을 제기했다. 그리고 70여 년 후, 申維翰은 이를 일본인에게 물어 확인하고자 했지만 모른다는 대답만 들었다. 그러나 申維翰은 일본인이 답을 알면서도 일부러 회피한다고 여겨 雨森東에게 똑같은 질문을 했다. 이에 雨森東은 원래 申叔舟가 말한 覇家臺는 일본 음의 誤記로 和家多가 맞는 이름이라고 대답했다. 그러나 申叔舟가 사용한 覇家臺의 뜻이 더 아름다우므로 지금은 일본에서도 覇家臺라는 지명을 사용한다고 대답하였다. 雨森東과의 문답을 통해 申維翰은 癸未使行원이 제기한 문제를 해결했을 뿐만 아니라 申叔舟의 『海東諸國記』가 일본에 유입되어 전하고 있다는 사실도 파악할 수 있었다.

---

90) 申維翰, 『海游錄』, 8월 1일(辛丑), "雨森東在藍島 贈我詩有雄關月照覇家臺之句 覇家臺在何許 東曰是博多津 倭音和家多 貴國申文忠叔舟奉使時 筆錄乃曰覇家臺 此因音譯之訛 而其義便佳 至今呼以爲名".

한편 일본에 서식하는 樹種과 동물, 가축도 통신사가 탐색해야
할 정보 수집의 대상이 되었다. 그러면서 이와 관련된 의문이 통
신사행록에 제기 되었다.

以酊菴 장로가 律詩 한 책을 使行에게 보냈기에 보았는데, 시 가운
데에 '雛鸚'으로 題目을 삼은 것이 있었다. 이상하여 그것을 물었더
니, 곧 근래 들어 비로소 이 새가 있다고 하였다. 또한 알 수 없는
일이다.91)

誠一이 다시 시를 보냈으므로 그에 화답해 주었다. 묻기를 "귀국
사람들은 시에 黃鳥를 많이 쓰는데 이것은 잘못인 것 같습니다. 雨森
芳洲가 '猿山에 원숭이가 없다'라고 했는데 정말 확실합니까?"하니
답하기를 "앵무새도 있고 원숭이도 있고 또한 까치도 있으니 여기에
서 수백 리 거리입니다. 곧 없다고 한 것은 芳洲의 잘못입니다."라고
하였다.92)

戊辰使行(1748)의 종사관 曹命采는 以酊菴 장로가 보낸 律詩에
서 앵무새를 화제로 삼은 작품을 발견했다. 그러나 南龍翼의 「聞
見別錄」을 비롯하여 이전 문견록에는 까치와 앵무새가 일본에는
없는 鳥獸로 기록되어 있었다. 그래서 曹命采는 이러한 의문점을

---

91) 曹命采, 『奉使日本時聞見錄』, 3월 1일(乙酉), "以酊長老以詩律一冊 送示使行 而詩
中有以雛鸚爲題者 怪而問之 則近來始有此鳥云 而亦未可知也".

92) 南玉, 『日觀記』, 12월 14일(丙申), "城逸復送詩和之 問貴邦人詩多用鳥似誤 雨森芳
洲言 猿山無猿 亦似信然 答有鸚有猿亦有鵲 去 此數百里 則无之芳洲誤也".

해소하고자 질문을 했으나, 근래 들어서는 일본에도 앵무새가 존재한다는 의아한 대답만을 들었다. 曹命采는 이에 대한 의구심을 사행록에 남겼다.

그리고 바로 다음 사행에 파견된 癸未使行의 서기는 그 답을 구하기 위해 일본의 문사에게 앵무새가 서식하는지 질문을 했다. 그 결과 앵무새뿐만 아니라 지금까지 일본에는 없다고 전해진 까치까지 서식하고 있다는 사실을 알게 되었다. 아울러 일본의 앵무새는 그 빛깔과 생김새가 報春鳥에 가까워 통신사가 생각하는 종류와는 다를 것이라는 설명도 들었다. 이에 元重擧는『和國志』에 새와 짐승에 대해 기록하면서 일본에는 앵무새가 없다고 기록하였다. 그리고 아울러 일본의 일부 지역에서 앵무새가 서식하지만, 그 모양과 빛깔이 조선인이 알고 있는 것과 아주 다르다는 사실을 附記하였다. 이렇듯 전대 사행원이 제기한 의문을 후대 통신사가 해결하는 과정은 통신사행록을 통한 지식의 축적과 그 확충을 동시에 보여주고 있다.

한편 통신사가 일본 사행에서 가장 의아하게 생각한 점은 商船이 다니는 빠른 길을 두고 迂廻路를 통해 이동하는 것이었다.

이곳이 이른바 堺濱으로 大坂 남쪽에 있는데, 城府가 서로 연접되어 있다. 경인년에 사신 黃允吉과 병신년에 사신 黃愼이 갈 때에는 모두 여기서 배에서 내려 육지에 올랐다. 그 뒤로 물길로 行路를 잡은 것은 그 까닭을 알 수 없다.[93]

---

93) 作者未詳,『癸未東槎日記』, 6월 7일(己巳), "是謂堺濱 在大坂之南 城府相連 庚寅使臣黃允吉 丙申使臣黃愼之行 皆於此處下船登陸 其後河中作路 未知其故也".

남쪽 연안의 여러 섬이 바둑알을 흩뜨린 듯 여기저기 흩어져 있고, 먼 밖에 바람 탄 돛은 장대를 세워 놓은 듯 아득하였다. 이것이 商船이 大坂城을 오가는 길이라고 한다. 이 內海를 버리고 外海에 배를 띄우면 大坂으로 똑바로 가는 곧 直路이자 지름길인 듯하다. 그러나 전후의 사신 행차가 반드시 이 내해를 따르는 까닭은 과연 신중함에서 나온 것인지 모르겠다.[94]

그래서 被擄人 刷還이 주 임무였던 통신사는 일본이 조선인 피로인이 없는 지역으로만 사행 노정을 잡았다고 생각했다. 그리고 1636년 丙子使行 이후로는 對馬島가 자신들의 利權을 위해 사행 노정을 늘였다고 생각했다. 그런가하면 통신사는 陸路가 있음에도 불구하고 위험천만한 海路를 선택하는 것에 대해서도 의문을 가졌다. 이를 두고 통신사는 일본이 일부러 險路를 선택하여 보여줌으로써, 조선의 일본 정벌 가능성을 차단하려는 의도라고 판단하였다. 이렇듯 다양한 해석이 나왔음에도 불구하고 정확한 이유를 알 수 없었던 통신사는 똑같은 의문을 계속해서 제기했다.

이전 통신사와 동일한 의문을 가졌던 元重擧는 사행을 함께 했던 승려와 護行 문사들에게 그 이유를 묻고 대답을 구했다.

桑名과 鳴海 사이에는 70里의 바다 나루가 있다. 뱃길은 순조롭지 않아서 노 젓기에 불편하다. 그러므로 비록 하루 일정이 빨라진다고

---

94) 曺命采, 『奉使日本時聞見錄』, 4월 10일(癸亥), "而南沿諸島 點點若散碁 遠外風帆 渺渺如豎竿 云是商船之來往大坂城者也 舍此內洋 泛于外洋 直赴大坂 則似是直路捷逕 而前後使行之必令由此內洋者 未知其果出於愼重否也".

해도 큰 행차는 이 길을 따르지 않는다. 또 하나는 名護屋에서 동쪽으로 나가는 지름길인데 駿河州에 이른다. 이 길 또한 하루 반의 일정이 빨라지지만 길이 좁고 驛站도 없어서 행인들이 드물다고 한다. (…중략…) 이보다 앞서 일본에 서 돌아온 사람들은 水路, 陸路를 막론하고 그 우회하는 까닭을 매번 의아하게 생각하였다. 이번 행차에서도 처음에는 또한 의심하였다. 돌아올 때 그들의 겉과 속, 形勢를 대략 알게 되고 방향을 분별하였다. 護行 文士와 승려 무리에게 반복해서 질문하는 끝에 이내 그들이 하늘을 가리키며 말하기를 "이것은 나라에서 금하는 일도 아닌데 감히 공에게 다 말하지 않음이 있겠습니까?" 라고 말하며 마침내 종이에다 그림을 그려서 손가락으로 지점을 가리키며 상세히 그것을 말하였다. 그래서 그 말에 의하여 기록한 후에 지도를 얻어서 보니 과연 어긋남이 없었다.[95]

일본인들은 元重擧에게 商船이 다니는 길이 하루 정도 빠른 지름길이지만, 뱃길이 순조롭지 않아 노 젓기가 불편하여 우회를 하는 것이라고 알려주었다. 또한 육로를 피하는 이유는 그 가는 길이 좁을 뿐만 아니라 역참이 없는 지역이 많아, 일본 내의 공식 행차도 육로를 이용하지 않는다고 이유를 설명했다. 일본인의 설명을 들은 뒤 일본 지도를 본 元重擧는 그들의 말이 진실임을 알고 답답함이 해소되었다고 기록했다.

---

95) 元重擧, 『和國志』 권1, 「道里」, "桑名鳴海之間 有七十里海津 船路不順舟楫不便 故 雖捷一日程 而大行不由 其一自名護屋東出徑抵于駿河州 此亦健一日半程 而路細無 站行人罕 有由者云矣 (…中略…) 前此人日本還者 毋論水陸路 每疑其故爲迂回 今行 初亦疑之 及還表裏形勢 槪可略卞方向 反復質問於護行文士與僧輩末 乃指天語曰 此 非國禁敢不盡言於公耶 遂畫紙爲圖指點詳言之 因依其言記之後 得地圖果不差爾矣".

조선후기 통신사는 알려진 사실에 대해 의문을 제기하거나 문제를 발견하였다. 이러한 의문은 후대 사신들이 탐색해야 할 정보로 인식되고 이를 해결하기 위해 노력했다. 그러는 사이 일본에 대한 정보는 한층 많아지고 정확해졌다. 또한 후대의 통신사가 의문과 문제를 해결하는 방법으로 일본 문사와의 문답을 활용하면서 정보에 객관성이 부여되었다. 이렇듯 단순한 일본정보가 객관적으로 통용되는 지식으로 확립되기 위해서는 통신사행록을 매개로 한 전·후대 통신사 간의 소통이 필요했음을 알 수 있다.

## (3) 객관적 시각에 바탕을 둔 열린 판단

일본에 대한 정보가 축적될수록 그러한 정보를 바탕으로 자신의 견문을 설명하려는 시도가 통신사행록에 나타나기 시작하였다.

조금 官職이 있고 재산이 있는 자는 반드시 茶屋이 있는데 제도가 굉장하고 화려하다. 뒤쪽에 한 칸을 말만한 크기로 지어서 苣茅로 덮고 황토로 바르고 竹扉로 문을 달아 검약하기에 매우 힘쓴다. 작은 구멍을 내어 겨우 출입할 수 있는데, 귀한 손님이 이르면 구멍을 열고 맞아들여 그 안에서 차를 마신다. 대개 그 본심은 다만 남에게 소박하게 보이고자 할 뿐만 아니라 잔을 들며 잠깐 이야기하는 동안에도 사람들 사이에 不和가 갑자기 일어나므로 여러 陪從하는 무리를 끊어서 후환을 막으려는 것이다.[96]

---

96) 金世濂, 『海槎錄』, 「聞見雜錄」, "小有官職 稍有財產者 必有茶屋 制度宏麗 後面設一間如斗大 覆以苣茅 塗以黃土 橫門竹扉 務極儉約 闢小穴僅能出入 上客至則開穴延入

1636년 丙子使行의 부사 金世濂은 일본의 茶屋에 대해 기록을 남기며, 화려한 외관과는 다른 작은 출입구에 대해 의아함을 느꼈다. 茶屋은 손님에게 차를 대접하기 위해 조성한 곳인데, 나가기가 불편할 정도로 출입구를 작게 만든 데는 특별한 이유가 있다고 생각했던 것이다. 金世濂은 茶屋의 작은 출입구가 불의의 사고에 대비하기 위한 장치라고 판단했다. 이는 일본인이 작은 잘못에도 반드시 복수를 하고 생명을 경시한다는 기존의 정보에, 하극상의 풍조가 남아 있는 시대적 분위기까지 고려해서 내린 金世濂의 판단이었다. 이러한 생각은 비단 金世濂에게 국한된 것은 아니었다.

> 만약 높은 사람 앞에 있을 때에는 곧 그 긴 옷자락이 땅에 끌려서, 걸어 다니기를 또한 쉽게 할 수 없다. 대개 뜻밖의 변을 막기 위해서일 것이다.[97]

1636년 丙子使行의 三使는 일본인의 의복, 그 중에서도 땅에 끌릴 정도의 긴 바지에 관심을 가졌다. 이전 사행록에서는 이러한 복식을 상대방에 대한 존경의 표시로 기록하였다. 그래서 金世濂도 弱衆이 손님 앞에서 예의를 지키려면 조심히 걸어야 한다고 생각했다. 일본의 바닥이 다담으로 되어 있어 울리기 쉽기 때문에 이를 방지하고자 종종걸음을 치게끔 하는 바지를 착용했다고

---

飮茶其中 蓋其本心 非但欲以樸素示人 御盃立談 釁隙突起 故屛絶群從 以防不虞".
97) 黃㦿, 『東槎錄』, 「聞見摠錄」, "若在尊前 則其長曳地 行步亦不能易 蓋防其慮外之變也".

생각했다. 그런데 이에 비해 종사관 黃㦿는 일본인의 복식을 관찰한 결과, 관리들의 공복·사복 역시 弱衆과 동일한 형태임을 알았다. 특히 黃㦿는 弱衆과 관리가 유독 높은 사람 앞에서 긴 바지를 착용한다는 사실에 주목했다. 그래서 긴 바지를 착용함으로써 그 행동에 제약을 주어, 뜻밖의 變亂에서 主君이나 손님을 보호하기 위해서라고 판단했다. 윗사람을 대할 때 소지하고 있던 칼을 푸는 것을 예절과 존경의 표시로 생각하는 태도 등을 고려하면 黃㦿의 견해는 논리적인 추론에 가까운 것이었다.

같은 맥락에서 申維翰은 자신의 견문을 바탕으로 일본의 拜揖에 대한 새로운 견해를 피력했다.

> 왜인의 풍속은 앉으면 반드시 무릎을 꿇고 앉는다. 貴賤, 남녀, 老壯, 아이 病弱한 자를 막론하고 앉기만 하면 반드시 꿇어 앉았다. 비록 길가에서 주막을 하는 여인이나 논에서 벼를 베는 사람이라도 반드시 두 무릎을 땅에 붙이고 옷을 여미고 앉는다. 그 법을 본즉 예의로 꾸미기 위해 연유한 것이 아니었다. 대개 그 옷이 앞에는 옆으로 섶이 없고, 아래에는 바지가 없으므로 이와 같이 하지 않으면 곧 생식기를 가리기가 어려우므로 부득이한 데서 법이 나오니 습관이 天性처럼 되었다.98)

지금까지 통신사들은 어른과 아이 사이에 절하고 揖하는 별도

98) 申維翰,『海游錄』,「聞見雜錄」, "倭俗坐必跪膝 無論貴賤男女老壯兒弱 有坐則跪 雖路畔當壚女 田中刈禾人 必以雙膝着地 斂衣而坐 觀其法 不由於修飾禮容而然也 蓋以其衣 前無旁衽 下無股褌 不如是 則難以祕陰陽 法生於不得已 而習慣成性".

의 의례가 없다고 하면서도, 일본인이 땅바닥에 엎드려 기면서 무릎을 꿇는 행위를 윗사람에 대한 존경의 표현이라고 생각했다. 그러나 申維翰은 일본인의 무릎을 꿇는 것이 예의를 차리는 행동이 아니라 단순히 의복 때문이라고 평가했다. 일본인의 의복을 보면 전면부에 옆으로 되어 있는 섶이 없어 앞부분이 벌어지는데다 별도의 하의를 착용하지 않기 때문에 생식기가 그대로 노출되는 형태였다. 그래서 이를 가리기 위해 별 수 없이 무릎을 꿇고 앉을 수밖에 없는데, 이전의 통신사는 이를 拜揖의 차원에서 이야기를 했다는 것이다. 이렇듯 기존의 지식에 개인적인 평가가 더해지면서 기존의 정보를 새로운 시각으로 판단할 수 있는 여지가 생겼다. 또한 그 평가의 근거가 조선의 시각이 아닌 일본 자체에 대한 정보에 기반하고 있다는 점에서 다른 사람들의 공감을 충분히 유도할 수 있었다. 그래서 이후 통신사들은 좀 더 객관적인 시각에서 일본을 판단하기 위해 노력했다.

우리나라의 三日浦나 鏡浦는 가장 기이하나 작아서 琵琶湖의 敵手가 아니다. 중국의 호수는 크기로는 洞庭湖를 일컫고 아름답기로는 西湖를 일컫는데, 西湖는 겨우 사십 리이고, 洞庭湖는 궁벽한 곳에 처하여 九疑山과 남쪽으로 衡山·湘水 사이에 있으니 구경하는 사람들이 대단히 근심스럽다. 琵琶湖는 한 나라의 중심부에 처하면서 두 호수의 빼어남을 겸하였고, 웅장하고 아름다우며 넓어서 홀로 절세의 還觀을 이룬 것이겠는가. 그러므로 나는 浪華江의 번화함과 琵琶湖의 아름다움이 마땅히 천하제일이라고 생각한다.99)

일본의 자연은 조선과는 다른 계절감과 형상으로 곧잘 神仙景에 비유되었다. 그리고 이러한 자연은 통신사가 일본에 대한 적개심이나 華夷觀에서 벗어나 즐길 수 있는 대상이었다. 그래서 통신사는 별다른 거부감 없이 자연을 玩賞하고 그 감흥을 시로 표출하였다. 그러면서도 조선과의 비교는 단호히 거부했으니, 조·일 문사간의 富士山-金剛山 논쟁이 그 단적인 예였다. 그러나 1763년 癸未使行의 서기 成大中은 조선이 일본보다는 우월하다는 시각에서 한 발 벗어나 琵琶湖를 평가했다. 成大中은 琵琶湖를 조선의 三日浦와 鏡浦, 중국의 洞庭湖·西湖와 비교하였다. 그리고는 조선의 두 호수는 크기가 작아 琵琶湖와 비교가 안 되고, 중국의 西湖 역시 그 크기가 琵琶湖보다 작다고 평했다. 그리고 洞庭湖는 크기에 있어서는 월등하나, 그 궁벽한 위치 때문에 琵琶湖와 비교가 불가능하다고 하였다. 또한 그는 琵琶湖가 일본의 도심에 있으면서도 자연의 아름다움을 그대로 간직하고 있다는 사실에 더욱 큰 가치를 부여했다. 이렇듯 成大中은 그 크기와 위치라는 객관적 요소에 따라 세 나라의 호수를 비교하였다. 이전 통신사가 그 우월함이나 아름다움 등의 지극히 관념적이고 주관적인 기준에 의해 평가했던 것과는 달랐다.

한편 같은 체험에 대한 서로 다른 평가는 사행록 안에서 제한적이고 반복적으로 이루어지는 일본정보에 일정한 객관성을 부

---

99) 成大中, 『日本錄』, 「日本錄」, "我國三日浦鏡浦 最奇而小 非琵琶之敵 中國之湖 大稱洞庭 麗稱西湖 而西湖才四十里 洞庭僻處 南蔽九疑衡湘之間 覽者愁絶 豈若琵琶 處一國之中 兼二湖之勝 雄麗潤遠 獨成絶世環觀乎 故吾以浪華江繁華 琵琶湖佳麗 當爲天下第一".

여하기도 했다.

　이 赤間關이 기세는 비록 웅장하나 關防의 지역에 불과하니, 그 勝
景과 佳趣로 말하면 어찌 감히 우리 雙湖亭을 당하겠는가? 설령 진실
로 아름답다 하더라도 이미 우리 땅이 아닌데 장차 어디에 쓰겠는가?
하물며 우리 雙湖亭의 모든 승경은 모두 이 赤間關에는 없는 바이다.
이 때문에 이 第一關防을 우리집만 못하다고 한 것이니, 일이 망령됨
에 가깝다.100)

　담장 밖에는 호수가 가지런히 펼쳐져 있고 맑은 빛이 충만했다.
그 바깥으로는 작은 산들이 예쁘고 아름답고, 산 아래에는 인가들이
호수 건너편에 흩어져 있었다. 누각과 호수와 산의 아름다움은 바다
를 건넌 뒤에 처음 보는 것이었다. 使相은 강산이 그 江舍 雙湖亭에
미치지 못한다고 말씀하셨다. 내가 말하기를 "강산이 비록 아름다우
나 진실로 우리 땅이 아닌 느낌이니 그 우열을 논하는 것이 마땅치
않습니다."라고 했다.101)

　1763년 癸未使行의 정사 趙曮은 赤間關의 아름다운 풍경을 자
세하게 묘사했다. 바닷가 언덕에 있는 대청에서 본 赤間關은 10여

---

100) 趙曮, 『海槎日記』, 12월 29일(辛亥), "此赤間關 氣勢雖壯 不過關防之地 若其勝景
　　佳趣 安敢當吾雙湖亭也 設令信美 旣非吾土 將焉用哉 況吾雙湖亭 諸般勝景 皆是赤
　　間關所無也 以是將此第一關防 謂不若弊廬者 事近妄矣".
101) 南玉, 『日觀記』, 12월 29일(辛亥), "墻外平壓湖 光澄淡盈 其外小山娟秀 山下人家
　　隔水點綴 樓閣湖山之勝 渡海後初見 使相以江山 不及其江舍雙湖亭爲言 余曰 江山雖
　　美 固非吾土之感 伯仲優劣 不當論也".

리에 이르는 호수를 산이 병풍처럼 두른 형태였다. 趙曮은 赤間關이 아름다운 경관으로 일본 내에 소문이 난 것은 당연하다고 인정을 하면서도 자신의 雙湖亭만 못하다고 평가했다. 그러나 이러한 평가는 경관의 차이라기보다는 조선의 자연이 아니니 좋아도 쓸데가 없다는 논리였다. 그리고 스스로 비웃음을 살지 모른다고 전제하면서 아무리 아름다운 자연도 자신의 집만 못하다고 평가하였다. 그러나 같은 날 趙曮과 함께 赤間關을 바라본 南玉은 그와는 다른 평을 내렸다. 南玉은 赤間關의 경치가 일본에서 본 풍경 중 가장 아름답다고 하였다. 그리고 일본에 비해 조선의 자연이 낮다는 정사 趙曮에게 南玉은 일본의 자연이 조선과 달라 단순 논리로 그 우열은 가를 수는 없다고 대답했다. 南玉은 서로 다른 아름다움을 가진 양국의 자연을 굳이 자국 중심의 관념에 사로잡혀 바라볼 필요가 없다고 생각했던 것이다. '自'와 '他'의 구분 없이 일본의 모습을 있는 그대로 보려는 南玉의 노력을 알 수 있는 대목이다.

역사 인물을 바라보는 서로 다른 시각 역시 일본을 새롭게 볼 수 있는 가능성을 부여하였다. 그 대표적인 경우가 秀吉과 家康이었다. 明 정벌을 명분으로 임진왜란을 일으킨 秀吉은 조선에게 '찢어죽여도 시원치 않을', '不俱戴天의 원수'였다. 이에 비해 家康은 조선인에게 원수 秀吉의 집안을 멸한 고마운 존재였다. 특히 조선 조정이 일본과의 국교 재개 명분으로 이러한 사실을 부각시킴으로써, 두 인물은 '善'과 '惡'의 이분법적 논리로 재단되었다. 그러나 다양한 경로로 일본정보가 축적되고, 이러한 내용이 통신사에게 전해지면서 새로운 시각으로 두 인물을 해석하려는 시도도 이어졌다.

아! 秀吉의 惡은 아직도 차마 붓으로 적을 수가 없구나. 하늘과 땅
은 장구하며 동해는 망망하고도 유유하다. 이백 년 동안 아직도 한
치의 칼로써 가서 伏見을 찌르지도 못하고, 秀吉로 하여금 뼈를 태워
아무 걱정 없이 티끌이 되게 하였구나. (…중략…) 만약 關白 家康이
없었다면 달리 자못 누구의 손을 빌려 원수를 갚았겠는가? 그러므로
家康의 興起는 비단 일본의 행운만이 아니라 또한 조선의 행운인 것
이다.102)

앞서 元重擧는 조선의 秀吉에 대한 터무니없는 역사 왜곡을 지
적하며, 秀吉이 關白의 직을 簒奪한 것이 아님을 밝혔다. 그렇다
고 하여 元重擧가 秀吉을 이전 통신사와 다른 시각에서 바라본
것은 아니었다. 오히려 元重擧는 조선의 힘으로 직접 秀吉을 처단
하지 못한 것을 한스럽게 생각했다. 반면 家康에 대해서는 긍정적
인 평가를 내렸다. 元重擧는 家康의 興起가 조선과 일본 모두에게
행운이라는 찬사를 아끼지 않았다. 일본을 직접 체험했음에도 불
구하고 元重擧는 秀吉과 家康에 있어서는 이전 통신사의 일반적
인식을 그대로 고수했다. 그러나 元重擧와 함께 사행을 떠났던
成大中은 그와는 다른 시각에서 두 인물을 평가했다.

---

102) 元重擧, 『和國志』 권1, 〈秀吉本末〉, "嗚呼 秀賊之惡尙忍筆而記之耶 天長地久 東海
茫茫而悠悠 二百年間 尙不能以一寸劍 往擣伏見 忍令秀賊焦骨 無羔成塵 (…中略…)
然若無家康關白 別顧何以假手報仇 故家康之興 獨日本之幸 亦朝鮮之幸也".

왜인들이 지금까지도 秀吉의 공을 일컬어 齊 桓公과 晉 文公에 견준
다. 또 여러 겹의 성곽과 웅장한 關門, 큰 다리와 높은 橋梁들은 모두
秀吉이 만든 것이니 그가 일본의 秦始皇이구나. 豐臣公의 공적은 66주
를 덮고 해악은 백만의 생민들에게 두루 미쳤다고 하는 것이다. 豐臣
은 秀吉의 姓이다. (…중략…) 아! 北條氏가 패배하지 않았다면 秀吉이
감히 이와 같이 천지를 흔들지 못했을 것이다. 그런데 家康과 北條氏
는 장인과 사위로서 입술과 이처럼 서로 의지하고 돕는 관계였다. 하
지만 (家康은) 秀吉로 하여금 국경을 넘어서 정벌하게 하고, 北條氏의
나라가 敗亡하는 것을 좌시하면서 구해주지 않았으니 누가 家康을 씩
씩한 武人이라고 하는가.103)

大坂과 西京에 도착한 成大中은 도시 곳곳에 남아 있는 秀吉의
흔적을 발견하였다. 大坂과 西京의 높은 다리와 큰 사찰 등에는
으레 '豐臣公 築造'라는 글귀가 새겨져 있었던 것이다. 그런 광경
앞에서 成大中은 秀吉이 일국의 지배자였다는 사실을 새삼 느낄
수 있었다. 그래서 成大中은 秀吉을 '일본의 秦始皇'이라고 평가했
다. 그렇기에 成大中은 秀吉을 바라보는 조선과 일본의 시각이 다
를 수 있음을 깨달았다. 조선의 입장에서 보기에 秀吉은 자신들을
도탄에 빠트린 죄인이자 원수였다. 하지만, 일본인의 입장에서 秀
吉은 혼란스러운 戰國時代를 평정하고, 도시와 제도를 정비한 뛰

---

103) 成大中, 『日本錄』, 「日本錄」, "倭人至今 稱秀吉之功 比於桓文 而其重郭雄關大橋高
梁 皆秀吉所創 其日域之秦政乎 是故倭人 皆曰 豐臣公功 盖六十六州 毒遍百萬生靈
(…中略…) 嗚呼 北條氏不敗 秀吉固不敢動此天也 然家康與北條 姻好也 脣齒也 乃
使秀吉越其境 而伐之坐視 其敗亡 而不能求 孰爲家康武乎".

어난 지배자였다. 이를 깨달은 成大中은 자신의 눈앞에 보이는 秀吉의 혼적 앞에서 元重擧와 같은 적개심을 표출하지 않고, 조선과 일본의 시각차를 담담하게 기록하였다.

오히려 成大中은 家康을 부정적으로 기술하였다. 그리고 北條氏와 秀吉의 小田原 전투를 그 근거로 내세웠다. 1585년 關白에 오른 秀吉은 家康과 和議를 맺고, 北陸과 九州 지역을 차례로 평정하였다. 關東 以北의 지역을 제외한 일본의 전 지역이 그의 수중에 들어온 것이다. 천하통일을 눈앞에 둔 秀吉은 明과 조선 정벌을 핑계로 北條氏의 동참을 요구했다. 그러나 北條氏는 秀吉의 요구에 응하지 않았다. 이에 秀吉은 1590년 北條氏의 도성인 小田原을 포위하여 그를 멸망시키고, 奧州를 손에 넣었다.104) 이런 상황을 알고 있었던 成大中은 北條氏를 돕지 않은 家康에게 임진왜란 발발의 책임을 물었다. 北條氏가 조선 침략의 명분이 없음을 내세워 秀吉에 대항했는데, 그 장인인 家康이 北條氏를 돕지 않았다는 것이다. 그랬기에 奧州를 점령하여 천하통일을 이룬 秀吉이 조선 침략을 감행하였고, 이에 임진왜란이 발발했다고 成大中은 생각했다. 이러한 평가는 家康을 긍정적으로 본 元重擧의 생각과는 완전히 달랐다. 같은 시기에 일본을 체험한 두 사행원의 서로 다른 평가는 일본정보를 수용하고 객관적으로 이해하는 데 도움이 되었다.

일본에서 무엇을 보고 어떤 점을 기록하여 전달할 것인가는 온전히 사행원 개인의 선택에 달렸다. 동일 사안에 대한 다른 해석

---

104) 동경대 교양학부 일본사연구회 편(김현구·이언숙 옮김), 『일본사개설』, 지영사, 1994, 183~184쪽.

과 평가는 아직 일본을 직접 체험하지 못한 후대 통신사나 조선의 지식인에게 일본에 대한 열린 시각을 제공하였다. 이를 통해 일방적인 일본 평가에서는 얻을 수 없던 객관적인 정보 수용이 가능해졌다.

## 3. 일본지식의 효과적인 전달을 위한 글쓰기

### 1) 문견록의 관습적 글쓰기와 변이

통신사행록은 크게 日記·詩·聞見錄으로 구성되는데, 이러한 구성요소가 혼합된 형태에 따라 그것이 각각 개별적인 체재를 이룬 경우와 일기와 문견록, 일기와 시, 일기와 문견록과 시가 결합되어 있는 경우로 나눌 수 있다. 이중 일본지식과 관련해서 학계의 주목을 받은 부분은 문견록이었다. 문견록은 일기와는 달리 지식의 집약적이고 종합적인 서술[105]이 가능했기 때문이었다. 그래서 조선후기 통신사행록의 문견록은 일본에 대한 사행원의 이성적 인식의 산물[106]로 여겨졌다.

문견록 중심의 체재 선택은 조선전기 申叔舟의 『海東諸國記』에서부터 비롯되었다.

---

105) 박희병, 「조선의 일본학 성립: 원중거와 이덕무」, 『한국문화』 61, 규장각 한국학연구소, 2012, 185쪽.
106) 정훈식, 「조선후기 통신사행록 소재 견문록의 전개 양상」, 『한국문학논총』 제 50집, 한국문학회, 2008, 233쪽.

무릇 이웃나라와 수호·통문하고 풍속이 다른 나라 사람을 안무·접
대할 적에는 반드시 그 실정을 안 후에야 그 예절을 다할 수 있고,
그 예절을 다한 후라야 그 마음을 다할 수 있습니다. 우리 주상 전하
께서 臣 叔舟에게 명하여 해동제국의 朝聘·왕래·館穀·禮接에 대한 舊
例를 찬술해 오라 하시므로 臣은 그 명령을 받은 이래로 오직 두려웠
습니다. 삼가 옛 전적을 상고하고 보고 들은 것을 참작하여, 그 나라
의 地勢를 그리고 世系의 원류와 풍토의 숭상한 바와 또한 우리나라
가 응접한 節目에 이르기까지 대략 서술하였습니다. 모으고 편집하여
한 책으로 만들어 올립니다.107)

1443년 癸亥使行의 종사관으로 일본에 다녀왔던 申叔舟는 사행
후 28년이 지난 1471년에 『海東諸國記』를 저술하였다. 일본·유구
와의 交隣에 대한 舊例를 撰述하라는 成宗의 명에 따라 申叔舟는
자신의 견문에 옛 전적을 더하여 『海東諸國記』를 찬술하였다. 申
叔舟는 일본의 역사와 정치, 지리 등을 天皇大系·國王代序·國俗·
道路里數·8道 66州, 그리고 朝聘應接記로 나누어 기록하였다. 산
문의 형식에 항목을 분류한 『해동제국기』의 체재는 이후 통신사
행록 저술의 典範이 되었다.
그리고 조선후기 통신사행록 역시 『海東諸國記』와 같은 문견록
을 하나의 체재로 수용하였다. 특별한 체재를 갖추고 있지는 않았

---

107) 申叔舟, 『海東諸國記』, 「序」, "夫交隣聘問撫接殊俗 必知其情然後 可以盡其禮 盡其
禮然後 可以盡其心矣 我主上殿下命臣叔舟 撰海東諸國朝聘往來之舊館穀禮接之例
以來臣受命 祗栗 謹稽舊籍參之見聞 圖其地勢略敍世系源委風土所尙 以至我應接節
目 裒輯爲書以進".

지만, 丁未使行(1607)의 부사 慶暹은 일기의 마지막에, 그리고 뒤이
은 丁巳使行(1617)의 종사관 李景稷은 부산에 도착한 날의 일기
뒤에 문견록을 배치하였다. 1624년 甲子使行부터는 일기와 구별
될 수 있도록 별도의 題名을 명기하였는데, 姜弘重은 이를 「聞見總
錄」이라 이름 붙였다. 1636년 丙子使行의 부사 金世濂과 종사관
黃㞻 역시 일기 안에 각각 「聞見雜錄」, 「聞見摠錄」이라는 제명으로
문견록을 남겼다. 그리고 1655년 乙未使行의 종사관 南龍翼은 일
기의 附錄이 아닌, 독립적인 체재를 갖춘 문견록을 저술하였다.

  臣이 멀리 떨어진 나라로 奉命하고 갔을 때에 바다와 육지를 두루
  다니면서 지방의 事蹟들을 주워 모아서 睿覽에 우러러 대비하는 것,
  이것이 臣의 직책입니다. 하오나 말이 통하지 아니하고 徵憑할 문헌
  도 없기에 지나가는 것을 보고 작은 것도 들어 겨우 모아서 날마다
  기록한 외에, 10가지 사건을 적은 1책을 따로 만들어서 올리니 처분
  을 바랍니다.108)

南龍翼은 復命시 있을 왕의 물음에 대비하여 자신의 견문을 정
리하면서 중요하다고 생각되는 10여 가지 사건을 함께 적어 『聞
見別錄』을 만들었다. 10여 가지 사건이란 倭皇代序·關白次序·對馬
島主 世系·官制·州界·道里·山川·風俗 10條·兵糧·人物로, 이를 개
별 항목으로 설정하여 문견록을 저술한 것이다. 그리고 南龍翼은

---

108) 南龍翼, 『扶桑錄』, 「聞見別錄」, "臣奉命絶國 歷遍水陸 採撫一方事蹟 仰備睿覽者
  是臣之職 而語音不通 文獻無徵 僅聚其獵聞諛見 乃於排日記行之外 別作一錄凡十件
  取以進止".

일본의 풍속을 다시 性習·雜制·문자·宮室·의복·음식·園林·축산·器用·節候의 10가지로 세분화하였다. 또한 인물이란 항목에서는 기존의 사행록에서 다루었던 天皇과 關白 이외에도 武將, 醫官, 文士 등 다양한 계층의 일본인을 대상으로 삼아 기술하였다.[109]

南龍翼은 「문견별록」의 서두에 '睿覽'에 대비하기 위함이라고 문견록 저술의 의도를 밝혀놓았는데, '예람'은 왕이나 왕세자의 열람을 뜻하는 용어였다. 南龍翼의 「문견별록」처럼 체계적이지는 않지만 丁巳使行과 丙子使行의 종사관 李景稷·黃㦿 역시 문견록을 남겼고, 그 글에서 자신을 '臣'이라고 칭하였다. 이러한 점을 고려하면 통신사행록의 문견록은 복명 시 임금에서 바치는 일종의 사행보고서라고 볼 수 있다. 이는 특히 통신사가 일본에서 탐색해야 할 일본정보에 대해 임금과 조정 대신이 관여한 상황을 보면 그 성격이 더욱 분명해진다.

　一. 水路의 멀고 가까움, 山川의 험준하고 평탄함, 정박하고 있는 배의 모양 및 風俗을 보고 들은 바에 따라 혹은 기록하고, 혹은 그릴 것.

　一. 天皇·국왕의 나이와 자식의 많고 적음, 궁궐의 복식, 承襲할 자의 나이와 名號 및 승습은 반드시 長子가 하는지의 여부를 상세히 물을 것.

　一. 婚姻·喪葬·祭祀·刑罰·官制 등의 일을 듣고 본 대로 써서 오고, 朝賀할 때에 天皇·국왕 및 여러 신하가 입고 있는 服色·儀仗 및 군사

---

109) 정훈식, 「조선후기 통신사행록 소재 견문록의 전개 양상」, 『한국문학논총』 제 50집, 한국문학회, 2008, 245쪽.

의 무기와 의복, 조하하는 日時를 듣고 본 대로 기록할 것.110)

1479년 己亥使行이 일본에 파견되기 전 예조에서 내린 〈通信使事目〉에는 통신사가 일본에서 탐지해야 할 정보에 대해 소상히 적혀 있다. 확충해야 하는 일본정보에는 일본의 수로·산천의 지형·배의 모양 및 풍속·현 天皇과 국왕에 대한 정보·복식·왕위 계승자·혼례·喪葬禮·祭禮·형벌·군사의 무기와 의장 등이 포함되어 있었다. 그런데 〈통신사사목〉에서 다루고 있는 추가 항목은 후대 통신사행록 문견록에서 공통적으로 다루고 있는 주제와 상당 부분 일치하였다. 이로 보아 〈통신사사목〉을 통해 통신사에게 하달한 정보 탐색 대상은 문견록의 주요 내용으로 수록되었음을 알 수 있다.

또한 〈통신사사목〉 외에도 통신사행원의 差定이 끝난 후 임금과 대신이 통신 三使를 引見하면서 별도의 임무 명령을 내리기도 하였다.

閔鼎重이 또 말하기를, "일본에서 弔祭를 정지하도록 청한 것은 진실로 괴이하니, 반드시 내부의 患難이 있는 듯합니다. 使臣이 시험삼아 曲折을 물어보고 겸하여 사정을 탐색하는 것이 옳겠습니다."라고 하였다.111)

---

110) 『成宗實錄』 10년 3월 25일(辛巳), "一 水路遠近山川險夷 泊船形勢及一應風俗 隨所聞見 或錄或畵 一 天皇國王年歲與子息多小 宮闕服飾 承襲人年歲名號及承襲必以長子與否 詳問之 一 婚姻喪葬祭祀刑罰官制等事 聞見書來 朝賀時 天皇國王及群臣所着服色儀仗軍士器服與朝賀日時 聞見錄之".

111) 『肅宗實錄』 8년 5월 6일(癸丑), "鼎重又曰 日本之請寢弔祭 誠爲可怪 似必有內難矣

壬戌使行(1682)의 삼사를 인견한 자리에서 일본이 日光山 致祭를 중지한 이유를 탐색하고, 對馬島에서 파견한 사절 규모와 歲遣船의 축소, 그리고 朝市約條의 엄수를 협의하라는 명이 하달되었다. 이처럼 삼사가 辭朝하는 자리에서 당대의 시대적 상황에 맞는 임무가 부여되기도 하였다. 1617년 丁巳使行의 종사관 李景稷은 문견록에 "李稅의 일을 추적해 알았으나 密教에 관계된 것이므로 별도로 啓草를 만들고 여기에다 다시 갖추어 기재하지 않는다."[112]고 기록하였다. 이를 통해 통신사가 조정 대신이나 임금이 부여한 임무와 관련된 내용을 문견록에 기록했음을 알 수 있다.

그런데 조선과 일본의 외교 관계가 안정에 접어드는 18세기에는 사행원 스스로가 중요하다고 생각한 일본정보를 다양한 양식의 글로 표현하기도 하였다. 1711년 辛卯使行의 부사 任守幹은 문견록 앞뒤에 〈江關筆譚〉과 〈海外記聞〉이라는 별도의 글을 남겼다.

東武에서 30리 쯤 되는 곳으로 源璵가 마중을 나와 매우 간곡히 대하였고, 館所에 머무는 동안에도 자주 찾아와 주었다. 서로가 더불어 필담을 나누며 두 나라 사이의 交驩하는 뜻을 말하였다. 간간이 농담을 섞어 웃기도 한 것이 하루에 무릇 수십 수백 장이었다. 비록 붓 나가는 대로 그것을 썼으나 이따금 전할 만한 것이 있었다. 돌아오는 길에 下關에 이르러 풍랑에 막혀 지체하였다. 무료한 생각이 들어 행장 속의 낡은 종이를 꺼내어 엮고 차례를 정하고는 이름을 〈江關筆

---

使臣試問曲折 兼探事情宜矣".

112) 李景稷, 『扶桑錄』, 10월 18일(己卯), "跟尋李稅之事 係是密教 故別具啓草 不復具載於此".

譚〉이라 하였다.113)

　〈江關筆譚〉은 辛卯使行의 三使 趙泰億, 任守幹, 李邦彥이 新井白石과 나눈 필담을 정리한 글이다. 對馬島에서 雨森東의 부탁을 받은 三使는 新井白石의 詩卷에 序文을 써주었는데, 이것이 인연이 되어 江戶에서 新井白石을 만나 필담을 나누었던 것이다. 任守幹은 필담 중 나누었던 서양지식, 중국문명에 대한 평가, 조선과 일본의 외교 방향, 양국 간 의례와 문물의 비교 등의 다양한 내용을 〈강관필담〉을 통해 소개114)하였다. 〈강관필담〉은 그 내용뿐만 아니라 통신사의 三使가 일본의 문사와 필담을 나눈 드문 예이며, 그 상대가 新井白石이라는 데 큰 의미가 있다.

　1709년 제6대 關白 家宣에 의해 등용된 新井白石은 막부의 재정 위기를 극복하기 위해 화폐개혁을 비롯한 일련의 제도 개혁을 시행하였다. 그 중 하나가 통신사 聘禮改革이었다. 和平·簡素·對等을 골자로 한 聘禮改革은 통신사 접대에 드는 경제적인 지출을 줄이는데 그 목적이 있는 듯 보인다. 하지만 실상은 일본 막부의 권위를 높이는데 초점을 두고 있었다. 이러한 상황에서 新井白石과의 필담은 통신사에게 일본의 현 상황을 더 잘 파악할 수 있는 기회이자, 일방적인 빙례개혁으로 손상된 사신의 체모를 회복할 수 있는 기회였다.115) 한문학적 소양을 바탕으로 하는 필담을 제

---

113) 任守幹, 『東槎日記』, 〈江關筆談〉 序, "東武一舍地 源璵迎見致款曲 留館中也 數來就之 相與筆談 道兩國交驩之意. 間以諧笑 一日凡數十百紙 雖矢筆而書之 往往有可傳者 歸到下關 阻風淹滯 懷思無聊 出裝中故紙 編而次之 名曰江關筆譚".

114) 김태준, 「동아시아 문학의 자국주의와 중화주의의 위기: 18세기 한일문학 교류의 한 양상」, 『일본학』 6, 동국대학교 일본학연구소, 1987, 78쪽.

안하고 이에 응했다는 점은 자신들의 문학적 역량을 은연중에 드러내고자 하는 의도가 깔려 있었기 때문이다. 任守幹은 양국의 문사가 서로 농담을 주고받고 交驩하는 자리였다고 기록하였으나, 실제로는 조선중화주의의 입장을 고수하는 통신사와 이미 서양이라는 더 큰 세계로 나아가고자 했던 新井白石의 시각차가 극명하게 드러나는 필담이었다.

또한 任守幹은 〈海外記聞〉이라는 글도 사행록에 남겼는데, 자신의 일본 견문을 정리한 글이었다. 〈해외기문〉에는 문견록에서 일반적으로 다루는 天皇과 關白의 역사나 일본 풍속 등의 내용도 일부 보이지만, 서양과 천주교에 관한 정보가 큰 비중을 차지하고 있었다. 때문에 〈강관필담〉과 〈해외기문〉이라는 두 글이 무관하다고 볼 수 없다.

萬曆 연간에 서양사람 利瑪竇란 자가 바다를 건너 일본에 와서 天主教로 사람들을 이끌었다. 그 법은 대개 불교와 비슷하여 因果應報의 설이 있었는데, 일본에서는 법을 만들어 그것을 금지했다. 그 뒤 서양사람 중 다시 오는 자가 있으면 늘 죽였다. 근년에 또 薩摩州에 와서 머무는 자가 있어, 그 배는 돌려보내고 홀로 섬 사이에 남아 있었다. 가서 물어보니 곧 왜말로 대답하기를, "오직 우리 천주교는 여러 나라에서 존숭하지 않는 바가 없는데 유독 중국과 당신네 나라에서만 시행되지 않으므로, 우리 국왕께서 한 사람은 중국에 보내고 나 하나를 이 땅에 보내어 선교하게 하셨다. 진실로 당신네 나라에서 나를

115) 정장식, 『통신사를 따라 에도시대를 가다』, 고즈원, 2005, 158쪽.

용납하지 않을 것을 알지만, 道는 행할 수 있다. 여기에서 죽을지언정 피하지 않겠다."라고 하였다. 州를 따라 전해져 드디어 江戶에까지 들리니, 국왕이 源璵를 시켜 시험하게 했더니, 보고나서는 그를 이상히 여겨 江戶에다 가두어두고 옷과 밥을 공급한 것이 현재까지 이른다고 한다.116)

任守幹은 〈해외기문〉의 말미에 최근 일본에 들어온 서양인 선교사에 대해 기록했다. 任守幹이 말한 서양인은 이탈리아의 선교사 시도치(Giovanni Battista Sidotti)였다. 新井白石은 1709년 네 차례에 걸쳐 시도치를 심문했고, 이 중 두 차례는 유럽을 중심으로 한 세계지리에 대한 물음117)이었다. 그리고 심문 내용을 바탕으로 「西洋紀聞」을 지었다. 新井白石은 이 심문을 통해 얻은 서양 관련 지식을 중심으로 통신사와의 필담을 주도할 수 있었다. 그리고 新井白石과 필담을 나누었던 任守幹은 이 두 글을 통해 일본의 해외 통상과 서양 문물의 수용 방식에 대해 말하고자 하였다. 여기에는 천주교에 대한 탄압을 자행하면서도 그들의 서양지식은 수용하는 일본의 정책이 고스란히 담겨 있다. 특히 『東槎日記』 소재 문견록이 종사관 李邦彦의 기록을 傳寫한 것이기에 〈강관필담〉과

---

116) 任守幹, 『東槎日記』, 〈海外記問〉, "萬曆年中 西洋國人利瑪竇者 浮海到日本 以天主教導人 其法大抵類釋氏 有因果應報之說 日本設法禁之 西洋人復有來者 輒殺之 近年有來泊薩摩州者 送其船 獨留島嶼間 往問之則以倭語答之曰 惟我天主敎 諸國莫不尊奉 而獨不行於中夏及爾國 我國王送一人于中土 使我一人來此地宣敎 固知爾國之不我容 而道可行矣 死此不避 州遂轉聞於江戶 國王送源璵試往見而異之 捕囚江戶 給衣食 至今見在云".

117) 정응수, 「18세기 동아시아 주변 문화권의 문화적 자각과 중화 사상의 쇠퇴」, 『일본문화학보』 제3집, 한국일본문화학회, 1997, 360~361쪽.

〈해외기문〉은 任守幹이 저술한 또 다른 형태의 문견록으로 생각할 수 있다.

이처럼 18세기 통신사는 사행을 통해 자신이 느낀 점을 적극적으로 기록하고 전달하려는 의지를 보이기 시작했다. 그러한 경향이 가장 활발했던 때는 1763년 癸未使行이었다. 癸未使行의 서기 成大中은 독특한 방식으로 문견록을 저술하였다. 成大中은 己亥使行(1719)의 제술관 申維翰의 문견록을 그대로 인용하였다.「靑泉海游錄抄」라 이름붙인 이 글에서 成大中은 申維翰의「聞見雜錄」을 封城·물산·官制·풍속·문학·의학·女色 등 총 19개의 항목으로 나누어 체계화하였다.118) 뿐만 아니라「聞見雜錄」에서는 배제되었던 내용과 자신의 일본 견문을 더해「日本錄」이라는 또 하나의 문견록을 남겼다.

한편 元重擧는 자신의 일본 체험에 다양한 일본 문헌을 참조하여 『和國志』라는 문견록을 저술하였다. 이것은 일본의 정치·역사·문화 전반과 동북아시아 삼국의 관계상을 포함한 일본정보를 총 79개의 항목으로 나누어 기술한 최고의 日本國志119)였다. 그런데 元重擧 역시 『和國志』의 말미에 다른 기록물과는 구별되는 세 편의 인물 기록을 수록하였다. 그 인물들은 일본의 침략을 막아내고 조선을 지켜내는 데 결정적인 공훈을 세운 李舜臣·諸萬春·安龍福이었다. 각각 〈李忠武公遺事〉, 〈諸萬春傳〉, 〈安龍福傳〉

---

118) 박희병,「조선의 일본학 성립: 원중거와 이덕무」,『한국문화』61, 규장각 한국학연구소, 2012, 200쪽.

119) 『화국지』에 대해서는 박재금,「원중거의 일본체험, 그 의의와 한계: 『화국지』를 중심으로」,『한국한문학연구』제47집, 한국한문학회, 2011; 박희병,「조선의 일본학 성립: 원중거와 이덕무」,『한국문화』61, 규장각 한국학연구소, 2012 참조.

이라는 제목을 단 이 세 글은 통신사행을 통해 元重擧가 느낀 소회를 遺事와 列傳의 형태로 쓴 것이다.

우선 〈李忠武公遺事〉는 임진왜란이 발발한 직후인 4월 15일부터 12월까지의 기록 중 중요한 사건을 중심으로 쓴 글이다. 이에 비해 〈諸萬春傳〉과 〈安龍福傳〉은 열전의 형식을 취한 글인데, 기존의 열전과는 달리 특정 사건을 통해 인물의 인간성을 드러내는 데 초점[120]을 두고 쓰여졌다. 〈諸萬春傳〉은 被擄人이 되었다 탈출하여 전공을 세운 제만춘의 활약상에, 〈安龍福傳〉은 鬱陵島 爭界를 해결한 安龍福의 義氣에 초점을 맞추어 서사를 전개하였다.

통신사행을 통해 元重擧는 임진왜란이 발발한 지 170여 년이 흘렀지만 지금의 상황이 과거와 별반 달라지지 않았다고 판단했다. 조·일 관계가 안정되었기에 지금 당장 전쟁이 일어나지는 않겠지만, 그가 파악한 일본은 자신들의 이익을 위해 무엇이든 벌일 수 있는 존재였다. 그래서 元重擧는 임진왜란기에 활약한 인물들의 열전을 통해 조선의 지식인이 어떤 자세로 이에 대처해야 하는지에 대해 자신의 생각을 피력했다.

우선 〈李忠武公遺事〉에서 元重擧는 有備無患의 자세를 강조하였다. 임진왜란 발발 전, 全羅右水使에 부임한 李舜臣은 戰船의 건조를 지시하고 군사 훈련을 독려하였는데, 열전에서는 이런 李舜臣의 모습을 부각시켰다. 이를 통해 元重擧는 지금과 같은 외교 안정기일수록 일본에 대한 대비에 더욱 신경을 써야 한다는 점을 강조하였다. 한편 諸萬春은 右水營에 속한 軍校로 임진왜란 때 피

---

120) 진재교, 「元重擧의 「安龍福傳」 연구: '안용복'을 기억하는 방식」, 『진단학보』 제108호, 진단학회, 2009, 246~247쪽.

로인이 되었다. 일본의 名護屋까지 끌려간 제만춘은 머리를 깎고 일본식 복장을 하며 목숨을 부지했는데, 元重擧는 〈諸萬春傳〉의 말미에서 그와 姜沆을 비교하였다.

萬春을 어찌 감히 睡隱의 뒤에 나란히 立傳하여 돌아볼 수 있겠는 가. 비록 그러하나 만춘은 저 먼 지방의 미천한 사람으로서 스스로 秀吉의 보살핌에서 몸을 빼어 성심으로 귀국하여 적을 토벌하는데 뜻을 둘 것을 맹세하였다. 드디어 忠武公 이순신의 신임과 명성을 얻어 勇力을 떨쳐 露梁 전투에 참여하였다. 그가 마음을 세운 것에 의거하면 대개 그의 행적을 가지고 論斷할 수가 없다.[121]

姜沆과 諸萬春은 피로인이 되어 일본으로 끌려갔다. 하지만 姜沆은 목숨을 버려 치욕에서 벗어나려 했던 반면, 諸萬春은 완벽한 일본인이 되는 길을 선택했다. 그래서 元重擧는 諸萬春이 입전의 대상이 될 수 없는 인물이라고 평했다. 그럼에도 불구하고 문견록의 말미에 그에 대한 글을 수록한 것은 諸萬春이 일본인 복색을 하여 탐색한 정보가 조선 수군의 승리를 이끌었기 때문이었다. 元重擧가 볼 때 현재 통신사의 역할은 諸萬春과 동일했다. 元重擧는 일본의 문물과 일본지식에 대한 탐구가 곧 일본에 대한 대비책이자 이길 수 있는 방도라고 생각했다. 그리고 元重擧는 이러한 지식의 습득을 통해 安龍福과 같이 역사·지리에 대한 투철한 자

---

121) 元重擧, 『和國志』 권3, 〈諸萬春傳〉, "萬春顧何敢列傳於睡隱之後耶 雖然萬春以遐土微賤之人 能自拔於秀吉之豢養 而誠心歸國誓志討賊 遂被李忠武 親信賈奮勇力戰於露梁之役 原其立心槪不可執迹而論斷也".

국 인식을 가져야 한다며 문견록을 끝맺었다.

조선후기 통신사행록은 전쟁 직후의 불안정한 국제 상황 속에서 적정을 탐색한 보고 자료의 성격이 짙었다. 그래서 통신사는 일본에서 확충한 정보를 가장 효과적으로 전달할 수 있는 방식인 문견록을 선택했다. 하지만 일본지식이 축적되고 방대해짐에 따라 정보의 취사선택이 필요했다. 이에 통신사는 문견록의 말미에 다양한 형식의 글을 도입하여 자신의 사행 결과를 정리하였다. 통신사의 개별 체험을 바탕으로 쓰여진 이런 글은 일본에 대한 대비나 통신사의 파견, 나아가 자국이 처한 현실 등 실제적인 문제를 다루고 있다는 점에서 주목할 만하다.

## 2) 문견록과 일기의 유기성 강화

사행이 거듭되면서 敵情 보고를 위한 집약적인 서술이 가능했던 聞見錄은 통신사행록의 관습적인 체재로 굳어졌다. 반면 일기에는 견문에 대한 사소한 설명이나 체험에 대한 통신사의 감정이 주로 기록되었는데, 이에 따라 일기는 개인적이고 주변적인 글로 여겨졌다. 일기라는 양식 자체가 하루를 보내면서 일상생활 속에서 느끼는 情趣나 思考를 형식적 제약 없이 逐日記錄한 것122)이기에 이러한 평가는 일견 맞는 듯하다. 통신사행록의 일기 역시 그날 있었던 일을 순차적으로 나열하는 방식이라 특정 사건에 집중하기 어렵다.123) 게다가 국내 노정이나 동일 장소에 장기간 체류

---

122) 김성진, 「朝鮮後期 小品體 散文 硏究」, 부산대학교 박사논문, 1991, 89쪽.

하는 경우에는 그저 干支, 날씨, 이동거리, 유숙 장소 등만 기록하는 경우가 많아 일지나 업무 일람표 정도로 평가되기도 하였다.

또한 통신사가 자신의 견문을 빠짐없이 쓴다고 해도 일기는 문견록을 쓰기 위한 자료 정도로 받아들여졌다. 慶暹은 문견록을 저술하기에 앞서 "왜국의 제도와 법령, 풍속을 뽑아서 다음에 대강 적는다."[124]라고 밝혔다. 이는 통신사의 일본 체험 중 취사선택의 과정을 거친 일본지식만이 문견록에 수록되었다는 의미인 동시에, 일기 자체는 문견록을 쓰기 위한 자료적 성격을 갖고 있다는 점을 대변한다. 그런데 이때 문견록의 자료가 되는 견문은 해당 사행의 일기에만 국한된 것이 아니었다. 전대 사행록의 일기 중 일본을 파악하기에 용이하다고 여겨지는 내용은 후대 사행의 문견록에 수록되기도 하였다.

이날[端午]에 이르면 먼저 아이들을 모아, 곳곳에 집합시킨다. 서로가 對陣하여 돌을 던져 어지러이 공격하는데, 마치 우리나라의 씨름놀이와 같다. 오후에는 원근의 귀하고 천한 장정들이 모두 모여 창을 들고 칼을 메고, 뒤질세라 분주히 모여든다. 수천 명이 무리를 지어 진을 치고 상대하는데, 그 나아가고 물러나고 앉고 일어서며 모이고 헤어지고 유인하는 형세는 한결같이 戰法에 의거하였다. (…중략…) 대개 일본의 國俗은 살인을 膽勇으로 삼는다. 그러므로 살인을 많이 하는 자는 비록 市井의 천한 사람일지라도 聲價가 곧 倍가 되고, 두려

---

123) 김현미, 「18세기 연행록의 전개와 특성 연구」, 이화여자대학교 박사논문, 2004, 137쪽.

124) 慶暹, 『海槎錄』, 7월 17일(丁未), "仍採倭國中制度法令風俗 略陳于後".

워서 회피하는 자는 비록 權貴의 子弟일지라도 온 나라가 버려서 사람들에게 용납되지 못한다. 그 삶을 가벼이 여기고 죽기를 즐겨하는 풍속이 이와 같다.[125]

江戸에서 丁未使行(1607)의 부사 慶暹은 館所의 근처에서 벌어지는 일본의 단오 풍속을 구경하였다. 어린아이들은 投石戰을 벌이고, 壯丁들은 그 貴賤에 상관없이 모여 戰法에 의거해서 칼싸움을 하였다. 이러한 일본의 단오 풍경은 實戰을 방불케 할 정도로 치열하고 잔혹했다. 그런데 이전 사행록에서는 단오를 일본의 節氣로 다루지 않거나, 연등행사를 위주로 간략하게 언급하는데 그쳤다. 하지만 慶暹이 실제로 본 단오 풍습을 일기로 남기면서, 통신사에게 일본의 단오는 그들의 好戰性을 드러내는 절기로 인식되었다.

그들의 민간 俗節은 대략 우리나라와 더불어 서로 비슷하다. 그중에서 정월 25일을 절에 가는 명절로 삼고, 8월 1일과 10월 첫 亥日을 俗節로 삼았다. 端午와 7월 15일이 가장 좋은 명절이다. 단오에는 곧 집마다 깃대를 세우고 곳곳에서 싸움을 연습한다.[126]

---

125) 慶暹, 『海槎錄』, 6월 5일(丙申), "及至是日 先聚兒童 處處屯集 彼此對陣 投石亂擊 如我國角紙之戲 午後遠近丁壯貴賤咸集 持鎗荷劍 奔走恐後 累千爲群 結陣相對 其進退坐作散誘引之勢 一依戰法 (…中略…) 大槩日本國俗 以能殺爲膽勇 故殺人多者 雖市井賤夫 聲價卽倍 畏縮回避者 雖權貴子弟 一國棄之 不容於人類 其輕生樂死之風 如是".

126) 李景稷, 『扶桑錄』, 10월 18일(己卯), "其俗節略與我國相似 而其中正月二十五日爲 上寺節日 八月初一日 十月初亥日爲俗節 端午日 七月十五日 最爲佳節 端午日則家家 豎旗 處處習戰".

어린 시절부터 전투와 결합된 놀이를 하는가 하면 죽음을 불사하고 싸우는 일본인을 보며, 통신사는 이를 일본의 생명경시풍조나 경박한 민족성과 연결시켜 폄하했다. 하지만 그러한 평가의 기저에는 歲時風俗마저도 전쟁과 연결되어 있는 일본의 好戰性에 대한 두려움이 내재되어 있었다. 그래서 李景稷을 비롯한 후대의 통신사들은 일본의 단오 풍속을 문견록에 '習戰'이라고 기록하였다. 전쟁 재발 가능성이 높은 상황에서 慶暹이 기록한 단오 풍속은 일본의 전쟁 수행 역량을 가늠할 수 있는 중요한 정보였다. 그래서 후대 통신사는 이를 문견록에 수록하였다. 이는 일기에서 다룬 개인적 체험이 취사선택되어 문견록에 수록된 경우라고 할 수 있다.

한편 丙子使行(1636)부터는 사신의 명칭을 '回答兼刷還使'에서 '通信使'로 변경하고, 그 파견 목적도 피로인 쇄환에서 關白의 습직이나 若君의 탄생을 축하하는 賀禮使節로 바뀌었다. 임진왜란 발발 후 40여 년이 지난 시점에서 피로인 쇄환을 명분으로 사신을 파견하기는 곤란하였기 때문이었다. 뿐만 아니라 두 번의 胡亂을 거치며 복수의 대상이 일본에서 後金[淸]으로 변한 것도 하나의 이유가 되었다. 그러한 가운데 조선을 둘러싼 대외관계의 불안정은 역설적이게도 조·일 양국 간의 외교 안정을 가져 왔다. 조선은 일본을 청 견제를 위해 함께 협력해야 하는 友邦으로 인식하고, 대일본 정책을 전환하였다. 이에 따라 일본과의 誠信交隣을 旗幟로 파견된 통신사로서는 이전보다 좀 더 자유로운 방식의 일본 탐색이 가능해졌다.

특히 17세기 중반에 파견된 丙子(1636)·癸未(1643)·乙未使行(1655)

에서는 日光山行이 이루어졌는데, 이를 통해 이전의 통신사들은 접하지 못한 일본 동북 지역의 산수를 접할 수 있었다. 통신사들은 日光山의 이국적 정취를 만끽하며 '壯遊'라는 표현[127]으로 자신의 마음을 드러냈다.

폭포가 瀧尾에 비하여 더욱 기이하고 골짜기를 두룬 杉栢이 푸르러 하늘과 닿았으니, 그 세 그루 杉나무가 가장 靈異하다고 한다. 계곡 안에 마을이 있는데 인가가 자못 번성하였다. 물 가까이에 집을 지었으니 바라보면 마치 그림과 같고, 왕래하는 거주민은 황홀하기가 마치 신선과 같았다. 대개 山勢를 논하면 곧 웅장하고 높기는 富士山에 미치지 못하나, 골짜기 입구가 감싸 안은 것과 峯巒의 빼어난 것은 곧 絶勝하다. 源氏 兩世가 사당을 지은 것은 진실로 까닭이 있었다.[128]

南龍翼은 今市에서부터 日光山에 이르는 길을 別世界라고 표현했다. 삼나무가 끝없이 이어져 있고, 밀감과 귤이 어우러져 촌락의 울타리를 이루고 있는 모습은 南龍翼이 상상하던 別世界 그 자체였기 때문이다. 또 寂光寺 주변의 풍경은 그림과 같았고, 그곳을 왕래하는 사람은 神仙과 같았다고 기록하였다. 심지어 神人이 菅草를 던져 큰 구렁이로 변해 사람들이 건널 수 있는 다리가 되었다는 山菅橋 관련 설화를 전하면서도 虛誕하다는 비판을 가

---

127) 한태문, 「조선후기 통신사 사행록에 반영된 일광산행」, 『한민족어문학』 제65집, 한민족어문학회, 2013, 322쪽.
128) 南龍翼, 『扶桑錄』, 10월 18일(戊辰), "瀑布比瀧尾尤奇 遍洞杉柏 蒼翠連天 其三本杉 最稱靈異云 谷中有村家戶頗盛 臨水結屋 望如畵圖 往來居人 怳若神仙 蓋論山勢 則雄峙不及富士 而洞門之回抱 峰巒之秀發 則絶勝焉 源氏之兩世卜兆 良有以也".

하지 않을 정도였다. 특히 今市는 三郎과 元大郎이 등장하는 옛날 이야기 속의 배경이었다. 今市에서 南龍翼은 어른이 되어 옛날이 야기 속 먼 나라를 직접 와 본 感激을 일기에 가감 없이 표출했다. 일광산에 대한 통신사의 견문은 그 자체로 새로운 일본정보였다. 이에 따라 일본의 자연을 상세하게 기록할 수 있었던 일기가 일 본정보를 전달하는 용이한 체재로 인식되었다.

한편 '博覽'을 중시하는 조선 내 학문 풍토 역시 사행록의 체재 선택에 영향을 미쳤다.

이것은 모두 사해 밖을 博覽한 데서 나온 것이니 어찌 사신의 일만 특별히 엄격하게 할 따름이겠는가. 먼 나라에 사신 가는 자들로 하여 금 취하게 할 만 하므로 이를 적어서 東溟 學士의 『海槎錄』 序文으로 삼는다.[129]

성리학과는 별도로 조선에서는 각국의 독특한 현실을 있는 그 대로 이해하고 기술하려는 풍조가 성행하였다. 그리고 잡다하고 흥미로운 주변부의 이야기들이 '博覽'·'名物學'이라는 이름으로 당시 조선 지식인의 관심을 끌고 있었다.[130] 특히 1633년 李睟光 의 『芝峯類說』이 간행된 이후 이러한 경향은 가속화되었다. 조선 내의 학문 풍토는 통신사의 일본정보 수집에도 영향을 미쳤다.

129) 許穆, 『記言』別集 제8권, 「序」, 〈東溟海槎錄序〉, "此皆博四海之外者 豈特嚴使事 而已 可爲使絶國者取之 書之以爲東溟學士海槎錄序".
130) 안대회, 「이수광의 『지봉유설』과 조선후기 명물고증학의 전통」, 『진단학보』 제 98호, 진단학회, 2004, 274쪽.

許穆은 金世濂의『해사록』이 정치, 경제, 문화, 학술 등 일본의 다양한 분야를 기록하고 있다는 것에 주목했다. 그리고는 異國을 경험한 사신은 奉命使臣으로서의 임무뿐만 아니라 사행 국가에 대해 두루 박람하고, 그 견문을 기록하는 것도 꼭 수행해야 할 일이라고 주장했다. 그리고 후대의 사신들이 金世濂의『海槎錄』에서 이 점을 본받기를 요구하였다. 조·일 관계의 안정으로 가능해진 일본에 대한 박람은 결국 당대 지식인의 시대적 요구이기도 했다.

이에 따라 통신사는 성리학이나 華夷論에 바탕을 둔 거대담론이나 문학 위주의 지적 탐색을 넘어서 보다 다양한 영역의 지식을 탐색하였다. 그 결과 일본의 지역 설화, 동식물과 기물, 그리고 일상생활과 같은 미시적인 영역이 통신사의 정보 탐색 대상이 되었다. 그리고 통신사행록의 모든 견문은 일본을 알 수 있는 정보와 지식으로 간주되었다. 이러한 내용은 집약적이고 종합적인 지식 전달에 적합했던 문견록보다는 형식적 제약에 구애받지 않고 기록할 수 있는 일기의 형태로 전해졌다. 한 지역의 산천 풍물에서부터 기예, 인생철학, 역사 속의 자질구레한 소문과 일화 등 생활 속에서 보고 듣고 생각한 것이 모두 지식 탐색의 대상이 되면서, 일기가 통신사행록의 정보 전달에 있어 중요 수단으로 인식되었다.

그러다 보니 일기와 문견록을 유기적으로 연결한 형태의 사행록이 저술되기도 하였다.

곧 振舞를 올리는데 이른바 진무란 것은 잔치를 배설함을 이른다.

器皿・食饌・酒果의 제도와 품목은 아래 「聞見錄」 '飮食條'에 상세히 실려 있다.131)

南龍翼은 통신사 연향에 대해 설명하면서 그 器皿과 食饌, 酒果의 제도와 품목은 문견록을 참조하라고 밝혔다. 연향이 있을 때 사행록에서는 三五七 제도를 묘사한 다음, 漆器나 금・은으로 장식된 器皿 등에 대해 자세하게 설명하는 것이 일반적이었다. 일본에서의 공식적인 연향이 對馬島와 江戶를 비롯하여 여러 곳에서 열렸는데, 그때마다 통신사는 이와 같은 내용을 반복적으로 기술하였다. 그런데 南龍翼은 器皿에 관련된 내용을 문견록에 수록하고는 그 사실을 일기에 밝혀 놓았다. 南龍翼은 체재상으로는 일기와 문견록을 분리하여 서술했지만, 내용상으로는 이 두 체재를 병행하여 기술132)했던 것이다.

이러한 형식은 통신사행록 내에서 동일한 정보가 불필요하게 반복되는 것을 막을 뿐만 아니라, 일기와 문견록이 유기적 관계에 있음을 보여주고 있다. 일본 어디에서나 통용되는 일반적인 상식은 문견록에 수록하고, 경유지마다의 특색은 일기에 기술함으로써 정보의 성격에 따른 체재 선택이 가능해졌다. 이러한 형태는 독자의 편의성과 정보의 효과적 전달을 염두에 둔 글쓰기 방식이라고도 할 수 있다. 그래서 문견록인 『和國志』와 일기로 이

---

131) 南龍翼, 『扶桑錄』, 6월 15일(戊辰), "卽呈振舞 所謂振舞者 設享之名也 器皿食饌酒果之制品 詳載聞見錄飮食條".

132) 한수희, 「호곡 남용익의 사행문학 연구: 「부상록」・「문견별록」을 중심으로」, 성균관대학교 석사논문, 2010, 34쪽.

루어진『乘槎錄』을 별도의 책으로 구성했던 元重擧 역시 두 저작
물 간의 유기성을 강화시키는 방향으로 저술하였다.

이러한 일기와 문견록의 유기성은 내용상의 긴밀성으로도 이
어졌다. 문견록에 수록된 일본정보가 일기를 통해 객관적 근거를
획득하는 경우가 있었다. 예컨대 일본 정치제도의 특징으로 天皇
과 關白의 이원적인 지배체재를 들 수 있다. 지배자로서의 권위는
天皇이 가지고, 실질적으로는 關白이 통치하는 정치제도 하에서,
長子를 제외한 나머지 황족은 승려가 되는 것이 일반적이었다.
이러한 내용은 일찍부터 문견록에 실려 기본적인 일본지식으로
통용되었다.

여러 승려들이 모두 불당에서 내려와 무릎을 꿇고 엎드려 있었다.
나이 어린 승려 하나가 綾絹을 입고 있었는데, 홀로 佛堂 위에 앉아서
침착하게 움직이지 않았다. 일행 중 여러 왜인들이 몸을 굽히고 빨리
달려가며 자못 두려워하고 공경하는 마음이 있었다. 일행 중 통역하
는 왜인에게 물어보았더니, 지금 天皇의 아들로서 대불사 主僧이 되
어 절 안 妙法院에 있는 자라고 하였다.[133]

1682년 壬戌使行의 漢學譯官 金指南은 三使를 따라 大佛寺 구경
에 나섰다. 그러다가 다른 승려와는 다른 복색을 하고 있는 어린
승려를 보게 되었다. 三使를 배종하던 對馬島人들이 나이 어린 승

---

133) 金指南,『東槎日錄』, 9월 26일(壬申), "諸僧擧皆下堂跪伏 而有一少僧着白綾衣 獨
    坐於堂上 晏然不動 行中諸倭 鞠躬趨走 頗有畏敬之心 問之於行中通詞倭 則答以今天
    皇之子 爲大佛寺主僧 於寺內妙法院者云".

려를 두려워하는 것에 의아함을 느끼던 金指南은 倭通事에게서 그가 현 天皇의 아들이라는 사실을 듣고 이를 기록으로 남겼다. 天皇의 자식은 長子를 제외하고 승려가 된다는 문견록의 내용이 일기를 통해 증명된 것이다. 일본에 대한 기본적인 지식으로 간주되어 별도의 확인 없이 수용되었던 부분이 통신사의 일기를 통해 객관적인 사실로 밝혀진 것이다. 이러한 경향은 후대로 갈수록 강해졌는데, 특히 조선과 일본의 이질적 요소에 대한 확인이 중점적으로 이루어졌다. 이전 통신사가 흔히 오랑캐의 풍속이라고 문견록에 수록했던 일본의 喪葬禮라든가 神社·男娼에 대한 직·간접적인 확인이 이루어지고 이러한 내용이 일기에 수록되었다.

한편 18세기에는 조·일간 외교 관계가 안정됨에 따라 지식 탐색의 대상이 확대되고, 거듭된 사행으로 축적된 일본지식도 방대해졌다. 그런데 다양한 일본지식을 일기와 문견록으로 구별하여 기록·전달하려다 보니 이전 사행록에서 이미 언급한 관습적인 인식과 상식에 머물 수밖에 없었다. 이러한 문제를 해결하기 위해 여러 방법을 차용하며 변화를 모색했는데, 그 중 하나가 일록에 많이 쓰던 문답의 방식을 문견록에 적용하는 것이었다.

왜인이 고래고기 膾를 가장 중하게 여겨 비싼 값으로 사서 손님을 접대하는 화려한 饌으로 하나, 부드럽고 미끄럽고 기름져서 별로 다른 맛이 없었다. 내가 통역에게 이르기를, "듣건대, 일본 사람은 큰 고래 한 마리를 잡으면 종신토록 富貴할 수 있다 하니, 과연 그런가?" 라고 하였더니, 대답하기를, "어찌 한평생에만 그치겠습니까. 대대로 전할 수 있습니다. 公侯貴家에서 고래 회·고래 젓갈을 제일의 名品으로 삼아서 중한 값을 아끼지 아니합니다. (…중략…) 그래서 바다 근처의 사람들에게 捕鯨將이란 것이 있어, 무리를 모으고 재물을 소비하여 그물과 기계를 설치하되, 그것을 잡아 부자가 된 자는 또한 적습니다."라고 하였다.[134]

고래고기는 통신사행록에 빠지지 않고 등장하는 내용 중 하나였다. 조선에서는 쉽게 접할 수 없는 음식이었기에 통신사는 자신이 먹어본 고래고기의 맛을 사행록에 자세히 묘사한 경우가 많았다. 심지어 이전 사행록의 기록을 근거로 통신사가 직접 일본 측에 고래고기를 요구했을 정도였다. 또 통신사를 위해 고래잡는 과정을 형상화한 연희가 바닷가에서 펼쳐지기도 하였다. 申維翰역시 고래고기를 맛보고 일본의 捕鯨 산업에 대해 관심을 가졌다. 그래서 이에 대해 倭通事와 문답을 나누었는데, 특이하게도 그 문답 내용을 문견록에 그대로 노출시켰다.

일본에 대한 정확한 지식을 전달하는데 문답만큼 효과적인 방법은 없었다. 문답은 조선의 시각에서 이해했을 때 발생할 수 있는 오류를 최소화하는 동시에 지식 탐구 대상에 대한 일본인의 입장을 살펴볼 수도 있는 좋은 기회였기 때문이다. 그리고 일반적으로 일본인과의 문답은 일기에서 많이 다루는 내용이었다. 그런데 申維翰은 일기뿐만 아니라 문견록에도 일본인과 나눈 문답

---

134) 申維翰, 『海游錄』, 「聞見雜錄」, "倭人最重鯨膽 必峻價而買之 以爲宴客之華饌 柔滑脂澤 別無異味 余謂通事曰 聞日本人捕得一大鯨 可致終身富貴云 果然否 答曰 奚止於終其身 可以傳世 公侯貴家 以鯨膽鯨醢 爲第一名品 取之者不惜重價 (…中略…) 所以海浦居民 有曰捕鯨將者 聚徒費財 設網罟器械 其得而致富者亦鮮矣".

을 많이 수록하였다. 별도의 설명 없이도 대화를 통해 상대의 생각을 이해할 수 있고, 조선과 일본의 미묘한 견해차도 명확히 드러낼 수 있는 문답의 장점을 충분히 활용한 것이다.

실제 『海游錄』에도 雨森東이나 倭通事와의 문답이 빈번하게 등장하고 있다. 申維翰은 관소 밖에 나가 일본과 일본인의 삶을 관찰하고, 의문 나는 점이 있으면 일본인에게 직접 질문하여 답을 구하곤 하였다. 이러한 일본인과의 문답을 통해 의문을 해결하는 방식은 정확한 지식 획득을 위해 통신사가 일반적으로 사용하는 방법이었다. 하지만 문답을 통해 알게 된 내용을 일기가 아닌 문견록에 수록하는 경우는 드물었다. 그런데 申維翰은 일본인이 전하는 일본지식을 문답의 형식을 빌려 전달함으로써 문견록 내용에 객관성 부여하는 한편, 독자에게 자신이 확충한 일본지식을 생생하게 전달할 수 있었다. 이러한 방식은 1763년 癸未使行의 서기 成大中과 元重擧의 문견록으로 이어졌다.

사행에서의 견문 중 무엇을 선택하여 어떤 체재로 기록할지는 사행원 개인의 학문 경향 및 문학적 역량에 달렸다고 볼 수 있다. 그러나 일본지식이 부족하고 또한 절실했던 상황에서 통신사행록은 공적 기록물로서의 성격을 띨 수밖에 없었다. 그러다 보니 자연스럽게 당대 사회가 요구하는 정보를 수록하게 되었다. 그리고 그 정보의 성격과 전달 대상에 따라 통신사행록의 체재 또한 달라졌다. 하지만 조·일의 외교 관계가 안정되고 다양한 지식이 축적되면서 체재의 구분이 무의미해졌다. 대신 수많은 정보와 지식을 좀 더 효과적으로 전달할 수 있는 방법이 강구되었다. 그 과정에서 이전 사행록에서는 찾아볼 수 없었던 열전의 방식 등이

도입되거나 문견록과 일기의 유기성이 강조되었다. 결국 통신사는 당대 사회가 요구하는 지식을 좀 더 쉽고 명확하게 전달할 수 있는 방법 위주로 통신사의 체재를 변이시켜 나갔다.

# 제3장 통신사행록에 내포된 일본 담론

 

 

1763년 癸未使行의 정사 趙曮은 통신사행록을 '통신사의 謄錄 冊'이라고 일컬었다. 官衙에서 주고받은 공문서를 謄寫收錄한 謄 錄은 각종 정책 수립의 참고자료로 활용되었다. 그러므로 통신사 행록을 등록에 비유한 趙曮의 말을 통해 전대의 사행록이 후대 사행의 참고자료이자 지침서였음이 분명하게 드러난다. 그런데 통신사행록이 비단 통신사행원에게만 가치 있는 자료는 아니었 다. 여행이 자유롭지 않던 시대에 통신사행록은 조선 지식인에게 일본을 알려주는 지식의 창구 역할을 하였다. 특히 조선후기 통 신사행록은 기존의 축적된 일본정보와 지식을 바탕으로 쓰여졌 으되, 그 기록을 단순히 傳寫하는 것에 머물지 않았다. 사행이 거 듭될수록 통신사행록에서 다루는 지식 탐색의 영역은 확장되었 고, 기존의 지식에 새로운 평가와 해석이 더해지면서 조선의 지 식인에게 일본에 대한 새로운 시각을 제공하였다.

그런데 통신사행록을 통해 전해진 일본지식이 조선, 그리고 조선의 지식인에게 동일하게 수용되지는 않았다. 동일한 일본지식이지만 그 성격과 수용자의 위치에 따라 다른 의미로 받아들여졌기 때문이었다. 그러다 보니 특정 일본지식과 관련하여 다양한 의견이 표출되었고, 이에 따라 조선사회에서는 일본 담론이 형성되었다. 아울러 통신사 내에서도 사행원의 학문 성향이나 그 파견 시기에 따라 같은 사안을 놓고 상이한 평가가 이루어지기도 하였다. 뿐만 아니라 사행에서의 직책에 따라서도 조정을 대변하는 입장을 취하는가 하면, 그 반대의 입장에 서기도 하였다. 그리고 통신사 내부에서 형성된 일본 담론은 조선 지식인의 담론과 직·간접적으로 관계를 맺으면서 때로는 서로 충돌하고 때로는 인정·수용하며 발전하여 나갔다.

## 1. 정치·외교적 담론

### 1) 天皇論

일본은 정치적 실권은 없으나 수천 년을 최고의 지배자로 군림해 온 天皇과 명목상 天皇의 신하이지만 국정의 권권을 장악하고 있는 關白이라는 이중적 지배구조를 취하고 있었다.

하늘에는 두 개의 해가 없고, 땅에는 두 사람의 임금이 없습니다. 일본의 僞皇을 이미 국왕으로 삼았으니, 곧 關白은 비록 존귀하다고 하더라도 이에 신하입니다. 그러니 사신이 僞皇을 만날 적에는 곧 뜰에서 알현하는 것이 禮이지만, 關白에게는 禮가 아닙니다. 지금 關白이 뜰에서 알현하는 예를 받는다면 이것은 天皇으로 자처하는 것입니다. 만약 이런 뜻을 가지고 간절하게 타이른다면 저들이 반드시 굴복할 것입니다.[1]

1590년 일본으로 파견된 副使 金誠一과 書狀官 許筬은 關白 秀吉에 대한 禮를 두고 격렬하게 부딪혔다. 金誠一은 關白이 天皇의 大臣이므로 楹外拜가 옳다고 주장하였다. 반면 許筬은 秀吉이 비록 關白이나 실제로는 일본의 권력이 모두 그에게서 나오므로 一國의 왕으로 볼 수 있다며 庭下拜를 해야 한다고 맞섰다. 이는 儀禮에 관한 단순한 문제처럼 보이지만, 실상은 天皇과 關白 중 누구를 일본의 최고 권력자로 볼 것인가를 결정하는 중대한 사안이었다. 또한 누구에게 국서를 전달할지를 정하는 것도 대등한 교린체제 확립을 위해 반드시 필요한 결정이었다. 그래서 이 문제는 오랫동안 일본으로 파견된 사신들의 고민거리였다. 이에 조선후기 통신사는 끊임없이 天皇의 지위와 역할에 대해 탐색하였고, 그 탐색한 내용을 사행록에 기록하였다.

---

1) 鄭經世, 『愚伏集』 제17권, 「碑銘」, 〈有明朝鮮國贈嘉義大夫吏曹參判 行嘉善大夫慶尙道觀察使金公神道碑銘 幷序〉, "天無二日 土無二王 日本僞皇旣爲國主 則關白雖貴 乃人臣也 使臣見僞皇則庭見禮也 於關白則非禮也 今關白受庭見之禮 則是以天皇自處也 若以此義諄諄之 彼必屈矣".

## (1) 天皇에 대한 부정적 인식, '僞皇'과 '女主'

고려시대부터 조선 成宗代까지의 종교, 역사, 지리, 문물 등을
다룬 『慵齋叢話』에서는 天皇을 다음과 같이 규정하였다.

> 일본국에는 황제가 있고 국왕이 있다. 황제는 궁중에 깊이 파묻혀
> 하는 일이 없고, 다만 아침저녁으로 하늘에 절하고 해에 절을 할 따름
> 이었다. 세상 사람들이 이르기를, 세상에서 권력이 없으면서 존귀한
> 자를 倭皇帝라 고 불렀다. 국왕이 오로지 국정을 주관하고 쟁송을 聽
> 斷하였다.[2]

일본의 天皇은 종교적 활동만 가능할 뿐, 정치적 실권이 없다는
『慵齋叢話』의 내용은 1471년에 간행된 『海東諸國記』에 기록된 天
皇의 역할과 차이가 없었다. 이러한 기록들은 일본 天皇을 "권력
은 없으면서 존귀한 자"로 보았던 조선전기의 보편적 인식을 보
여주고 있다.

그런데 天皇에 대한 부정적 인식은 조선후기 통신사행록에서
도 자주 볼 수 있다.

> 天皇은 4백 년 전에는 나라의 권세와 크고 작은 政令이 모두 天皇으
> 로부터 나왔다. 源賴朝가 簒奪한 후부터 政事에 간예하지 않고 關白으
> 로 하여금 總攝하게 하였다. 대대로 왕위를 長子에게 전하고 그 나머

---

2) 成俔, 『慵齋叢話』 제10권, "日本國有皇帝 有國王 皇帝深閉宮中 一無所爲 但朝夕拜
天拜日而已 世人謂無權而尊者 謂之倭皇帝 國王專主國政而聽斷".

지 자녀는 모두 승려로 삼아 사찰에 흩어져 살게 하고, 오직 의복과 음식에서만 부귀를 누릴 수 있을 뿐이었다. 매월 보름 전에는 沐浴齋 戒하고 고기와 葷菜를 먹지 않으며 촛불을 밝히고 아침이 되도록 꿇어앉아 하늘에 기도를 드린다. 보름 후에는 平人과 다름없이 고기를 먹고 잠을 자며 좌우 侍從과 더불어 종일 戲謔하였다.[3]

1624년 甲子使行의 부사 姜弘重은 天皇을 祭天儀式을 담당하는 종교적 지도자로 설명하고 있다. 그마저도 종교 의식이 끝나면 제기·바둑과 같은 잡기를 즐기며 의복과 음식만 탐하는 존재로 그리고 있다. 이러한 부정적 인식은 후대로 갈수록 심화되었다.

天皇은 한 달 중에 보름 이전에는 沐浴齋戒하고 고기와 葷菜를 먹지 않는다. 촛불을 밝히고 아침이 되도록 꿇어앉아서 하늘에 기도하고, 보름 이후는 오로지 음탕한 짓에 빠진다고 한다.[4]

비록 높은 자리에 있으나 국사에 간예하지 못한다. 관직의 제수하는 條目은 모두 關白에게서 나오지만, 반드시 倭皇의 印章을 사용한다. 그래서 見朝하는 날에는 반드시 駿馬 1필과 큰 칼 한 자루를 바쳐서 인장을 찍어주는 값으로 삼으므로, 倭皇이 그것을 받아가지고 需

---

3) 姜弘重, 『東槎錄』, 11월 19일(己巳), "四百年前 國中之權大小政令 皆自天皇出 自源賴朝篡奪之後 不預朝政 使關白擅攝 世世傳位於長子 其餘子女並爲僧尼 散處寺刹 惟衣服飲食專享富貴 一月之內望前 則齋戒沐浴 不食肉不茹葷 明燭達朝 危坐祈天 望後 則與平人無異 食肉復寢 與左右侍者戲謔終日".

4) 黃㦿, 『東槎錄』, 10월 18일(戊午), "天皇一月之內望前 則齋戒沐浴 不食肉不茹葷 明燭達朝 危坐祈天 望後則專事荒淫云".

用을 한다고 한다. (…중략…) 전부터 나라에서 문안하는 예절이 없고 사신이 가서 서로 알현하는 前例가 없으므로 바야흐로 높은 데에 올라서 엿본다고 한다.5)

이전 사행의 부사 姜弘重이 잡기를 즐기는 天皇을 기록하여 그 무능함을 드러냈다면, 丙子使行의 종사관 黃㦿는 거기에 荒淫에 빠져 방탕하게 생활하는 天皇의 이미지를 더했다. 그리고 乙未使行의 종사관 南龍翼이 본 天皇은 그저 關白이 임명한 관리에게 印章을 찍어주고 그 값을 받아 용돈으로 사용하면서도 부끄러워하지 않는 인물이었다. 그리고 명색이 天皇이면서도 사신에게 問安禮도 받지 못하고 이를 숨어서 구경해야만 하는 존재라고 설명했다. 그래서 조선 지식인들은 일본의 天皇을 가리켜 '僞皇', '假天皇', '山城主' 혹은 '山城君'이라 칭하며6) 그 권위를 인정하지 않았다.

天皇을 직접 만나보지도 못한 통신사가 이전 사행록에도 없는 내용을 더하며 天皇의 부정적 이미지를 심화시킨 이유는 무엇일까. 통신사행원이 본 일본 天皇은 절대적 권위를 가진 초월적 존재도, 그렇다고 帝王으로서의 자질과 德望을 갖춘 존재도 아니었다. 이러한 부정적 인식은 왕위를 篡奪당하고도 復位를 도모하지 않은 채, 현재에 안위하는 天皇의 나약한 모습이 조선사회에서

---

5) 南龍翼, 『扶桑錄』, 9월 12일(癸巳), "雖居尊位 不預國事 除拜之目 皆出於關白 而必用倭皇印信 故見朝之日 必呈駿馬一匹 大刀一腰 以爲踏印之價 倭皇取之 以爲需用云 (…中略…) 而自前國家無問訊之禮 使臣無相見之例 故方登場窺見云".

6) 김문식, 「조선후기 지식인의 대일인식」, 『18세기 한일 문화교류의 양상』, 태학사, 2007, 105쪽.

말하는 군주의 상과는 거리가 멀었기 때문으로 풀이할 수 있다.

그런데 한 가지 특이한 점은 天皇에 대한 조선 조정과 통신사의 부정적 인식이 國交를 재개할 때, 家康과 秀吉을 평가했던 방식과 유사하다는 것이다. 조선 내의 부정적 여론에도 불구하고 조정에서는 일본과의 국교 재개에 박차를 가하였다. 이를 위해 조정에서는 秀吉과 家康을 이분법적으로 설명했다. 조선 지식인은 秀吉을 자신의 야망을 위해 主君을 謀殺하는 모리배이자 임진왜란을 일으킨 원흉으로 평가했다. 반면 家康은 임진왜란에 직접적으로 가담하지 않았을 뿐만 아니라, 秀吉의 아들인 秀賴를 죽여 豊臣家를 멸함으로써 조선의 울분을 대신 풀어준 인물로 그려냈다. 秀吉과 家康에 대한 이분법적 사고를 통해 조선 조정은 일본의 새 권력자에게 임진왜란에 대한 면죄부와 권력의 정당성을 동시에 부여하였다. 그리고 이러한 분위기 속에서 통신사의 파견은 무사히 이루어질 수 있었다.

정치적으로 무능력하고 도덕적으로도 문제가 있다는 天皇의 이미지는 일본과의 국교 재개 명분을 만들기 위해 秀吉에게 가했던 부정적 이미지와 흡사했다. 조선이 일본과 대등한 교린 관계를 구축하기 위해서는 天皇과의 교섭이 마땅했다. 하지만 關白이 권력을 장악하고 있는 현실에서 조선 조정은 關白에게 국서를 보낼 수밖에 없었을 것이다.

玄蘇·義智 등에게 묻기를, "關白은 왕의 칭호가 없다 하는데 그렇소?"하였더니, 玄蘇가 답하기를, "그렇습니다."라고 하였다. (…중략…) "왕의 칭호가 없는데 어찌하여 印文에는 '日本國王'이라고 새겼소?"라고 하니, 玄蘇가 답하기를, "이는 전일에 중국 조정의 詔使가 가지고 온 印信입니다. 그때 전 關白이 왕으로 봉한다는 명을 받지는 않았으나, 詔使가 印은 두고 갔습니다. 그래서 그대로 늘 사용합니다."라고 하였다. 우리 일행들이 웃으며 말하기를, "왕으로 봉한다는 명을 받지 않았으면서, 印은 그대로 사용하고 있으니, 그대 나라의 일을 알 수가 없구료."라고 하자, 玄蘇 등도 빙긋이 웃으며 대답하지 않았다.[7]

그러나 통신사는 關白의 지위에 의문을 품었다. 1607년 丁未使行의 부사 慶暹은 以酊菴 장로 玄蘇와 對馬島主에게 關白의 지위에 대해 질문했으나 명쾌한 답을 얻지 못했다. 이후 1636년 丙子使行을 통해 對馬島主의 국서 개작 사건의 전모가 밝혀지면서, 아울러 關白이 다만 攝政大臣의 한 사람으로 일본 내에서는 王이라는 호칭으로 불리지도 못하는 존재임이 알려졌다. 이후 關白이 조선 국왕에게 보내는 回答書에는 '일본 국왕'이라는 칭호 대신 '日本國 源○○'이라는 명칭을 사용했는데, 이때부터 대등한 외교 관계를 위해서는 국서의 주체가 關白이 아닌 天皇이어야 한다는 주장이 제기되었다. 그럼에도 불구하고 1636년 이후 파견된 8차례의 통신사행 에서도 關白에게 국서를 전달하는 외교적 관행은 달라지지 않았다.

---

7) 慶暹, 『海槎錄』, 3월 15일(戊寅), "問於玄蘇義智等曰 關白無王號云然耶 玄蘇答曰然 (…中略…) 無王號 則印文何以刻日本國王云云耶 玄蘇曰 此乃前日天朝詔使所賫印信也 其時前關白雖不受封王之命 而印則詔使置而去之 故仍爲恒用行矣 吾等笑曰 不受封王之命 而印卽仍用 你國之事 未可知也 玄蘇等亦微哂不答".

關白의 칭호는 朱雀天皇 때에 비로소 보이는데 본래 大臣 중 하나다. 지금 國命을 집행하는 자를 우리 조정에서 대등한 체모로 대우한 것은 당초에 그 글을 살피지 못한 데서 나왔다. 일본 국왕 등의 말로써 답한 것도 모두 중간에서 글을 덧붙인 데서 나왔다. (關白은) 그 나라 안에서 감히 왕이라 부르지 못하고 다만 御所라 일컬으며, 명령하는 문서는 明敎라 일컫는다.[8]

丙子使行의 부사 金世濂은 1607년 丁未使行을 두고, 일본의 상황을 제대로 살피지 못한 채 파견한 잘못된 사행이라고 평하였다. 그러면서 국교를 섣불리 재개한 탓에 국서의 개작 여부를 알지 못했고, 그 과정에서 關白을 일본 국왕으로 상정하는 잘못을 범했다고 밝히고 있다. 金世濂의 말에 따르자면 대등한 교린 체제를 확립하기 위해서는 통신사가 국서를 전달해야 할 대상은 天皇이어야 했다. 그럼에도 불구하고 金世濂은 이에 대한 논의를 더 이상의 전개하지 않았다. 더욱이 金世濂이 설명한 關白의 지위는 이미 申叔舟의 『海東諸國記』나 黃愼의 『日本往還日記』에 기록[9]되어 있었다. 그러므로 關白에 대해 정확히 인지하지 못해 대등한 교린이 이루어지지 못했다는 金世濂의 설명은 타당성이 떨어진다.

덧붙여 이 시기에는 天皇과 關白의 혈통에 관한 논의가 진행되

---

8) 金世濂, 『海槎錄』, 11월 16일(丙辰), "關白之稱 始見於朱雀天皇 本一大臣也 今爲執國命者 朝廷之待以敵體 初出於不能察其書 答以日本國王等語 皆出於中間添書 於其國中 不敢稱王 只稱御所 所令文書 稱明敎".

9) 申叔舟의 『海東諸國記』(「日本國記」)에는 關白을 '王'이라고 부를 수 없어 '御所'라고 한다는 사실이, 黃愼의 『日本往還日記』(12월 9일(辛未))에는 關白을 '權勢를 부리는 大臣'이라고 기록하였다.

기도 하였다.

제56대 清和天皇이 여섯째 皇子인 貞純親王에게 姓을 源으로 내리
니, 원씨가 여기에서 비롯하였다. 平氏는 제46대 桓武天皇이 다섯째
아들에게 성을 평씨로 내렸다. 원씨와 평씨는 모두 天皇의 후손인데
대대로 서로 공격하였다. 賴朝의 변란에 이르러 安德天皇이 바다에
빠져 죽었으니, 지금 長門州에 있는 塑像이 이것이다. 이로부터 이후
로 天皇은 한갓 헛된 이름만 지니게 되어 나라의 정사에 참여하지
못하였다.10)

關白이 天皇의 후손이라는 견해는 1636년 丙子使行에서 시작되
었다. 1624년 甲子使行의 부사 姜弘重은 天皇과 源賴朝가 같은 혈
통이기에 天皇이 복위를 꾀하지 않는다고 지적하였다. 이후 丙子
使行의 부사 金世濂과 종사관 黄㫌는 天皇과 關白의 관계에 대해
역사적으로 고찰하였다. 이는 天皇과 關白의 이중적 지배구조가
지속될 수 있는 이유11)에 대한 탐색의 성격이 짙었다. 또한 조선
조정과 통신사가 견지해온 외교 주체에 대한 입장을 고려한다면,
이 역시 關白에게 국서를 보내도 되는 이유에 해당하였다.
이를 통해 볼 때 조선 조정과 통신사는 天皇과 교린 관계를 맺
어야 한다는 사실을 인지하고 있었음을 알 수 있다. 하지만 실제

---

10) 黄㫌, 『東槎錄』, 11월 18일(戊午), "第五十六代清和天皇 賜第六皇子貞純親王姓源
源氏始此 平氏卽四十六代桓武天皇 第五子賜姓平氏 源平俱天皇之後 世相攻擊 及賴
朝之變 安德天皇投海死 卽今長門州塑像是也 自此以後 天皇徒擁虛名 不預國政矣".
11) 손승철, 「조선시대 日本天皇觀의 유형적 고찰」, 『천황과 일본문화』, 한림대학교
아시아문화연구소, 2004, 226~227쪽.

일본의 권력을 장악하고 있던 關白을 조·일 외교에서 배제할 수는 없었을 것이다. 더욱이 이념적·정서적 이유를 내세우며 일본 關白의 제안을 무시하기에는 조선을 둘러싼 주변국의 정세가 너무나 불안정했다. 결국 명분보다는 현실 외교를 선택한 조선의 지배층은 자신들의 외교적 선택에 정당성을 부여하기 위해 부정적인 天皇 담론을 형성했다고 할 수 있다.

한편 女皇이라는 존재 역시 天皇을 부정적으로 인식하게 만들었다. 1636년과 1643년 통신사가 파견되었을 때의 天皇은 明正天皇이었고, 1763년 사행 때는 後櫻町天皇으로 모두 女皇이었다. 이에 대해 통신사는 다음과 같이 기록하였다.

신이 역관을 시켜 지금의 倭皇을 물어 보았더니, 6, 7년 전에 그 딸에게 傳位하여, 지금의 倭皇은 곧 女皇이라고 합니다. 좌우에 시중 드는 사내 20여 명을 두었는데, 나라 안에서는 그들을 일러 侍女라고 부른다 하니 禽獸의 풍속임을 알 만합니다.[12]

소위 倭皇이란 女主이다. 나이는 바야흐로 22세요, 그 남자 동생이 나이 13세이다. 올해 말에 장차 그 동생에게 傳位한다. 왜황이란 尊貴함에 상대가 없기 때문에 혼인을 할 수가 없고, 傳位한 뒤에라야 비로소 시집갈 수 있다.[13]

---

12) 黃㦿, 『東槎錄』, 11월 18일(戊午), "臣令譯官 問今倭皇則六七年前 傳位於其女子 今之倭皇卽女皇也 左右有侍男二十餘人 國中謂之侍女云 可知爲禽獸之俗也".

13) 作者未詳, 『癸未東槎日記』, 6월 15일(丁丑), "所謂倭皇女主也 年方二十二歲 其男弟年十三 歲末將傳位于其弟 倭皇以其尊貴無對 不得配人 傳位後乃得許嫁".

1636년의 종사관 黃㦿는 남성 侍從을 侍女로 부르는 것에 대해 禽獸의 풍습 운운하며 비판하였다. 그러나 이는 단순히 '侍女'라는 단어에 대한 거부감이라기보다는 남성이 여성을 가까이에서 모신다는 점을 문제시했기 때문이었다. 이는 남성 天皇이나 關白이 女色을 가까이 하는 것에 대한 언급이 없었던 점과 극명하게 대비된다. 결국 이러한 사실은 女皇이라는 존재에 대한 통신사의 거부감으로 볼 수 있다. 또한 통신사행록에서는 女皇이라는 지위가 종실 남성의 세습을 위한 방편으로 이용되고 있음을 설명하고 있다. 그런데 1643년 癸未使行에서는 天皇의 존귀함을 이야기하면서도 女主라는 명칭을 사용하여 그 정통성을 인정하지 않았다.

남성 중심의 宗法體制에 익숙했던 통신사에게 女皇은 이해 불가능한 존재였을 것이다. 어린 나이에 즉위한 明宗을 대신하여 母后인 文定王后가 垂簾聽政한 경우가 조선에도 있었지만, 王室의 여성이 직접 王位를 계승한 적은 없었다. 그래서 1748년 戊辰使行의 종사관 曺命采는 女皇이라는 존재만으로 天皇의 世系가 매우 荒誕하다고 평했다. 이러한 생각은 조선전기의 『三國史節要』·『東國通鑑』뿐만 아니라 후기에 저술된 『東史綱目』 등에서도 나타나는데, 여기에는 女王을 정통 군주로 인정하지 않고 女主로 표현[14] 했다. 그러므로 조선의 지식인이 여성을 君主로 인정한 일본 天皇制에 얼마나 부정적이었을지 알 수 있다.

14) 이들 조선 전·후기 역사서에는 신라의 여왕을 '新羅 女主' 혹은 그 왕호를 넣어 '眞德女主'로 기록하고 있다.

## (2) 부정적 시각의 균열, 天皇에 대한 再照明

申維翰을 비롯하여 南玉, 元重擧 등 18세기 통신사는 일본 여성
에 많은 관심을 표명했다. 그러면서 여성들의 女色과 입고 있는
의복, 독특한 머리장식까지 기록으로 남겼는데, 그 중의 하나가
玳瑁로 만든 작은 빗인 別御櫛이었다. 그런데 원래 別御櫛은 天皇
이 황녀에게 꽂아주던 풍습에서 나온 장식이었다.

　機殿은 天皇이 대대로 딸 한 명을 가려서 그곳에 머물게 했는데,
딸이 없으면 여러 왕들의 딸 가운데서 뽑아서 그곳에 머물게 했다.
(…중략…) 9월 上旬에 吉日을 택해 강으로 나가서 祓禊를 지내고 비
로소 伊勢州에 있는 齋宮으로 들어간다. 길을 떠날 때 天皇은 손수
작은 빗을 황녀의 이마에 꽂아준다. 祓禊禮가 끝나면 비로소 남쪽으
로 가는데 이것을 일러 輦行이라고 한다. 나라의 여자들이 그것을 본
받아 모두 작은 빗을 이마에 꽂는데 호칭을 別御櫛이라고 일렀다.15)

元重擧는 일본의 여성들이 용모를 가꾸는 것을 중요시하는데
그런 풍속이 天皇家에서 비롯되었다고 보았다. 安德天皇 이후 정
치에서 물러난 天皇은 皇權의 유지를 위해 아름다운 양녀를 키워
關白과 여러 주의 태수에게 시집보내 婚脈을 형성했다. 이 때문에
皇家에서는 婦德에서부터 皇女의 옷차림, 화장 등의 세부적인 부

---

15) 元重擧, 『和國志』, 「風俗」, "機殿則天皇世世簡一女居之 無則擇諸王之女以居之 (…
中略…) 同年九月上旬擇吉日 臨河祓禊 始入於伊勢州齋宮 臨行天皇手將小櫛 揷于
皇女之額 祓禊禮畢 始南行號爲輦行 國中女子效之 皆以小櫛揷額 號曰別御櫛".

분까지 교육을 하였는데, 이것이 여염에까지 영향을 미쳤던 것이다. 같은 맥락에서 天皇이 伊勢 神宮으로 떠나는 皇女에게 別御櫛을 꽂아주던 의례 또한 일본 여성들이 모방하였는데, 西京뿐만 아니라 對馬島에서까지도 유행하기에 이르렀다. 이를 통해 통신사는 女皇과 황족의 여성이 일본 백성의 본보기이자 선망의 대상임을 알게 되었다. 아울러 통신사는 황실의 일거수일투족이 일본 서민에게 있어 관심의 대상이 된다는 사실에서 일본인에게 미치는 天皇家의 영향력을 단적으로 느낄 수 있었다.

일본 사행 중 통신사행원들은 자신들의 天皇 인식에 의문을 가질 수밖에 없는 상황을 경험하였다.

秀忠이 關白이라는 號稱을 정하고자 하여, 그 소위 天皇을 와서 보았으나 허락하지 않으므로 이로써 헛되이 돌아왔다고 합니다. 臣들이 몰래 일본 형편을 살펴보건대, 소위 天皇이라는 것은 특별히 일종의 높은 사람으로 가장하여 자리만 채웠을 따름입니다. 그러므로 秀忠이 하고 싶어 하는 바를 天皇이 감히 허락하지 않을 리가 만무한데, '秀賴가 關白 자리를 계승했다가 지금 그의 생사를 모르니 경솔하게 허락할 수 없다.'고 했다는 말에 이르러서는 그 말이 더욱 근사하지도 않았습니다. 그러나 被擄人 역시 모두 그것을 말하고, 왜인의 말이 한 입에서 나온 것 같으니, 까닭을 모르겠습니다.[16]

---

16) 李景稷, 『扶桑錄』 9월 14일(丙午), "秀忠欲定關白之號 來見其所謂天皇而不許 以此 空還云 臣等竊觀日本形勢 所謂天皇 特一佯尊人而充位而已 秀忠之所欲爲 天皇萬無 不敢許之理 而至言秀賴襲關白之職 今不知其生死 未可輕許云云 此言尤不近似 而被 擄人亦皆言之 倭人之言 如出一口 未知所以也".

통신사가 생각했던 天皇은 關白이 임명한 관리에게 도장이나 찍어주고 필요한 물품을 얻는 존재였다. 그러나 李景稷은 秀忠의 關白 임명을 天皇이 거부했다는 사실을 알게 된다. 정사에 참예하지도 못하는 한낱 허수아비 같은 존재가 실권을 가지고 있는 幕府의 요구를 거절했다는 사실에 李景稷은 놀라움을 금치 못했다. 더욱이 德川幕府와 政敵 관계에 있던 秀賴의 생사여부를 핑계 삼았다는 점, 그럼에도 불구하고 家康과 秀忠이 별도의 정치적 행보를 할 수 없었다는 사실은 기존의 天皇 인식에 의문을 제기할 수밖에 없는 상황이었다.

실제 朱印章은 幕府의 권력을 대내적으로 공고히 하는 일종의 표식이자 關白 중심의 주종관계를 보여주는 표식이었다. 그뿐 아니라 영지 이전과 더불어 幕府가 藩主을 통제할 수 있는 강력한 수단17) 중 하나였다. 그런데 幕府 또한 天皇에게 朱印章을 받아 최고 권력자로서의 정당성을 증명 받아야만 했다. 결국 天皇은 통신사가 하찮게 생각했던 그 朱印章을 통해 자신의 권력을 일정 부분 행사하고 있었던 것이다. 그러나 이러한 李景稷의 의문 제기가 기존의 天皇관을 불식시키지는 못했다. 이 시기 조선의 외교 상대는 關白이었기 때문에 天皇은 통신사나 조선 조정의 관심 밖이었다.

하지만 조·일 관계가 안정되면서 통신사는 좀 더 다양한 일본의 모습에 관심을 가졌는데, 그 중 하나가 일본의 종교였다. 그리

---

17) 朱印章에 대해서는 동경대 교양학부 일본사연구회 편(김현구·이언숙 옮김), 『일본사개설』, 지영사, 1994; 스즈키 마사유키 지음(류교열 옮김), 『근대 일본의 천황제』, 이산, 1996 참조.

고 그 과정에서 통신사는 天皇에 대한 다른 면모를 발견하였다.

長子 이외의 모든 아들은 모두 출가하니 칭호를 法親王이라 하고, 딸자식 또한 比丘尼가 되게 하니 駙馬·公主의 명칭이 없다. 측근의 여러 귀한 신하로 문학과 역사를 관장하는 자는 반드시 法印·法眼이라 칭한다. 대개 그 임금과 신하는 마치 文殊와 羅漢이 帝釋宮 동산에 벌여 앉은 것과 같다.[18]

天皇家에서 長子를 제외하고 나머지 皇族을 승려로 삼는 것은 일찍이 알려진 사실이었다. 그리고 天皇의 역할이라는 것 역시 神祠를 총괄하고 佛事를 주관하는 데 한정되어 있어, 이전의 통신사들은 이를 불교를 숭상하는 오랑캐의 풍습이라 치부했다. 그러나 18세기 통신사는 일본의 종교 자체가 神佛이 습합된 형태이고, 이를 주관하는 일은 오로지 天皇에게 부여된다는 사실을 알게 되었다. 즉 天皇이라는 존재는 일본인의 종교 생활에 가장 큰 영향력을 행사하고 있었던 것이다.

특히 神佛同體觀[19]을 기초로 한 本地垂迹說이 교리적 조직을 가지면서 일반 서민에게 天皇의 위상은 더 높아졌다. 衆生을 교화하기 위해 佛陀가 자신의 분신을 내려 보냈는데, 불타가 일본에 내려 보낸 天神이 바로 天皇의 조상[20]이었기 때문이었다. 일본인

18) 申維翰, 『海游錄』, 9월 11일(庚寅), "嫡嗣之外 諸子皆出家 號爲法親王 女子亦令爲比丘尼 無駙馬公主之名 其稱貴近諸臣掌文史者 必曰法印法眼 蓋其君臣如文殊羅漢 列坐帝釋宮苑耳".

19) 神佛同體는 神과 佛陀가 하나라고 보는 神佛習合 사상이다.

20) 이와이 준·오자와 도미오 편저(한국일본사상사학회 옮김), 『논쟁을 통해 본 일

에게 天皇은 살아 있는 불타이자 신이었다. 그러니 장자를 제외한 天皇의 자손이 불교에 귀의하는 것은 일본인들의 눈에 하나도 이상할 것이 없었다. 申維翰은 "天皇의 법은 佛祖와 같다"라고 표현하였는데, 이를 통해 통신사가 종교적 숭배대상으로서의 天皇의 존재 가치를 인지하였음을 알 수 있다.

통신사의 天皇 인식이 변화를 보일 때, 조선 내에서도 天皇을 다른 시각에서 보고자 하는 논의가 이루어졌다.

그들의 서적으로 상고해 보면 그가 (나라를) 세운 것을 우리 肅宗 庚午年으로 相距하면 1백 14世 2340년이나 되니, 중국 역사와 맞추어 보면 周의 襄王 2년 辛未에 해당합니다. 한 姓氏가 서로 전하며 끊이지 않고 지금에 이른 것은 중국의 聖王들로서도 못했던 일인데 진실로 기이한 일입니다. (…중략…) 그들 나라에도 忠義의 선비가 있어, 東武[武藏州인데 關白이 있는 곳임]는 강성하고 西京[山城州인데 倭皇이 있는 곳임]은 미약한 것을 늘 분하게 여깁니다.[21]

安鼎福은 통신사를 통해 조선에 유입된 貝原篤信의 『和漢名數』를 읽고 스승인 李瀷에게 편지를 보냈다. 편지에서 安鼎福은 2천 년이 넘게 한 姓氏가 황위를 계승하고 있다는 점을 높이 사고 있다. 일본의 關白이 국정을 장악하고 있음에도 天皇의 지위를 넘보

---

본사상』, 성균관대출판부, 2001, 59~61쪽.

21) 安鼎福, 『順菴集』 제2권, 「書」, 〈上星湖先生書戊寅〉, "以其書考之 則其立距我肅廟 庚午 爲一百十四世 二千三百四十年 證以中國史 則當周襄王之二年辛未矣 一姓相傳 至今不已 是中國聖王之所不能者 誠爲異事 (…中略…) 其國亦有忠義之士 常憤東武 武藏州關白所居之雄剛 西京山城州倭皇所居之微弱".

거나 그를 폐하지 않는다는 것은 가시적인 권력 구도 외에 또 다른 논리가 작용한다는 반증이었기 때문이다. 이런 점에서 西京의 선비들이 關白의 권력 찬탈에 비분강개하고 있다는 점은 일본 위정자에 대한 일본 민심의 향배를 가늠할 수 있는 사례가 되었다.

睡隱의 『看羊錄』에, "4백 년 전에는 天皇이 오히려 권력을 잃지 아니하였다."라고 하였다. 임진년으로 거슬러 헤아리면 곧 源·平의 전쟁과 安德이 바다에 빠진 것이 정확히 4백여 년이 된다. 關白이 국내에서는 다만 御所라 칭하였으니 오히려 天皇에게 신하인 것이다. 후일에 세상이 변하면 권력이 다시 天皇에게서 나오지 않을지 어찌 알겠는가? 나랏일을 계획하며 마땅히 알아야 할 바이다.[22]

동일한 맥락에서 李瀷은 권력의 속성을 들어 天皇이 일본 정치의 주인이 될 수도 있다는 자신의 생각을 피력했다. 李瀷은 불과 4백 년 전만 해도 전권을 가졌던 天皇이었으니, 언젠가는 그 권력을 다시 회복할 수 있을 것이므로 이에 대한 대비가 필요하다고 논하였다. 이러한 天皇의 권력 회복에 대한 조짐은 일본에 파견된 통신사가 더 확실히 느끼고 있었다. 일본의 민심이 天皇에게 있다는 사실, 그래서 關白 지위의 불안정성이 더 커져 가고 있다는 점을 깨닫게 된 것이다. 통신사는 특히 그러한 변화를 西京의 선비들이 주도하고 있다는 점에 주목했다.

---

22) 李瀷, 『星湖僿說』 제18권, 「經史門」, 〈日本史〉, "姜睡隱看羊錄云 四百年前 天皇猶不失威福 從壬辰退計 則源平爭 安德投海 正是四百餘歲矣 關白於國內 只稱御所 猶臣於天皇也 安知異時 則滄桑乘變易 則威福之心 不復出於天皇耶 謨國之所當知也".

대개 倭京의 인물은 앞을 다투어 문예를 서로 숭상하고, 중국 제도를 흠모하였다. 항상 한번 변혁할 뜻이 있으므로 江戶와 여러 州의 文士들도 소문을 듣고 본받아서 倭京에 와서 出仕하고자 하는 자가 있었다. 그러나 그 나라의 禁令에 얽매여 감히 조금도 동요하지 못한다. 그러나 스스로 군신의 나눔을 대강 안다고 생각하여 항상 關白이 국권을 천단하고 방자하게 구는 것에 대해 은연중에 아픈 뜻을 깊이 품고서 분연히 일어나 한번 反正할 뜻이 있다. (…중략…) 태수가 모두 노여워하고 온 나라가 같이 분하게 여겨 때를 기다려 일어나려 하니, 조만간 국내의 變이 결코 없다고 보장하기 어렵다.[23]

1748년 戊辰使行의 종사관 曺命采는 문예를 숭상하고 중국 제도를 흠모하는 西京의 분위기가 江戶를 비롯한 다른 州로도 확산되고 있음에 주목했다. 또 1763년 癸未使行의 서기 成大中 역시 산수뿐만 아니라 인물까지도 일본 내 최고라는 말로 西京을 설명했다. 大坂이 무역의 중심지, 江戶가 정치의 중심지였다면 통신사가 보기에 西京은 일본 학문의 중심지였다. 그런데 西京의 이러한 경향은 天皇과 밀접한 연관을 맺고 있었다. 1615년 大坂 전투가 끝난 후, 禁中竝公家諸法度 17개조가 선포되었다. 승려 崇傳이 기초한 이 법도는 일본 역사상 처음으로 天皇의 행동을 규제했다는 점에 의미가 있는데 제1조가 바로 天皇이 학문에 힘써야 한다는

---

23) 曺命采, 『奉使日本時聞見錄』, 「聞見總錄」, 〈倭京〉, "蓋倭京人物 爭以文藝相向 欽慕華制 常有一變之意 故江戶與諸州文士 聞風效之 有欲來仕倭京者 而爲邦禁所拘 不敢小動 然自以爲粗識君臣之分 而常於關白之擅國自恣 深懷隱痛之志 奮然有一反正之意 (…中略…) 太守皆怒 舉國同憤 俟時闖發 早晚國內之變 則難保其必無矣".

내용24)이었다. 幕府가 제도를 통해 天皇의 역할을 정치가 아닌 문학과 전통 예술 분야로 제한한 것이다.

왜황의 아버지는 역시 前皇으로 別宮에 거처하고 있으며, 나이는 금년 40여 세인데 자못 文字를 좋아한다. 段長老가 바로 그 스승이라고 한다.25)

禁中並公家諸法度에 따라 天皇은 재위 시뿐만 아니라 그 자식에게 양위를 하고 나서도 학문과 예술의 진흥에 힘썼고, 조정의 신하 역시 文書·歷史·天文·曆法 등 학술 분야를 담당했다. 그러한 영향을 받아 다른 지역에 비해 西京은 문사의 활동이 활발했고 名士 역시 많이 배출되었다. 그리고 幕府의 의도와는 달리 일본의 학문이 흥기할수록 天皇의 지위는 더욱 견고해져 갔다. 天皇의 권위를 약화시키려던 幕府의 정책이 오히려 天皇에 대한 일본인의 신망과 존경을 가져다 준 것이다. 여기에 關白과는 비교되는 天皇의 검박한 삶 역시 백성의 지지를 받기에 충분했다. 그래서 西京의 백성들은 지금 關白에게 존경의 예를 표하는 것은 陽尊에 지나지 않으며, 關白을 끌어내리고 정치적 실권을 天皇에게 부여하는 일은 손바닥을 뒤집듯 쉬운 일이라 말하였다.

그리고 이러한 민심의 향배를 關白 역시 인지하고 있었는데,

---

24) 후지이 조지 외 지음(박진한·이계황·박수철 옮김), 『쇼군/天皇/국민』, 서해문집, 2012, 56~57쪽.

25) 作者未詳, 『癸未東槎日記』, 6월 15일(丁丑), "倭皇之父 亦以前皇 居在別宮 年今四十餘歲 頗好文字 段僧卽其師云".

152

통신사는 西京尹을 그 근거로 들었다.

西京은 이미 왜의 황제가 도읍한 곳이고, 또 인심이 끝내 關白에게
복종하는 마음이 없는 곳이다. 그러므로 西京尹의 자리는 세습에 구
애됨이 없이 특별히 선택하여 그곳을 지키도록 하였다. 지금 들으니
正右 역시 일찍 執政을 지낸 바 있는데 이곳에 왔다고 하였다.[26]

1763년 癸未使行의 정사 趙曮은 西京尹의 자리가 다른 관직과
는 달리 세습되지 않고 關白이 직접 선택하여 파견하는 자리임을
밝혔다. 그리고 그 이유를 일본의 민심이 關白이 아니라 天皇에
있음을 알았기 때문이라고 하였다. 18세기 사행록에는 일본 정세
에 대한 기록이 현저히 적어진다. 수십 년의 내전을 거치며 德川
幕府가 권력을 완전히 장악했기 때문이었다. 그러나 西京의 백성
들은 여전히 일본의 중심을 天皇으로 생각하였고, 天皇에게 인정
받는 것을 최고의 명예로 생각하고 있었다.

그(倭皇)는 만 년 동안 한 姓이니 원래부터 나라를 병들게 하는 惡德을
베풀어 그 백성을 잃은 자가 없었다. 또한 君臣의 구분이 거의 하늘과
땅의 정해진 자리와 같아서 上下가 수천 년 동안 한번도 簒奪의 생각을
품은 적이 없었다. 江戶의 정치가 혹 혼란스러워져서 칭송을 받는 무리
를 조정하여 만약 여러 주에서 발생한다면 곧 倭皇을 끼고 쟁탈을 도모
하는 자가 나라 안에서 다시 나지 않을 줄 어찌 알겠는가?[27]

---

26) 趙曮, 『海槎日記』, 1월 28일(庚辰), "西京旣是倭皇所都 且人心終有所不心服於關白
故尹妓之任不拘世襲 別擇而鎭之 今聞正右亦以曾經執政 來守此地云矣".

元重擧는 일본 탐색을 통해 정권은 關白에게 있을지 모르나 백성에 대한 지배력은 天皇에게 있음을 간파하였다. 安鼎福과 마찬가지로 元重擧 역시 天皇의 역사가 만 년이나 되었다는 사실에 주목했다. 일본의 역사에서 關白의 자리를 두고 벌어진 정쟁은 있었지만, 天皇의 지위를 찬탈하려고 한 적은 없었기 때문이었다. 그리하여 그는 天皇의 권위는 계속될 것이나 關白은 그렇지 못할 것이라고 판단하였다.

그들이 황제라 이르는 자는 현재 25세입니다. 보통의 體軀에 얼굴은 희나 조금 누렇고 눈에는 精彩가 있었으며, 천연적으로 비단처럼 고왔습니다. 친히 정무를 본 이후에는 정력을 다하여 政治에 힘쓰고, 부지런하며 나태하지 않았습니다. 關白을 폐지하는 것이 옳다면 이를 폐지하고, 제도를 바꾸는 것이 옳다면 이것을 바꾸었습니다. (…중략…) 사람들은 감히 다른 말을 할 수가 없었으며, 옛날의 關白에 있어서도 지금은 從四位의 관직으로서 俸祿만 받고 江戶에 있으나 또한 감히 원망하는 기색과 윗사람을 엿보는 마음은 없다고 합니다.[28]

關白이 失權하고 天皇으로 권력이 이양될 것이라는 통신사의

---

27) 元重擧, 『和國志』 권1, 「倭皇本末」, "彼以萬年一姓 既無毒痡播惡 而失其民者 又君臣之分 殆若天地之定位 而上下數千年間一 無匪分簒奪之念 江戶之政或亂 而操懿之徒 若生於諸州 則狹倭皇 而圖爭奪者 安知其不復生於國中耶".

28) 金綺秀, 『日東記遊』 제4권, 〈附行中聞見別單〉, "其所稱皇帝 年方二十五 中等身材 面白微黃眼有精彩 天然縹緻 自親務以後 勵精圖治勤勤不怠 關白可廢則廢之 制度可變則變之 (…中略…) 而人莫敢有異言 至於舊關白 方以從四位 食廩居江戶 亦不敢有怨尤之色覬覦之意云".

예견은 적중했다. 비록 그들이 제기한 방식은 아니었지만, 外勢의 문호 개방 압력 앞에 속수무책이었던 關白은 從四位의 신하로 강등되었다. 이에 비해 백성의 종교적·정신적 지도자였던 天皇은 그 지지를 발판으로 삼아 잃어버렸던 통치권을 회복할 수 있었다. 이렇듯 天皇에 관계된 담론에 있어 통신사행록은 기존의 인식을 변화시키는 역할을 담당하였다.

## 2) 對馬島論

통신사의 對馬島에 대한 관심은 지대했다. 문견록에서 天皇과 關白의 역사 뒤에는 으레 對馬島主가 언급되었고, 일본의 지형을 논하면서 對馬島를 개별 항목으로 기록할 정도였다. 그것은 對馬島와 조선의 거리가 가까운 데다 일본과의 교류에서 그들이 차지하는 역할이 컸기 때문이었다. 하지만 무엇보다 사행 노정을 함께 하는 관계였기에 다른 일본인에 비해 탐색하기가 쉬웠기 때문이었다. 對馬島主와 以酊菴 長老, 書記를 비롯한 수많은 對馬島人과 사행을 함께 하며, 통신사 원역들은 그들과 인간적 교유를 나누기도 하고 때로는 반목하기도 하였다. 이러한 對馬島에 대한 양가적 감정은 임진왜란 전후의 對馬島 인식과도 닮아 있다.

## (1) 조·일 외교의 亂脈 對馬島

임진왜란 발발 전까지 조선은 對馬島主를 조정의 外官으로 간주했다. 그러한 인식의 기저에는 對馬島가 자국 영토라는 인식이 깔려 있었다.

> 對馬島는 옛날부터 우리 鷄林에 소속되어 있었는데 언제 왜인에게 점거되었는지 알 수 없다.[29]

> 瓠公이 이 섬(對馬島)의 사람으로서 신라에 와서 벼슬을 하였으니, 이곳이 우리나라의 땅이었다는 것을 알 수 있다. 「新羅本紀」實聖王 戊申年을 보면 왜인들이 對馬島에 軍營을 두었다고 하는데, 만약 이곳이 본래 왜인에게 예속된 땅이었다면 군영을 두었다는 말이 굳이 신라의 역사에 있을 필요가 없었다.[30]

魚叔權은 『稗官雜記』에 對馬島가 현재는 일본의 영토이지만, 원래는 鷄林의 땅이었다고 기록하였다. 對馬島 출신 瓠公이 신라에 와서 벼슬을 하였다는 것으로 봐서 『稗官雜記』에 등장하는 계림은 신라임을 알 수 있다. 19세기에 지어진 『林下筆記』에 따르면 서기 408년, 일본이 군대를 보내 점령하기 전까지는 한반도에 소속된 島嶼였는데 이후 일본의 영토로 예속되었다. 그리고 對馬島가 경제뿐만 아니라 문화에 이르기까지 조선과 긴밀한 관계를 구축하면서, 일본에 服屬된 지 천년이 지난 시점까지 조선의 '邊方'으로 인식되었던 것이다. 그래서 金誠一을 비롯한 조선의 지식인들은 對馬島主를 '外臣'이라고 기록했다. 그랬기에 조선인들은 임진왜

---

29) 魚叔權, 『稗官雜記』 제1권, 〈魚叔權撰〉, "對馬島舊隷我鷄林 未知何時爲倭人所據".
30) 李裕元, 『林下筆記』 제13권, 「文獻指掌編」, 〈對馬島之始〉, "瓠公以本島人 仕于新羅 可見其爲我地 新羅本記 實聖王戊申 倭置營於對馬島 若本係倭地 不必在羅史也".

란에서 對馬島가 보인 행위를 賣國의 의미로까지 받아들였다.

　우리나라는 일본과 더불어 형제처럼 사이좋게 지내고, 信義를 강구하고 친목으로 수교하여 조금도 틈이 없이 지낸 지가 지금 2백 년이 되었습니다. 對馬島는 동쪽 울타리라 하여 우리나라에 신하로 부속되어 있었기 때문에, 우리 국가에서 더욱 후하게 대접하였습니다. 그래서 배로 곡식을 실어다가 먹였고, 수레로 베를 실어다가 입혀서 온 섬의 백성이 조상대에서부터 어미닭이 새끼를 품어 기르듯 포용하지 않음이 없으니 생활을 이루는 조그마한 것이라도 모두 국가의 은혜를 입었습니다. 足下는 혹 어려서 알지 못할지 모르지만 늙은이에게 물어보면 알 수 있습니다. 아, 벌레 같은 微物이라도 오히려 은혜를 갚을 줄 아는데, 사람으로서 은혜를 알지 못하고 원망으로써 덕을 갚는다면 참으로 벌레와도 같지 못한 것입니다.[31]

　平壤城 전투 이후 연이은 敗戰으로 戰意를 상실한 明은 조선의 의사와는 상관없이 明·日 강화교섭을 진행, 冊封使를 파견하기로 결정[32]하였다. 그러나 책봉사의 출발이 자꾸 지연되자, 일본은 조선이 講和를 방해한다고 의심하며 慶尙監司 洪履祥에게 서계를

---

31) 柳成龍, 『西厓集』 제9권, 「書」, 〈擬慶尙監司洪履祥答平義智書〉, "我國與日本 交好如兄弟 講信修睦 無纖毫間隙今二百餘年 至於對馬島 則稱爲東藩 臣附我國 故國家待之尤厚 船粟以哺之 輦布以衣之 擧一島之民 自乃祖乃父 無不涵濡卵育 以得生活秋毫皆國家之恩 足下年幼 或未聞知 詢之黃髮則可知也 嗚呼 蟲蛇微物 猶知報恩 人而未知恩惠 以怨報德 則眞蟲蛇之不若也".

32) 조정효, 「『일본왕환일기』의 사행문학적 성격과 의의」, 부산대학교 석사논문, 2011, 15쪽.

보내왔다. 對馬島主에게 보낼 答書에서 柳成龍은 일본을 '형제', 對馬島를 조선의 '東藩'으로 표현하였다. 이는 對馬島를 계림의 땅으로 여긴 조선전기의 對馬島 인식과 다르지 않았다. 그런 對馬島가 조선의 은혜를 저버리고 일본군의 길잡이 노릇을 하였던 것이다. 柳成龍은 이러한 對馬島의 행위를 벌레만도 못한 행동으로 표현하였다. 이러한 柳成龍의 對馬島 인식은 조선후기의 일반적인 對馬島 인식과도 다르지 않았다.

이러한 인식을 바탕으로 임진왜란 후에는 對馬島를 토벌하는 것이 옳다는 인식이 팽배하였다. 冊封使를 대동하고 일본에 다녀온 黃愼 역시 對馬島 정벌을 강력하게 요구했다.

임진왜란은 실제로 이 적들이 이끈 것입니다. 豊臣秀吉의 머리를 목매달지 못하였으니, 차라리 이 적들을 모조리 죽여 씨를 남기지 않음으로써 조금이나마 이 통분을 푸는 것이 낫지 않겠습니까. (…중략…) 지금 大軍이 남쪽 바다에 있으니, 만약 지금 浙江省의 병사 7, 8천 명을 선발하여 우리 수군과 합세하여 일거에 바다를 건너게 한 뒤에 적들이 대비하지 않는 것을 틈탄다면 반드시 뜻을 이룰 수 있을 것입니다.[33]

1596년 책봉사 沈惟敬과 함께 일본에 파견되었던 黃愼은 종전 후 宣祖에게 對馬島 征伐을 윤허해달라는 상소를 올렸다. 비록 그

---

33) 尹拯, 『明齋遺稿』 제42권, 「行狀」, 〈秋浦先生黃公行狀〉, "壬辰之亂 實此賊爲之導 不梟秀吉之首 則無寧盡殺此賊 俾無遺種 庶以少洩此憤也 (…中略…) 入今大兵方在 南洋 若今選浙兵七八千 與我舟師協勢 一擧渡海 掩其不備 則必可以得志矣".

의 奏請은 받아들여지지 않았으나 對馬島를 향한 조선의 배신감이 어느 정도였는지를 알 수 있다. 그럼에도 불구하고 對馬島가 외교적 중개 임무를 충실히 수행, 덕천막부와 조선 간의 국교회복에 기여하면서 조선과 對馬島의 관계는 회복되었다.[34] 그래서인지 국교 재개 직후 파견된 통신사의 사행록에는 대마도에 대한 부정적인 인식이 잘 드러나지 않는다. 오히려 조·일 양국의 국교를 정상화시켜야 하는 절박함에 對馬島가 통신사의 접대에 최선을 다했기 때문이었다. 또한 통신사의 관심 역시 對馬島가 아닌 關白에 집중되어 있었다. 그래서 이 시기 통신사행록에는 對馬島의 융숭한 접대와 사신을 공경하는 태도를 칭찬하는 기록이 더 많았다.

그러나 전대 사행과 달리 丙子使行 이후에는 對馬島를 부정적으로 바라보는 기록이 많아졌다. 하지만 對馬島를 부정적으로 본 이유에 있어서는 黃愼이나 柳成龍과는 확연히 차이가 났다. 통신사행원들은 임진왜란과 관련된 감정적 잔재가 아니라 외교적 차원에서 對馬島의 역할에 의문을 제기하였다. 對馬島가 조선과 일본 幕府를 연결하는 외교·교역의 중개자였기에 그동안 조선이 알고 있는 대부분의 일본지식은 對馬島를 통해 형성된 것이었다. 그러나 통신사의 파견으로 關白이 있는 江戶까지의 탐색이 가능해지고, 각 藩의 일본 文士를 비롯하여 다양한 계층의 일본인을 만나게 되면서 對馬島를 바라보는 통신사의 시각은 달라졌다.

---

34) 정훈식, 「조선후기 일본론에서 대마도와 안용복」, 『역사와 경계』 89, 부산경남사학회, 2013, 152쪽.

倭人들의 性情이 아주 巧詐하기는 하나 深處人은 조금 순박하며, 교활하여 교제하기 어려운 자는 對馬島 사람이다. 藤智繩이 심하고 義成은 꼭두각시일 뿐이다. 우리나라가 왜국을 대우하는 도리에 있어 만약 부산에 오는 正官의 말을 모두 좇는다면 그르치지 않는 일이 드물 것이다. 대개 그 좌우가 나라를 팔아 오직 속이는 것을 일삼고 노함으로써 위협하고 兵端으로써 겁을 주니 만약 꼬투리를 만들어 일을 일으키는 것이라면 어렵지 않으나 과연 일이 생기면 그들의 이익이 아니다.[35]

대개 그 나라에 들어가 그 풍속을 살펴본즉 가장 가까운 자가 가장 거만스럽고 더욱 깊을수록 더욱 공경하니, 무릇 공갈을 한 일은 다 島主에게서 나온 것이요, 關白은 원래 알지 못하는 것이었다.[36]

金世濂은 深處人이 순박한 데 비해 對馬島人은 교활하여 교제하기가 어려운 사람이라고 평가하였다. 그러면서 부산을 왕래하는 正官의 말을 다 따르면 오히려 조·일 관계를 그르치게 된다고 주장했다. 金世濂은 對馬島人이 자신들의 이익을 위해서라면, 일본 幕府를 속이고 조선을 위협하는 일을 서슴지 않고 자행한다고 판단했다. 그리고 그러한 對馬島의 습속 때문에 지금 전쟁이 일어날

---

35) 金世濂, 『海槎錄』, 11월 14일(甲寅), "倭情雖極巧詐 而深處人則稍淳 其狡黠難待者 馬島人也 藤智繩爲甚 義成則特傀儡耳 我國待倭之道 若一從釜山所到正官之言 鮮不誤事 蓋其左右賣國 惟事欺瞞 脅之以怒 怯之以兵端 若其造釁生事則不難 而果生事則 非其利也".

36) 南龍翼, 『扶桑錄』, 2월 4일(癸丑), "蓋入其國察其俗 則最近者最慢 愈深而愈敬 可知 凡事之恐喝 皆出於島主 而關白元不省也".

가능성은 낮다고 보았다. 그러나 金世濂은 언제라도 양국의 갈등을 조장하여 전쟁도 일으킬 수 있는 존재가 對馬島임을 간파했다. 南龍翼 또한 일본 풍속을 탐구하고 살피면서 양국 간에 발생하는 분란은 모두 對馬島主에게서 비롯된 일이라고 결론 내렸다. 조·일 간의 외교에서 幕府가 직접 나서 진행하는 일은 없고 모든 것을 對馬島主에게 일임하다 보니, 조선 조정에서는 對馬島主의 말을 關白의 전언이라 생각하고 업무를 처리했다. 그러다 보니 조선 조정에서는 전쟁 가능성이나 관계 악화 등을 들먹이는 對馬島主의 거짓말에 휘둘릴 수밖에 없었다.

그러나 對馬島에 대한 조선 조정의 신뢰는 공고했다. 對馬島가 조·일 관계의 중재자로서의 지위를 악용하고 있다는 통신사의 지적에도 불구하고 조선 조정은 별다른 조치를 강구하지 않았다. 오히려 對馬島의 국서개작 사실이 만천하에 밝혀졌음에도 對馬島主를 돕기 위해 사신을 파견하고, 1643년에는 若君 탄생 축하라는 전에 없는 명분을 내세우면서까지 일본 막부와 對馬島의 통신사 파견 요구를 수용하였다. 對馬島가 수백 년 간 조·일 외교를 담당해왔던 점을 고려하면, 조선 조정의 입장에서 양국 간 실정을 모두 아는 또 다른 교섭 대상을 찾기란 불가능했을 것이다. 그러나 무엇보다도 對馬島에 대한 조치를 강구하지 않은 이유는 일본보다 淸에 대한 방비가 우선이라는 논리가 조선 내에서 더 우세했기 때문이었다.

北路의 형세는 南方 列邑에 비할 바가 아닙니다. 산으로 막히고 바닷가에 위치하여 형상이 긴 뱀과 같아 곧장 2천여 리에 뻗어 있습니

다. (…중략…) 南方의 병력이 北關에 赴防하는 것은 곧 祖宗朝의 舊例
인데, 지난번에는 北方이 무사했던 이유로 赴防을 폐지하고 대신 軍布
를 징수하였습니다. 그러나 지금은 邊境에 근심이 많으니 臣의 어리
석은 소견으로는 防軍에게 軍布 징수하는 규정을 속히 파하고 舊例에
따라 나누어 주둔시킴으로써 뜻밖의 일에 대비하는 것이 적절하다고
여겨집니다.[37]

戶曹正郎 李之馨은 상소에서 현재 조선으로서는 북방의 안전을
도모하는 것이 더 중요하다고 밝혔다. 따라서 일본을 방비하던
병력을 북방으로 이동시켜 淸에 대비하는 방안을 제시했다. 언제
든지 丁卯·丙子胡亂과 같은 變亂이 발생할 수 있는 상황에서 對馬
島와의 관계까지 불편해지면 남방의 안전까지 담보할 수 없었다.
그러므로 조선 조정에서는 일본과의 평화관계를 애써 위태롭게
만들 필요가 없었다. 그래서 통신사의 일본 체험을 통해 對馬島의
역할론에 의문이 제기되었지만, 防胡 중심의 국방 정책을 고수하
던 조선 조정은 끝내 이를 묵살했다.

## (2) 對馬島 역할론에 대한 재평가

對馬島가 조선과 일본 사이의 긴장 관계를 형성하여 자신들의
이익을 도모하고 있다는 통신사의 평가에도 불구하고 조선의 對

---

37) 『孝宗實錄』 5년 6월 4일(壬戌), "北路形勢 非南方列邑之比 阻山濱海 形如長蛇 直走
二千餘里 (…中略…) 南方之赴防於北關 乃祖宗朝舊例 而頃緣北方之無事 廢防徵布
而今則邊圉多虞 臣愚以爲 速罷防軍徵布之規 依舊例分屯 以備不虞 似或得宜矣".

馬島 정책은 변하지 않았다. 그러나 17세기 후반, 조선 조정도 좌
시할 수 없는 일련의 사건들이 자국 내에서 발생하면서 對馬島에
대한 정책 변화의 가능성이 시사되었다.

이때 변방의 禁令이 解弛해져서 倭館에 있는 왜인들이 가만히 여염
을 다니면서 부녀자를 간음하였다. 그래서 東萊와 釜山의 백성이 왜
인을 출산하는 일이 많았다.[38]

당초에 前 東萊府使 李馥이 일곱 가지 약조로써 島主에게 왕복하며
사리에 합당하게 정한 뒤에 경계를 정하고 標를 세웠다. 그런데 두어
달이 못 가서 館倭들이 방자하게 禁令을 범하고 어지러이 倭館 밖으
로 나오므로, 府使 南益熏이 狀請하였다. (…중략…) "使臣을 시켜 저
곳에 가서 이 세 가지를 잘 말하고 사리에 따라 타일러서 타결하여
오게 하소서."라고 하였는데, 備局에서 覆奏하여 시행하기를 청하니,
임금이 그대로 따랐다.[39]

對馬島人이 倭館을 벗어나 저지른 각종 불법 행위가 東萊의 큰
문제가 되었다. 그래서 조선 조정에서는 1678년 豆毛浦에서 草梁
으로 倭館을 이전하면서 왜관에 대한 통제 강화와 전면적인 쇄신
을 모색하며, 朝市約條를 체결했다. 그러나 이후에도 約條보다 많

---

38) 『肅宗實錄』1년 윤5월 3일(壬申), "是時邊禁解弛 館倭潛行閭里 奸淫婦女 東萊釜山
之民 多倭産".
39) 『肅宗實錄』8년 3월 5일(癸丑), "初東萊前府使李馥 以七件約條往復 停當於島主之
後 定界立標 曾未數朔 館倭輩橫恣犯禁 闌出館外 府使南益熏狀請 (…中略…) 請令
使臣到彼 以此三事 善爲說辭 據理開諭 停當以來 備局覆奏請施行 上從之".

은 歲遣船이 들어오고, 渡航 일본인의 수가 증가하면서 각종 범죄도 늘어났다.[40] 이에 동래부사 南益熏은 이에 대한 해결을 통신사에게 맡길 것을 건의하였고, 조정은 이를 받아들였다. 壬戌使行의 三使를 引見하는 자리에서 肅宗과 大臣들은 정사 尹趾完에게 倭館 관련 현안 해결을 지시하였다. 이는 적어도 자국에서 일어나는 對馬島人의 범죄에 대해 조선 정부가 좌시하지 않겠다는 의지를 표명한 것이었다.

그리고 10년 뒤 鬱陵島 爭界, 일명 安龍福 사건이 발생하였다. 1693년 4월 일본 鳥取藩의 어부들이 울릉도에서 동래 출신 安龍福과 울산 출신 朴於屯을 납치하는 사건이 발생하였다.[41] 이에 조정에서는 일본과 불필요한 갈등을 막고 더 이상 사건이 확대되는 것을 막고자 미온적으로 대처했다. 그러나 이후 조정에서 對馬島로 보낸 답서가 울릉도를 일본의 영토로 인정[42]하는 것으로 해석될 수 있음을 인지하고 영유권 확보를 위해 외교적 역량을 동원하였다. 울릉도 쟁계는 그간 교린을 내세우며 對馬島 문제에 안일하게 대처하던 조선의 외교 정책을 되돌아보게 만들었다.

또한 對馬島의 역할론에 대한 통신사의 의문 제기와 울릉도 쟁계를 계기로 조선 지식인들 역시 對馬島를 본격적인 담론의 대상으로 삼았다.

---

40) 장순순, 「조선후기 대일교섭에 있어서 尹趾完의 通信使 경험과 영향」, 『한일관계사연구』 제31집, 한일관계사학회, 2008, 106쪽.
41) 장순순, 「17세기 조일관계와 '鬱陵島 爭界'」, 『역사와 경계』 제84호, 부산경남사학회, 2012, 38쪽.
42) 정훈식, 「조선후기 일본론에서 대마도와 안용복」, 『역사와 경계』 제89호, 부산경남사학회, 2013, 160쪽.

對馬島主는 關白을 핑계하고 자주 鬱陵島를 들어서 다투었는데 사실은 關白의 뜻이 아니었다. 울릉도에는 물고기와 대나무가 풍부하여 왜인들은 그 利權을 차지하려고 했던 것이다. 또한 差倭가 우리나라에 오면 조정에서는 그들을 후하게 대우하니 왜인들이 인하여 來往이 끊이지 않았던 것이다. 그들은 龍福이 이 부정한 내막을 모조리 폭로할까 두려워하여 오랫동안 구금하였다. (…중략…) 그 뒤에 파견된 왜인이 여러 번 와서 분쟁을 일으킬 듯하였는데, 우리나라에서는 그것을 걱정하면서도 對馬島에게 우리가 속임을 당하는 줄은 알지 못했다.[43]

왜인과의 틈은 언제나 對馬島 왜인으로부터 야기되어 왔으니, 平義智 사건만 보더라도 알 수 있습니다. 對馬島 왜인이 거간꾼 노릇을 하면서 무고한 것이 매우 많으니, 그들이 만약 關白의 명령이라고 전하면서 따르기 어려운 청을 해 온다면 곧 우리 쪽에서 그들에게 "그렇다면 사신 한 사람을 보내 關白에게 직접 그 사실을 알리고 나서 결정하겠다."라고 한다면 그것이 사실인지의 여부를 알 수 있을 것입니다.[44]

조선의 지식인들은 울릉도와 관련된 對馬島의 협박과 도발에

---

43) 徐榮輔·沈象奎, 『萬機要覽』, 「軍政篇」 4, 海防, 〈東海〉, "時馬島主偽藉關白命 數以
      鬱陵島爭之 其實非關白意也 鬱陵饒魚竹 倭利其有 且差倭至則國家待之豐厚 倭因此
      來往不止 至是恐龍福盡發其奸狀 牢囚久之 (…中略…) 時差倭累至 若將生釁 國人憂
      之 而不知爲馬島所瞞".

44) 安鼎福, 『順菴集』 제2권, 「書」, 〈上星湖先生書戊寅〉, "倭釁每從馬倭起 觀平義智事
      可見矣 馬倭居間矯誣甚多 若傳關白之命而求難從之請者 則我諭以當馳一使 面稟關
      白而定之云 則亦或驗其眞僞矣".

분노하였다. 그러나 그보다 더 심각하게 생각한 것은 조선 조정의 안일한 태도였다. 對馬島가 울릉도에서 취했던 경제적 이익을 포기하지 못해 계속하여 差倭를 보내자, 조선 조정은 그러한 분쟁이 더욱 커질 것만을 걱정할 뿐이었다. 그러나 조선의 지식인이 보기에 대마도의 이러한 행태는 눈속임에 가까운 것이었다. 그러므로 조선 조정이 나서 對馬島가 조·일 관계의 중재자라는 지위를 악용할 경우에 대비해야 한다고 보았다.

지금까지 對馬島는 조·일 간의 외교 문제를 모두 담당하였는데, 그러다 보니 양국의 정치·경제적 상황에 대한 최신 정보를 얻을 수 있었다. 만약 對馬島가 이를 이용하여 양국의 갈등을 조장하여 자신들의 이익을 추구한다면, 현재의 외교 관행 하에서는 제2의 국서 개작도 일어날 수 있다는 것이 安鼎福의 생각이었다. 그래서 安鼎福은 對馬島에서 보내는 書契를 전적으로 믿지 말고, 특히 關白의 이름으로 전해지는 외교 문제에 대해서는 幕府와의 직접 교섭을 요구하여 그 眞意를 파악해야 한다고 주장했다.

한편 통신사를 대하는 對馬島의 불성실한 태도는 계속해서 통신사의 공분을 불러일으켰다. 특히 對馬島가 통신사 접대를 위해 幕府에서 4천 냥의 금과 2만 냥의 은을 받았음에도 불구하고, 下程米마저 제때 지급하지 않았다는 사실이 알려지자 통신사의 불만은 커져 갔다. 그래서 이후 통신사는 對馬島가 조·일 양국을 상대로 기만적 행위를 할 수밖에 없는 원인을 찾기 시작했다.

온 섬의 사람들 눈에는 다만 하나의 불같은 욕망이 있을 뿐이었다. 內國의 사람들은 對馬島를 항상 오랑캐라고 칭하였고, 아울러 사람으

로 취급하지 않았다.[45]

　간혹 馬州의 舌倭가 섬돌과 뜰 사이에 생기없이 쭈그리고 앉아서 굶주림과 피곤함을 주체하지 못하는 모습을 보이곤 했다. 이곳의 人足들도 또한 능히 마주의 官倭들을 노예처럼 꾸짖을 수 있다고 한다. 인족이란 물을 긷거나 땔나무를 하는 자를 일컫는 말이다.[46]

　일본 내에서 對馬島의 位相은 그리 높지 않았다. 對馬島人은 大坂이나 江戸의 일본인을 內地人 혹은 內國人이라고 칭하며 자신들과 구분하였고, 내지인 역시 對馬島人을 멸시하며 자신들과는 다른 존재로 치부했다. 일본 내의 또 다른 華夷觀이 존재했던 것이다. 南玉은 江戸에서 오랜 시간 자신들을 호행하며 도와준 對馬島의 舌倭가 피곤과 굶주림에 힘들어하는 모습을 놓치지 않고 기록했다. 南玉은 江戸의 하인배에게까지 무시당하는 舌倭의 모습을 보면서 일본 내에서 對馬島人의 위상이 내지인과 동등하지 않음을 느꼈다. 그나마 對馬島가 德川幕府 내에서 자신의 목소리를 낼 수 있었던 것은 對朝鮮 무역과 외교 덕분이었다. 그러나 이마저도 국서 개작의 전모가 밝혀지면서, 조선과 幕府 내에서 對馬島의 위상은 추락하였다. 다행히 전쟁 재발을 걱정한 일본 내부의 노력과 때마침 도착한 통신사로 對馬島는 간신히 위기에서 벗어

---

45) 元重擧, 『和國志』 권1, 「風俗」, "環一島橫目 只有一箇慾火而已 內國之人常稱馬州爲蠻夷 并不齒人數".
46) 南玉, 『日觀記』, 2월 26일(戊申), "或見馬州舌倭 於階庭之間 踢踖無生氣 飢困不自堪 此處人足 亦能嗔喝 馬州官倭 如奴隷云 人足汲水負薪者之稱".

날 수 있었다. 그러나 이 사건은 단지 흔들리는 對馬島의 입지가 표면화된 사건일 뿐, 이미 그 이전부터 對馬島의 역할에 대한 의문이 일본 내에서도 제기되고 있었다.

먼저 江戶에 있을 때에 들으니, 越中守와 같은 西海道의 將官들이 모두 말하기를, '조선과 국교를 맺는 것을 어찌 오직 마도 사람에게만 주관하게 하는가? 우리들 역시 한 번 조선에 왕래하겠다.' 하고 집정에 請囑하였다 한다.[47]

姜弘重의 『東槎錄』에 따르면 일본 내부에서도 對馬島의 조선 무역 독점에 대한 이의가 이미 제기된 상황이었다. 만약 이러한 이의가 받아들여져 교역권마저 빼앗기게 된다면, 對馬島로서는 幕府 내에서 자신들의 존립 기반을 상실하는 셈이었다. 그래서 對馬島는 이런 불만을 잠재우기 위해 많은 돈을 뇌물로 바쳤고, 이로 인해 對馬島의 재정 상황은 계속 악화되었다.

지금 이 섬에 와서 들으니, 도주가 각처의 商賈들에게 빚진 것이 몇만 금이나 되는지 알 수 없고 빚쟁이의 돈 독촉이 잇따르고 있으며, 나이 20이 넘도록 아직 장가들지 못한 것은 혼수감을 마련하기 어려운 때문이라 한다. 그리고 심지어는 日供의 모든 물품도 富商에게 값을 주어 策應하게 하기를, 마치 우리나라의 防納하는 제도와 같은데, 그것도 값을 본래 다 내림에 미치지 못하여 責應이 미비한 것도 실로

---

47) 姜弘重, 『東槎錄』, 1월 28일(丁丑), "頃在江戶時 聞西海道將官如越中守等皆言 通好朝鮮 豈獨使馬島人專主 我輩亦可一番往來於朝鮮 以此請囑於執政云".

이 때문이라 한다.48)

趙曦은 東萊府使 시절부터 對馬島의 재정이 악화되는 것에 대해 의문을 가졌다. 그래서 일본에서 그 이유를 탐색하였고, 對馬島의 재정 상황이 자신의 생각보다 더 심각함을 알 수 있었다. 對馬島主가 각 지역의 상인들에게 빚을 지고 있었기 때문이었다. 또한 사행에 소용되는 지공 물품 역시 防納으로 마련하다 보니 통신사 접대에 문제가 발생했다는 사실도 알 수 있었다.

그러나 통신사가 파악한 재정 악화의 근본적인 원인은 對馬島의 중개무역 수익이 감소했기 때문이었다.

그런데 들으니, 요즘 10년 이래로 胡商이 一路에 와서 파는 것이 있어 인삼의 이익을 馬島에서 독차지하지 못하고, 또 우리나라의 인삼도 潛商으로 흘러들어가는 길이 있고, 장사치들이 예에 따라 바치는 세금으로 開市에 들어오는 것이 또한 거의 없었다. 그러므로 섬이 이익을 잃어 전보다 아주 달라졌다 한다. 비록 禮曹의 回答禮로 보내는 연례의 물건을 보더라도 십여 년 이전에 비하면 거의 모양을 이루지 못하니 그 물력이 凋弊함을 환하게 미루어 알 수 있다. 이번 사행에서 들은 바로 말하면, 도주가 關白에게 1년에 바쳐야 할 인삼이 30근이며, 이밖에도 요구하는 것이 또한 많다고 한다.49)

---

48) 趙曦, 『海槎日記』, 11월 10일(癸亥), "今來此島而聞之 則島主負債於各處商賈者 不知其幾萬金 債人徵索 比比有之 年過二十 尚未娶妻 以其資裝之難辦也 至於日供諸需 給價富商 使之策應 有若我國防納者然 而價本未及盡下 故責應者之不備".

49) 曺命采, 『奉使日本時聞見錄』, 「聞見總錄」, 〈對馬島〉, "聞自近十年以來 有胡商之來販一路 而蔘貨之利 不專於馬島 且我國之蔘有潛商流入之道 商賈之依例納稅入于開

처음에는 중국 물건은 모두 우리나라에서 사서 內國에 가서 팔았다. 그런데 30년 전부터 중국 배가 날마다 長崎에 정박하자 對馬島 사람들은 그 이득을 모조리 잃어버렸다. 도주의 封祿은 오로지 鯖館의 公作米에 의지했으며 本島 중에서 부과하는 세금은 백분의 일도 지탱하지 못하였다.[50]

趙曮과 元重擧는 對馬島의 독점 무역 체제가 흔들리고 있으며, 이로 인해 재정이 악화되고 있다고 판단하였다. 원래 對馬島는 토지가 척박하여 物産이 풍부하지 못해 조선의 近海에서 노략질을 일삼았다. 이를 해결하기 위해 조선 조정에서는 倭寇를 처단한 對馬島主에게 歲遣船의 왕래를 허용하고, 조·일 간 중개무역을 할 수 있는 권리를 부여하였다. 여기에 더해 일본과 중국의 斷交로 중국 문물의 통로가 조선으로 제한되면서 對馬島가 무역을 통해 막대한 이익을 남길 수 있는 구조가 형성되었다. 그러나 長崎를 통해 중국 南京의 상선이 왕래하면서 對馬島의 수입은 지속적으로 감소했다. 여기에 조선과의 무역에서 가장 큰 이익을 남겼던 인삼마저 중국 상인이나 密貿易을 통해 거래되면서, 조선 인삼에 대한 독점 판매도 불가능하였다. 거기에다 關白이 對馬島에 요구하는 인삼의 양이 해마다 늘어난 것 역시 對馬島가 수익을 창출할 수 없는 이유였다.

---

市者 亦絶無僅有 故島中失利 大異於前 雖以禮曹回答禮所送年例物件觀之 比之十數年以前 殆不成樣 其物力之凋弊 可以灼然推知 而以今行之所聞言之 島主之於關白許一年應貢爲三十斤蔘 而此外徵求者 亦多其端".

50) 元重擧,『和國志』권1,〈風俗〉, "初唐貨皆從我國販取 往賣于內國 自三十年來唐船日迫於長碕 而馬人專失其利 島主俸祿專資於鯖館之公作米 本島中賦稅百不支一".

통신사의 이러한 원인 탐색은 조선과 對馬島 간의 관계 회복을 도모할 수 있었다. 그러나 1811년 辛未使行은 易地聘禮가 이루어져 關白이 있는 江戶가 아닌 對馬島에 통신사가 파견되었다.

이(李種德의 『漂海錄』)로써 상고한다면, 島酋가 關白에게 속임을 당한 것을 알 수 있다. 이후에 갈 通信使의 경우도 對馬島에서 그칠까 염려되기는 하나, 島酋가 이미 경제적으로 커다란 타격을 받은 터이니, 對馬島로서는 전번의 일을 예로 삼지는 않을 듯하다.[51]

당시 재정 상태가 좋지 않았던 막부는 통신사를 접대하는 데 드는 재정을 줄이기 위해 역지빙례를 제안했다. 이에 조선은 처음에는 전례와 맞지 않음을 들어 거부 의사를 표명했지만, 조선 역시 재정 상황이 악화된 상태였기에 일본의 제안을 수용하였다.[52] 그런데 이 신미사행은 對馬島의 재정을 결정적으로 붕괴시켰다. 對馬島主는 5만석에 해당하는 전답을 보상하겠다는 關白에게 속아 對馬島에서 통신사를 맞았다. 그러나 실제로 막부에서 對馬島에 지급한 것은 쌀 3만석에 불과했다. 이 일로 對馬島는 경제적인 타격을 받았는데, 이러한 전말을 알게 된 李圭景은 이 일로 인하여 이후 파견될 통신사의 접대에 문제가 생길 것을 우려했다.

그러나 1811년 신미사행을 마지막으로 통신사는 더 이상 파견

---

51) 李圭景, 『五洲衍文長箋散稿』, 「經史編」 5, 論史, 〈對馬島通信辨證說〉, "此以考之 島酋見瞞於關白矣 日後通信 雖慮止於馬島 島酋失利蕩敗 一島 則似不至以此爲例".

52) 易地聘禮의 배경에 대해서는 정성일, 「역지빙례 실시 전후 대일무역의 동향 (1809~1812)」, 『경제사학』 15, 경제사학회, 1991; 신로사, 「1811년 신미통신사행과 조일문화교류: 필담·창수를 중심으로」, 성균관대학교 박사논문, 2011 참조.

되지 않았다. 그리고 1876년 조선에서는 통신사가 아닌 修信使를 일본에 파견했는데, 그 일본 노정의 시작은 對馬島가 아닌 下關이었다. 이를 계기로 對馬島는 급격히 쇠락하였고, 조·일 외교사에서 사라지게 되었다.

### 3) 備倭論

통신사가 탐색한 일본지식이나 그 과정에서 발생한 모든 담론은 모두 비왜로 통한다. 그것은 통신사의 파견 목적이 일본 방비를 위한 정세 탐색에서 비롯되었기 때문이다. 시기에 따라 관심을 둔 지식 탐색의 대상은 상이했지만, 결국 통신사가 일본에 대한 다양한 면모를 파악하려고 노력한 근본 이유는 비왜일 수밖에 없다. 따라서 비왜는 비단 통신사뿐만 아니라 조정에서 일반 서민에 이르기까지 조선 전체가 고민하는 하나의 거대 담론이었다.

### (1) 備倭策의 실상과 모순

조선 내부에서 논의된 가장 일반적인 형태의 비왜는 內治의 안정과 군사력 증강이었다.

宗義智가 재차 오는 것도 굳이 거절할 것 없이 예의를 갖추고 가만히 있기만 했었더라도 저들이 스스로 그만둘 줄을 알게 되어 오늘과 같은 일은 없었을 것입니다. 그런데 지금 우리나라는 그렇지 않았습니다. 저들이 들어와서 살펴보니, 上下의 情義가 서로 막혔고 조정의 분위기가 서로 어그러져 믿지 못하며, 紀律이 밝지 못하여 軍政이 무너져버렸고, 상벌이 중정의 도리를 잃어서 온갖 기예가 태만해졌으며, 심지어는 오랑캐의 使者가 숨을 죽이고 왔다가 곁눈질로 노려보고 돌아가도록 하였습니다. 기필코 전쟁이 일어날 땅에 앉아서 저들이 이길 수 있는 약점을 보여 주었으니, 적이 쳐들어오지 않기를 원하더라도 그것은 어려웠습니다.53)

조선에는 임진왜란의 원인을 두고 秀吉의 개인적 야망과 일본인의 금수 같은 性情으로 보는 생각이 팽배해 있었다. 그러나 李恒福은 일본의 야욕이 임진왜란이 일어난 하나의 원인일 수는 있지만, 더 근본적인 원인은 조선 내부에 있다고 보았다. 즉 일본이 전쟁을 도모하고자 했더라도 조선이 그것을 저지할 수 있는 실력을 양성했더라면 그저 계획에 그쳤을 일이라는 판단이었다. 李恒福은 조정 상하가 붕당을 이루어 화합하지 못했고, 그것이 기강의 해이나 군정의 실추와 연결되면서 조선 스스로 전쟁의 화를 키웠다고 보았다. 그러면서 李恒福은 현재 조선의 비왜 방안은 진맥도 없이 온갖 약만 쓰다 더 악화되는 병세와 같다며, 조선 내부의 문제점을 찾아 근본적인 방안을 취해야 함을 역설했다. 이러한 李恒福의 지적은 대외적 안정이 전쟁 재발의 가능성을 차단한다고 보았던 일반적인 인식과는 전혀 달랐다.

---

53) 李恒福, 『白沙別集』 제4권, 「雜記」, 〈記夢〉, "義智再來不必絶 拱手揖讓 而彼自知戰 保無今日 今也不然 入國而觀之 上下之情義阻隔 朝廷之氣象携貳 紀律不明而軍政廢 賞罰失中而百藝怠 至使夷使 屏氣而來 睨視而歸 處必爭之地 示可乘之端 而欲敵之無來也難矣".

선조의 두터운 신망을 받으며 兵曹參判을 지낸 申欽 역시 군사 정책을 강구하는 것이 왜를 방비하는 시작이지만, 더 근본적인 해결책은 제대로 된 인재를 등용하는 것이라고 주장했다.

대체로 왜인과 우리나라는 한 하늘 밑에 같이 살 수 없는 자들이다. 우리 兵力으로써 그들을 물리친 게 아니라 明의 힘으로 물리쳤으니 그들을 물리친 것은 僥倖이지 武力의 힘은 아니었다. 그때에 마침 秀吉이 죽었기에 망정이지 만약 죽지 않았더라면 그들이 물러갔을지 또한 알기 어려운 일이니 秀吉이 죽은 것은 다행 중 다행이다. 그런데 우리나라는 요행에만 젖어 여전히 군사 정책을 버려둔 채 강구하지 않아 임진년 이전보다 더 게을러졌는데 나는 무슨 이유인지 모르겠다. (…중략…) 옛날 정치에 대해 말한 자들은 외침을 물리치는 방안에 대해 거론할 때는 반드시 국내를 잘 다스려야 한다고 말하였다.54)

申欽은 임진왜란이 종식될 수 있었던 것은 조선의 군사력 때문이 아니라 明의 도움과 秀吉의 죽음 때문이라고 생각했다. 申欽은 그런 僥倖을 바라지 말고 지금부터라도 제대로 된 국방 정책을 수립하여 일본에 대비해야 한다고 주장하였다. 그리고 제대로 된 장수를 기용하는 데서 국방력이 나올 수 있다고 하였다. 그 방법에는 차이가 있으나, 李恒福과 申欽 모두 內治의 안정에서 진정한

---

54) 申欽, 『象村集』 제34권, 「說」, 〈備倭說〉, "夫倭之於我國 不共一天者也 退之不以我 兵 天朝 則其退之者幸也 非武也 其時適秀吉死爾 苟不死 則其退亦難知也卽其死 幸 而又幸也 而我國顧玩於幸而仍墮其武 武之不講 視壬辰以前加怠矣 余未知何故也 (…中略…) 故古之言治理者 擧攘外 必曰修內".

비왜가 가능하다고 본 점은 동일했다.

그러나 일본의 재침 위협 속에서 조선 조정이 강구할 수 있는 최상의 備倭策은 국방력의 강화였다. 그래서 조정에서는 전쟁 중에 파괴된 성을 보수하여 국경 방비를 강화하고 군사의 수를 충원하는 것을 골자로 하는 비왜 방안을 마련하였다.

호남·영남의 城邑을 修築하였다. 비변사가, 왜적은 水戰에 장점이 있으나 육지에 오르면 곧 불리하다는 것으로 의논하여, 오로지 육지의 방어에 힘쓰기를 청하였다. 이에 호남·영남의 큰 邑城을 증축하고 수리하게 하였다.[55]

임진왜란이 일어나기 전, 備邊司는 선조에게 호남과 영남의 읍성을 증축하기를 건의하였다. 일본군이 水戰보다 陸戰에 약하다는 것이 그 근거였다. 그러나 임진왜란 초기, 조선군의 열세는 육전에서 더 뚜렷하게 나타났다. 그 이유가 鳥銃이라고 생각한 조선은 전쟁 중이던 1593년부터 중앙과 지방군에게 조총 훈련을 실시했고, 조총 사격술을 科擧의 試取과목에 넣도록 방침을 정했다. 그리고 중앙 軍制를 개편하면서 종래의 弓矢 위주의 무기 체제를 銃砲 위주로 전환하고, 砲手·殺手·射手의 三手兵으로 구성된 步兵 양성 방안을 마련[56]하였다.

---

55) 『宣祖修正實錄』 24년 7월 1일(甲子), "修築湖嶺城邑 備邊司議 倭長於水戰 若登陸 則便不利 請專事陸地防守 乃命湖嶺大邑城增築修備".

56) 김종수, 『조선후기 중앙군제연구: 훈련도감의 설립과 사회변동』, 혜안, 2005, 75~89쪽.

이에 대해 金世濂은 조선에서 논의되고 있는 비왜의 방안이 陸
戰만을 고려한 안이한 발상임을 지적했다.

오늘날 倭를 논하는 사람들이 무릇 陸戰만 알고 바다에서 逆襲할
것은 생각하지 않는데, 만일 육지에 내리게 되면 막기 어렵다. (…중
략…) 수영, 부산, 칠포의 전선 및 통영의 防船까지 통틀어 헤아려도
20척에 지나지 않는다. 格軍은 80~90명을 반드시 써야 하고 射夫, 槍
手, 포수는 70~80명을 내려가지 말아야 적을 막을 수 있다. 이제 듣건
대 배 하나에 사부 70, 포수 2명이라고 한다. 통영은 부산에서 3일
길이나 떨어져 있으며 적이 바람을 타서 돛을 편다면 곧 우리 배에는
역풍이 된다. 永嘉臺에 준비해 둔 배가 비록 한때의 계책에서 나온
것이나 왜관이 아주 가까우므로 적이 만일 불을 놓는다면 횃불 하나로
될 것이며 厥蠻夷의 새로 설치한 수영도 왜관과 마주하고 있다. (…중
략…) 대장이 전라 경상 두 도의 사이에 있으면서 下三道의 수군을
아울러 통제하여 전라, 충청도에 변이 있으면 경상도를 독촉하여 좌수
영 수군이 나아가 싸우게 하고 경상좌도에 변이 있으면 전라도를 독촉
하여 우수영 수군이 나아가 싸우게 한 것이었다. 지금은 모조리 부산
으로 옮겼으니 적이 다른 도로 나온다면 누가 막아낼 것인가.[57]

---

57) 金世濂, 『海槎錄』, 11월 4일(甲辰), "今之論倭者 徒知陸戰 不念逆擊于洋中 若下陸則
難制矣 (…中略…) 水營釜山七浦戰船及統營添防舡通計不過二十隻 格軍必用八九十
射夫槍手砲手 當不下七八十 方可禦敵 而今聞一船射夫七十 砲手二名 統營去釜山三
日程 賊若乘風張帆 是爲我船之逆風 永嘉臺藏船 雖出於一時畫策 而蠻館至近 賊若縱
火 可一炬盡勘 蠻夷新設水營 與蠻館相對 (…中略…) 大將居全慶兩道之間 兼統下三
道水軍 全羅忠淸道有變 則督慶尙以左水軍進戰 慶尙左道有變 則督全羅以右水軍進
戰 今乃盡移之釜山 賊從他道出 則孰能禦之".

鎌刈에서 일본의 전선을 본 金世濂은 그 배가 날렵하기는 하나, 조선의 전선에 비하면 뒤떨어진다는 사실을 알았다. 그래서 金世濂은 바다에서 일본군과 싸워 그 상륙을 저지하는 방안이 우선적으로 강구되어야 한다고 지적했다. 하지만 金世濂이 보기에 水營과 釜山·漆浦·統營으로 구축된 현재의 방어선에는 문제점이 많았다. 일단 전선이 20척에 불과하고 군사의 수 역시 절대적으로 부족했다. 그리고 이들 진영의 위치마저 왜관과 너무 가까워 일본군과 왜관의 일본인이 내응을 한다면 방어가 불가능하다는 문제점도 제기했다. 그러나 가장 큰 문제는 경상·전라 좌수영의 이원체제를 부산으로 통합한 점이었다. 두 개의 좌수영이 있을 때는 서로가 우군의 역할을 수행할 수 있었는데, 현 체제에서는 그것이 불가능했던 것이다.

金世濂의 이러한 지적은 서울에서 부산으로 이어지는 국내 사행 노정에서 파악한 조선의 상황과, 일본 노정에서 실제 일본의 戰船을 보았기에 제기할 수 있는 부분이었다. 그리고 金世濂이 제기한 備倭策은 직접 눈으로 목도한 사실을 바탕으로 했기에 현실성 있는 방안이기도 했다. 또한 적진에 대한 정확한 탐사를 위해 金世濂은 실력이 뛰어난 군관을 사행원역으로 선발하였다. 실제 조선 조정에서 논의하는 일본 대비책은 일반적 수준의 군사방어책이자 임진왜란 때의 일본군 전력을 감안한 대비책에 불과했다. 그래서 金世濂은 일본의 최근 군사적 동향을 파악하기 위해 訓鍊都監과 別抄廳의 군관을 차정하여, 그들 눈으로 직접 일본의 지형·항구·도로 등의 군사적 시설을 탐색하도록 하였다. 군관들에게 일본의 실상을 직접 보게 하여 국방 정책에 반영하기 위해서였다.

그러나 1636년 丙子使行 이후 조선은 禦倭에서 防胡로 국방 정책을 전환하였다. 하지만 정책의 전환 후에도 통신사는 인쇄된 일본 지도를 구하여 畫員으로 하여금 模寫하도록 지시하는 등 일본의 군사적 도발에 대비하여 관련 지식을 탐색하고 기록으로 남겼다.

위는 우리나라가 倭를 정벌한 기록에다 저 나라 문자에 흩어져 있는 것을 붙인 것이다. 대개 저들과 우리의 일을 서로 들어서 왜인들이 기회에 따라 생각이 변하는 것을 방어하는 자료로 삼고자 할 따름이다.[58]

元重擧는『和國志』에 한반도의 일본 정벌사를 기록하면서 그 서술 목적을 기회에 따라 언제든 생각이 변하는 일본을 방어하는 자료로 삼고자 함이라고 밝혔다. 이 역시 자국의 이익을 위해 수시로 바뀌는 일본의 습속을 지켜보았던 통신사이기에 마련할 수 있었던 비왜 방안이었다.

## (2) 현실적 備倭策의 탐색

통신사가 생각했을 때 비왜의 우선은 국방력의 강화이나, 그것 못지않게 중요한 것이 일관성 있는 대외 정책의 수립이었다. 그

---

58) 元重擧,『和國志』권3, 〈我朝征倭錄〉, "右我國征倭錄 附彼國文字之散出者 蓋欲互擧彼我事 以資禦倭者之隨機慮變耳".

래서 먼저 통신사는 사신 파견의 명분과 정당성에 대해 고민하였다. 조선의 통신사 파견은 자의적 판단이라기보다는 後金의 성장과 일본의 再侵 가능성이라는 대외적 상황에서 나온 불가피한 선택이었다.

　丁未年 呂祐吉을 사신으로 보냈던 일은 매우 잘못한 것이니 그때 나랏일을 담당했던 자가 어찌 죄가 없을 수 있으랴. 家康은 특히 曹操, 司馬懿 같은 자로서 남의 고아와 과부를 속이고 秀賴의 어미를 넘보기까지 하여 禍心을 품고 大權을 훔쳤으나 이때에 있어 대중의 마음이 아직 복종되지 않았고 여러 장수들을 겁내어 뒤돌아보므로 비록 날마다 서쪽으로 침범하고 싶어도 할 수 없었다. 信使를 보내는 것이 저들에게서 나온 것이 아니라 스스로 우리가 먼저 보냈으며, 와서 옛 우호를 바란다고 답을 하기에 이르렀으니 어찌 부끄럽지 않으랴. 이는 다 對馬島에게 속은 바이다.59)

1636년 丙子使行員이 파악한 일본의 정세는 조선으로의 출격이 불가능한 상황이었다는 점이다. 그때서야 전쟁 재발을 운운하며 불안감을 조성한 것이 모두 對馬島의 농간임을 깨달았다. 이에 金世濂은 통신사의 파견이 불가피한 선택이었음을 감안하더라도 1607년 丁未使行은 그 파견 명분이 부족했다고 주장했다. 조선

---

59) 金世濂, 『海槎錄』, 11월 23일(癸亥), "丁未呂祐吉之行 失着甚矣 其時當國者 烏得無罪 家康特操懿之流 欺人孤寡 至欲室秀賴之母 包藏禍心 竊得大柄 於此時也 心未服 諸將狼顧 雖日求其西搶 不可得矣 信使之行 不出於彼 而自我先送 至以來要舊好爲答 豈不愧哉 此皆爲馬島所賣".

조정은 임진왜란의 책임을 秀吉에게 전가하고 家康에게 면죄부를 주었으나, 金世濂은 家康 역시 秀吉과 다르지 않다고 생각했다. 그러나 金世濂의 비판은 일본이 아니라 조선의 관원을 향해 있었다. 일본이 당시 전쟁을 수행할 상황이 아니란 점을 파악하지 못한 채 對馬島의 농간에 놀아났던 것은 무능한 조선의 관리였기 때문이었다.

대개, 馬島 왜인은 천성이 교활해서 釜館을 왕래하면서 우리나라의 인정과 物態를 익히 알았다. 그러므로 간사한 무리가 있어 몰래 왜인의 뇌물을 받아 조정의 소식을 누설하였다. 그래서 혹 서울에서 일이 있으나, 東萊府가 미처 듣지 못한 것을 왜인은 이미 먼저 알고 있다고 하니, 어찌 통탄하지 않으랴? (…중략…) 이런 간교하고 극악한 정태는 오직 조정이 선처하기에 달려 있으니, 뒷날을 방비하는 방법으로 삼지 않으면 안 된다.60)

역관과 訓導, 別差 등 일본과 통상·외교 업무를 담당하는 조선의 관리들이 일본의 뇌물을 받아 국내의 일을 누설하였는데, 동래부도 모르는 조정의 일을 일본이 알고 있을 정도로 정보 유출이 심각했다. 그래서 통신사는 對馬島나 역관이 전달하는 書契나 보고에 휘둘리지 않고, 통신사 파견 등의 문제를 논의할 수 있는

---

60) 曺命采, 『奉使日本時聞見錄』, 「聞見總錄」, 〈對馬島〉, "而蓋島倭以巧黠之性 往來釜館 習知我國之人情物態 從以有奸細之徒 陰受倭賂 走泄朝家消息 故或有事京中 萊府之所不及聞 而倭人則已先知之云 豈不痛哉 (…中略…) 此等巧惡之情 惟在朝家之善處 而不可不以爲防後之道矣".

일관된 외교 정책 확립이 무엇보다 필요하다고 생각했다.

그리고 그 연장선상에서 대등한 외교 관계 형성을 위해 교섭의 주체를 변경해야 한다는 논의가 시작되었다. 그러나 조선 조정은 對馬島를 경유한 외교 정책을 고수하였다. 하지만 앞서 언급한대로 '鬱陵島 爭界'가 발생하면서 對馬島의 외교적 역할에 의문이 제기되었다.

> 오직 領敦寧府事 尹趾完만이 "龍福이 비록 죄는 있으나 對馬島가 예전부터 속인 것이었으니 우리나라가 江戶와 직통하지 않은 때문이 었습니다. 이제 달리 통하는 길이 있음을 알았으니 (對馬島가) 반드시 두려워할 것인데, 지금 용복을 죽이는 것은 좋은 계책이 아니옵니다." 라고 하였다.[61]

安龍福이 울릉도 捜捕將이라 자칭하고 일본으로 渡海한 것이 양국 간 외교 문제로 비화되면서, 조선 내에서는 安龍福을 참형에 처하자는 논의가 일었다. 이에 壬戌使行의 정사이자 전 동래부사 였던 尹趾完은 對馬島와의 올바른 외교 관계 정립을 위해 安龍福을 참형에 처해서는 안 된다고 주장했다. 또한 對馬島가 아닌 江戶와의 직접 교류가 필요하다는 점 역시 역설했다. 이 일을 계기로 조선 내에서는 국서를 주고받는 주체가 조선의 국왕과 일본의 關白이므로, 모든 외교적 논의는 對馬島主가 아니라 조선 조정과 幕府 간에 진행해야 한다는 공감대가 형성되었다.

---

[61] 李瀷, 『星湖僿說』 제3권, 「天地門」, 〈鬱陵島〉, "惟領敦寧尹趾完曰 龍福雖有罪 馬島 從前欺詐者徒 以我國不得專通江戶故耳 今知別有他路勢必恐怯 今誅龍福非計也".

한편 18세기의 통신사행원은 일본 문학의 비약적인 성장을 목도하는데, 이에 따라 사행원의 학문적 역량을 강화하자는 것이 비왜의 방안으로 講究되었다.

저들의 문학이 예전과 같지 않으니 어찌 옆에서 혼자 몰래 비웃는 자가 없었는지 알겠는가. 무릇 알지 못하는 자에게 과시하였으니 부끄러운 일이요, 枝葉的인 데에 몰두하여 그 스스로 지켜야 할 바를 잃었으니 경박한 일이요, 허물을 꺼내어서 사람들에게 두루 돌렸으니 拙한 것이다. 세 가지를 내가 모두 범하였으니 이렇게 하고서도 나라를 빛냈다고 말하는 것이 가능하겠는가. 생각할수록 한스러우니 심히 우습다. 글을 써서 후배의 경계로 삼는다.[62]

1763년 癸未使行의 서기 成大中은 일본 사람들의 文識이 늘었기 때문에 이에 대한 철저한 대비가 필요하다고 보았다. 成大中은 서기나 제술관과 같은 문사를 선발할 때 신중을 기해야 한다고 보았다. 成大中은 통신사 서기가 몰려드는 수창 요구에 응하기 바빠 제대로 된 글을 짓지 못하는 현실에 대해 우려하였다. 더욱이 무턱대고 조선의 글을 귀하게 여겼던 과거와는 달리, 통신사의 文才를 파악할 수 있을 정도로 일본 문사의 실력이 향상되었다는 점도 이러한 고민을 가중시켰다. 그래서 成大中은 후대의 사행원은 이런 상황을 직시하고 이에 대한 만반의 준비를 해야 한다

---

62) 成大中, 『日本錄』, 「槎上錄」, 〈書東槎軸後〉, "然彼中文學 非昔日之叱 安知無從傍竊笑者也 夫夸於不知者 以爲能恥也 鶩於枝 失其所自守佻也 出其而徇諸人拙也 三者吾皆犯之如是 而謂之華國可于 思之悔恨甚矣 書爲後輩之戒".

고 강조했다.

成大中이 통신사행원의 선발, 그 중에서도 문학적 역량에 관심을 가진 것은 비단 詩文唱和 때문만은 아니었다. 그는 외교 관계에서는 과거에 주고받았던 문장 하나, 글 하나가 커다란 위력을 가질 수 있음을 몸소 깨달았기 때문이었다. 이는 이미 李瀷에 의해 제기되었던 점이었다.

宣慰할 때 倭僧 玄蘇가 시를 잘 지어 唱酬한 것이 매우 많이 있었다. 그 중 몇 편은 사람들 사이로 흘러 들어갔다. 그것을 우연히 시골 농부가 얻었다가 우리 仲賓에게 들어와 서첩으로 만들어 그것을 보관하고 있다. 玄蘇가 자신을 '東海臣'이라 일컫고, 공이 답한 시에는 "對馬島는 일찍이 우리의 영토에 속했다[馬州曾屬我提封]."라고 하였으니, 예전에 우리의 속국이라는 증거로 삼을 만하다. 근래에 들으니 왜인들이 갈수록 교만하여 과거의 흔적을 묻어 버리고 있는데도 예전에 范匄가 戎族들을 꾸짖듯 질책하는 말을 하는 사람이 없으니 개탄스러울 뿐이다. 훗날 이 종이 한 장이 이웃 나라와 국경을 정할 때 하나의 중요한 문건이 되지 않으리라 어찌 장담할 수 있겠는가. 그래서 나는 곧 그 시말을 말미에 적어서 국가의 유사시에 대비하는 방책이라고 생각한다.[63]

---

63) 李瀷, 『星湖全集』 제56권, 「題跋」, 〈書斗峯公宣慰帖後〉, "宣慰時倭僧玄蘇能詩 有唱酬許多 其數篇流落人間 偶爲野夫所得 卒歸于吾仲賓 帖以藏之 蘇自稱東海臣 公之答詩云馬州曾屬我提封 其舊爲屬藩可證 近聞倭情浸驕 前迹堙埋 無人說起責諭如范匄之於諸戎 可慨也已 安知異日此一紙不爲交隣定疆之一案否也 余則曰更須該錄始末于後 以俟國家之有事方可".

李瀷은 宗祖父 李志完의 〈宣慰帖〉에 跋文을 붙이며, 일본 승려 玄蘇와 창화한 시에 있는 '馬州曾屬我提封'이라는 구절 한 마디가 국경 문제가 불거졌을 때 중요한 문건이 될 수 있다고 하였다. 李瀷의 말대로 종이 한 장이 외교에서는 중요한 문건이듯이 사행록 역시 외교 분쟁이 발생했을 때, 이를 판단할 근거일 수 있었다. 그렇다면 사행록을 저술하는 행위 자체가 곧 비왜의 방편이 될 수도 있었다. 같은 맥락에서 成大中은 『日本錄』의 말미에 〈附安龍福事〉을 수록하였는데 이 역시 외교 문제에서 자료가 얼마나 중요한가를 드러내고 있다.

孟休가 곧 그 끝에 엮은 것은 반드시 깊은 뜻이 있어서이다. 그러므로 내가 그 傳을 짐짓 베껴서 간직하고 있었는데 蔚珍을 다스릴 때 마침 간악한 무리들이 섬에 난입하여 인삼을 캐가는 자들이 많았다. 일이 발생하여 도내 수령들이 모두 죄를 입었다. 조정에서는 이에 關東의 監營에 鬱陵島의 始末에 관해서 下問하였는데 감영 또한 갖고 있지 않았다. 嶺東의 郡縣에 그에 대해 물으니 安龍福傳이 옛날부터 있었다. 나로부터 나온다면 오직 나의 공이 되고 李孟休의 깊은 뜻은 사라질 것이었다. 이에 그 傳을 숨기고 다만 監營에 보고하여 "안용복에 관한 사유는 모두 이맹휴가 엮은 『春官志』의 끝에 실려 있으니 가히 알 수 있을 것입니다."라고 하였다.[64]

---

64) 成大中, 『日本錄』, 〈附安龍福事〉, "孟休乃編之末其 必有深意也 余故寫其傳貯之 及宰蔚珍 適奸民闌入島採蔘者衆 事發臣守宰皆被罪 廟堂乃問鬱陵島始末 於關東營 營亦無有也 問之嶺東郡縣 龍福傳故在 出之自我則獨爲吾功 而孟休之深意泯矣 乃匿其傳弟報於營曰 事由安龍福 具在李孟休所編春官志之末 可覆視也".

成大中은 〈附安龍福事〉에서 安龍福이 울릉도의 영유권을 두고 對馬島主와 싸운 이야기와 함께 자신이 〈安龍福傳〉을 읽게 된 이유를 기술하였다. 成大中은 金用謙의 추천으로 李孟休가 지은 『春官志』를 읽었는데, 그 책의 말미에는 〈安龍福傳〉이 수록되어 있었다. 이후 成大中은 울릉도에 난입한 일본인 문제를 〈安龍福傳〉을 근거로 해결할 수 있었다. 이 경험을 통해 成大中은 李孟休가 외교적 관례도 아닌, 동래부 백성의 일을 度支志인 『春官志』에 수록한 깊은 뜻을 깨닫게 되었다.

成大中이 문견록의 말미에 〈附安龍福事〉를 덧붙인 이유도 李孟休의 뜻과 다르지 않았던 것이다. 成大中은 安龍福 이야기를 다시 적어 조·일간에 발생하는 영토 문제에 대비하는 한편, 지금 자신이 남긴 사행록이 훗날 양국 간에 발생한 외교 문제를 해결하는 데 중요한 자료가 됨을 강조하고자 했다. 일본과 외교적인 문제가 발생했을 때 그 결과를 예측할 수 있는 일차적 자료는 과거의 일이며, 국가가 개입한 모든 상황은 후대 외교 문제를 해결하는 前例로 작용하였기 때문이었다.65)

이러한 관점에서 보면 통신사행록 속 일본지식은 그 자체가 비왜의 방안이었다. 국제 관계에서는 자국의 상황을 아는 만큼 상대국을 정확하게 파악하는 것이 중요했다. 그런 면에서 통신사의 일본지식 탐구와 이를 근거로 한 비왜론은 현실에 적용 가능한 실천적 논의이자 방안이었다.

---

65) 정은영, 「『일본록』에 나타난 대일지식 생성 연구」, 『어문학』 제122집, 2013, 490
~491쪽.

## 2. 문학·학술 관련 담론

### 1) 文興論

#### (1) 일본 學問의 태동

통신사가 장군 습직에 대한 賀禮使節의 성격을 띠면서 이에 걸
맞는 문화적 역량이 요구되었다. 또한 일본의 日光山 致祭 요구를
조선이 수용하면서 讀祝官도 함께 파견하였는데, 이러한 사행원
의 변화는 일본 문학에 대한 관심을 가져 왔다. 더욱이 당시 일본
은 幕府가 주자학을 官學으로 수용하면서 林羅山 일가가 세운 林
私塾을 통해 수많은 유학자와 문인이 배출되고 있었다.

통신사는 관소로 찾아오는 일본 문사를 통해 일본의 이러한 변
화를 감지할 수 있었다.

> 大坂에 도착한 이후로 詩·文·書·畫를 청하는 여러 倭官들이 몰려들
> 어 學官·寫者·畫員 등이 응수하기에 겨를이 없었다.[66]

이전 사행에서는 以酊菴의 長老나 對馬島 서기가 유학과 관련
하여 통신사에게 질문을 해오는 경우는 있었으나, 지역의 문인이
관소를 찾아 글을 요구하는 일은 처음 보는 광경이었다. 특히 일
본 문인들의 성리학에 대한 관심은 통신사가 일본의 학문을 다시

---

66) 黃㦿, 『東槎錄』, 11월 13일(癸丑), "自到大坂以後 諸倭官求詩文書畫者坌集 學官寫
者畫員等酬應 日不暇給".

보게 되는 계기가 되었다. 또한 1636년 丙子使行의 부사 金世濂은 이들을 통해 일본의 학문이 林羅山 일가를 중심으로 이루어지고 있음을 알게 되었다.

저녁에 스스로를 羅浮先生의 제자라고 일컬으며 問目을 보내온 사람이 한 명 있었다. 理氣 性情에 대한 先儒들의 논설의 득실을 많이 논하였기에 드디어 글을 지어 답하였다. 이로부터 물어오는 자가 그치지 않았는데 모두 性理를 이야기했다. 羅浮는 곧 國僧 道春인데 바야흐로 民部尙書가 되었다고 한다.[67]

道春이 와서 經史 가운데의 풀기 어려운 곳 60여 조목을 따내어 字劃을 묻는데, 文辭가 燦然하여 볼 만하였으므로 드디어 답해주었다. 또 理氣의 先後, 四端七情의 나뉨을 논하여 서너 번 오가며 변론하여 마지않으니 말이 조금 굽혀진 듯하였다. 이어 말하기를, "李退溪와 奇高峯이 논한 바가 모두 좋은데, 고봉의 설이 좀 낫습니다."라고 하였다.[68]

金世濂을 비롯한 三使는 佐和에서 스스로를 羅浮先生의 제자라고 밝힌 일본 문사의 問目을 받았다. 問目에는 理氣·性情과 관련

---

67) 金世濂, 『海槎錄』, 11월 22일(壬戌), "夕有一人 自稱羅浮先生弟子 呈問目 盛論理氣 性情先儒所論得失 遂作書答之 自此問者不止 皆談性理 羅浮卽國僧道春 方爲民部尙 書云".

68) 金世濂, 『海槎錄』, 12월 13일(癸未), "是日道春至 拈出經史中難解處六十餘條 以問 字畫 文辭燦然可觀 遂答之 又論理氣先後四端七情之分 往復三四 辨論不已 辭若小屈 乃曰李退溪奇高峯所論儘好 高峯之說較勝".

한 先儒의 논설이 적혀 있었는데, 金世濂은 이에 답글을 지어 보냈다. 이때 언급된 羅浮先生은 곧 林羅山이니 家康에게 등용되어 성리학을 일본의 官學으로 끌어올린 자였다. 그리고 金世濂은 江戶에서 林道春을 직접 만났다. 金世濂은 경사와 관련된 60여 조목을 묻기 위해 찾아온 林道春과 理氣와 四端七情에서부터 退溪와 奇大升의 학문에 이르기까지 성리학과 관련된 다양한 필담을 나누었다. 金世濂은 『海槎錄』에서 文辭가 燦然하여 볼만 하였다고 林羅山을 평했다.

沿道에서 이미 林羅山의 제자들로부터 성리학과 관련된 여러 질문을 받았던 1636년 丙子使行의 三使는 그들과의 만남을 통해 일본의 학문 수준을 가늠할 수 있었다. 일본 문사의 글은 대부분 글자의 뜻도 모르고 지었거나 불교의 교리와 뒤섞여 있었다. 그래서 任絖은 일본의 학문에 대해 큰 관심을 표명하지 않았다. 하지만 金世濂은 일본에서 성리학을 근간으로 하는 학문이 태동하고 있음을 직감했다.

"저 나라 사람으로 글에 능한 자가 있던가?"라고 물으시니, 上使가 답하기를, "文理를 이루지 못했고, 詩는 더욱 좋지 않았습니다."라고 하였다. 臣 세렴은 답하기를, "召長老와 璘西堂의 글은 모두 좋았습니다. 그 나라 안에서 오직 道春의 글이 제일이었으며, 沿路 및 江戶에서 와서 묻는 자가 많이 있었습니다. 모두 理氣·性情 등의 말을 질문하였으니, 야만인이라고 얕볼 수 없습니다."라고 하였다.[69]

---

69) 金世濂, 『海槎錄』, 3월 9일(戊申), "問彼國之人 有能文者乎 上使對曰 不成文理 詩則 尤不好 臣世濂對曰 召長老璘西堂行文儘好 國中惟道春之文爲最 沿路及江戶 多有來

일본의 학문 수준을 묻는 仁祖의 물음에 정사 任絖은 일본 문사의 글은 文理가 통하지 않으며, 특히 作詩 능력은 떨어진다고 답했다. 그러나 金世濂은 召長老와 璘西堂, 林道春의 실력은 좋았으며, 일본 문인과 理氣와 性情을 논하면서 보니 더 이상 그들을 오랑캐로 치부해서는 안 된다 생각했다고 아뢰었다. 金世濂 역시 任絖과 마찬가지로 일본의 학문 수준을 높게 평가하지는 않았다. 하지만 일본 내에서 실력을 갖춘 문사를 찾아내고는 성리학을 수용한 일본의 상황을 긍정적으로 판단했던 것이다.

일본 문사의 실력에 대한 南龍翼의 생각도 전대 통신사와 별반 다르지 않았는데, 그들이 博識하나 作詩 능력은 조선에 뒤처진다고 평가했다. 江戶에서 林道春을 만난 南龍翼은 그의 시를 "全無調格"라고 하며, 계속된 연마가 필요하다고 평하였다. 하지만 南龍翼에게도 일본 문사와 그들의 학문은 특별한 관심의 대상이었다. 그래서 「聞見別錄」〈인물〉조에 '古來文士二十人'과 '稱爲文士者八人'라는 별도의 항목을 만들어 일본 학문의 연원과 현재 상황을 기록하였다. 그런데 南龍翼은 일본의 문사 중에서 李全直이라는 인물에 대해 각별한 애정을 보였다. 그래서 '附全直呈書及詩'라는 항목을 두고, 그의 글과 시를 따로 다루었을 정도였다. 李全直은 바로 조선인 피로인의 아들이었다.

李全直이라는 사람이 軍官을 통하여 바친 글을 보니 그 아버지 이진영은 영산 사람으로 나이 23세인 癸巳年에 포로로 잡혀 기주 땅에

---

問者 皆以理氣性情等語爲問 不可以蠻人而忽之".

왔다. 이곳의 여자와 결혼하여 그와 동생 입탁을 낳고 63세로 죽었다. 그는 본주 經生이고 그 동생은 醫技로서 행하고 있다고 하였다. 그가 글에 기록한 四代祖는 生員, 參奉, 主簿, 守令이 있으니 그 아버지가 生時에 말하던 것으로 대개 양반이다. 이 지역의 經生은 학자의 임무를 띠고 있는데 그 글의 투를 보건대 자못 文理가 있고 그가 지은 七言과 四韻詩에도 音律이 갖추어져 있었다.[70]

1655년 乙未使行의 三使는 江戶에서 李全直이 보낸 글을 받아보았다. 그 아버지 진영이 1593년 포로로 잡혀 일본에 끌려왔다고 하였으니 李全直은 피로인 2세였다. 그의 집안은 士族이었으며, 그 역시 현재 江戶의 經生으로 재직하고 있었다. 李全直이 글과 함께 보낸 시에는 그의 文才가 고스란히 드러나 있어 趙珩은 자못 文理가 있고 音律을 갖추었다고 평했으며, 일본 문사에 대해 박한 평가를 내렸던 南龍翼도 李全直이 詩律을 알고 글을 쓴다고 칭찬했다. 李全直에 대한 통신사의 관대한 평가는 그 文才에서 연유한 것이기도 하지만, 經生이라는 직책과 조선인 출신이라는 점이 분명히 작용한 결과였다. 이는 조선 문사로서의 자부심과도 연결되었다.

이후로 일본의 학문은 통신사의 최대 관심사가 되었다. 전대 통신사가 학문이 發興하는 전체적인 분위기를 기록했다면, 18세

---

70) 趙珩, 『扶桑日記』, 10월 25일(乙亥), "李全直者 因軍官等呈書曰 其父眞榮以靈山人 年二十三 癸巳年披虜 來于紀州也 娶此國女 生渠及第卓 而父則六十三而死 渠則以本州經生 時在其弟以醫技行 其所其四祖 則或有生員參奉主簿守令者 父生時所稱道者 而是兩班也 此地經生 爲學者之任 觀其書辭 頗有文理 且賦七言四韻 音律亦具".

기에는 일본 문사와의 학문적·인간적 교유를 통해 일본 문단의
현 상황에 대한 정보를 파악하고자 했다.

　　昆侖學士 崔昌大에게 序를 청하였더니, 그가 때마침 병으로 筆硯을
덮어두었다. 書架에 있는『白石詩草』한 권을 꺼내어 나에게 보이며
말하기를, "이것은 신묘년에 갔던 사신이 얻어온 日東 源璵란 사람의
작품이네. 비속하고 연약한 것이 많으나 비교적 聲響은 있으니, 그대
가 지금 이 사람과 상대한다면 한쪽 팔로 대적할 수 있을 것이네. 그
러나 내가 듣기로 일동이 땅이 넓고 그 산수가 맑고 곱다고 하니, 반
드시 재주가 높고 눈이 넓은 사람이 있을 것이네."라고 하였다.[71]

　　사행을 떠나는 申維翰에게 崔昌大는 일본에서 그 文才를 떨치
고 오라고 당부한다. 그러면서『白石詩草』를 꺼내 보이는데, 이는
1711년 빙례개혁을 단행한 新井白石의 작품집이었다. 1711년 사
행원에 의해 조선에 전해진 新井白石의 작품은 당대 일본의 학문
수준을 가늠할 수 있는 자료가 되었다. 이렇듯 일본의 문사와 문
학 작품에 대한 정보가 조선에 유입되고 있었다.

　　大坂에 머무는 5일 동안 書生 10여 명과 저녁부터 늦은 밤중에 이르
기까지 시간을 함께 보냈다. 동자로 하여금 먹을 갈아 놓고 기다리게
하여 날마다 겨를이 없었다. 그 사람들이 와서는 각기 성명·자·호를

---

71) 申維翰,『海游錄』,「序」, "乞序於昆侖學士 公時以病閣筆研 出架上白石詩草一卷示余
　　 曰 此乃辛卯使臣所得來日東源璵之作也 多卑弱 差有聲響 君今與此人相對 可以褊師
　　 敵之 然余意日東地廣 聞其山水爽麗 必有才高而眼廣者".

써서 뒤섞어 들이는 것이 눈에 해괴한 것이 많고, 그들이 지은 詩도 稚拙하여 읽을 수 없었다. 江若水와 池南溟 등 두 사람의 시는 약간 韻致가 있었다. 한 동자는 나이 14세에 얼굴이 그림과 같았는데 종이와 붓을 들고 앞에 나와 筆談을 하는데 시를 순식간에 써내었다. 성명은 水足安方이라 하고 집은 천 리 밖 北陸道에 있으며 그 아버지 屛山이란 자와 함께 왔는데, 사신의 館에 재주를 보이러 온 것이었다. 내가 그의 머리를 어루만지며 神童이라고 하자, 그 부친이 크게 기뻐하여 字·號를 지어 주기를 청하였다.72)

일찍이 南龍翼은 館所로 밀려드는 일본 문사 때문에 늦은 밤까지 筆談唱和를 나누어야 하는 괴로움을 토로했는데, 그런 상황은 이후에도 계속되었다. 申維翰 역시 雨森東을 통해 수많은 일본의 지역 문사를 접할 수 있었다. 그가 만난 일본 문사는 文에서는 통신사가 놀랄 정도의 뛰어난 실력을 자랑했지만, 詩에 있어서만큼은 실력 차이가 많이 났다. 그래서 일본의 학문 성장이 조선을 위협할 정도라고 생각하지 않았다. 하지만 水足安方이라는 소년 문사를 통해 申維翰은 일본에서 일어나고 있는 문흥의 기운을 확실히 느낄 수 있었다. 14세에 불과했던 水足安方은 申維翰과 필담을 나누며 거침없이 시를 써내려갔고, 그런 그를 申維翰은 神童이라 칭찬하며 字와 號를 지어주었다. 水足安方의 詩才는 물론이거

---

72) 申維翰, 『海游錄』, 9월 4일(癸酉), "留大坂五日 與書生十數人 意夕至夜 令童子磨墨
以待 日不暇給 其人至則各書姓名字號 雜然而進者 多駭眼其詩又蹇拙不可讀 江若水
池南溟兩人詩 差有小致 一童子年十四 面目如畵 操紙筆而前 手談及韻語 咄嗟而成
自言水足氏安方名 家在北陸道千里外 與其父屛山者偕來 蓋欲鳴藝於使館 余爲撫頂
而呼日 神童神童 其父大驩 請命字號".

니와 자식의 문학적 능력을 통신사에게 보이기 위해 천 리가 넘는 길을 마다않고 온 그 아버지의 노력은 文을 중요하게 여기는 일본의 시대적 분위기를 보여주었다.

여성 문사의 출현 역시 통신사가 일본의 학문을 다시 보게 되는 계기가 되었다. 이름을 밝히지 않은 15세 여성이 癸未使行의 원역에게 시를 지어 보내며, 그에 대한 품평을 요청하였다.

15세의 어떤 여자아이가 徐子謙의 글씨를 보고 스스로 시 한 聯을 지어서 보냈다.[73]

통신사를 통해 文才를 확인하거나 文集의 序文을 얻으려는 文士의 방문은 大坂뿐만 아니라 西京과 江戶까지 이어졌다. 통신사는 관소를 찾은 일본 문사를 통해 武만을 숭상하는 오랑캐라 여겼던 일본에 학문이 일어나고 있음을 알 수 있었다. 특히 관소를 찾은 어린 아이와 여성 문인은 일본의 문흥을 단적으로 보여주는 사례였다. 元重擧는 이러한 문흥이 조선에 긍정적으로 작용할 것이라고 판단했다.

그 유학을 닦는 선비들이 사람의 떳떳한 도리와 사물의 법칙이 있음을 점점 알게 되어 부녀자와 젖먹이, 천한 사람에게 날마다 선을 권장하니 만약 높은 지위에 있는 자가 앞장서서 이끈다면 역말이 빨리 가는 것과 같아서 일본은 아주 바뀔 것이다. 저들이 만약 인의를

---

73) 南玉, 『日觀記』 12월 11일(癸巳), "十五歲女兒 見徐子謙筆 自題詩一聯以送".

알고 염치를 알아, 옛 것을 기뻐하고 지금을 돌이킨다면 이는 단지 그 나라의 다행만이 아니라 우리나라와 중국이 침략 당할 우환이 더욱 없어질 것이다.74)

金世濂이 지적했듯이 일본은 더 이상 오랑캐가 아니었다. 학자, 문인들이 유교의 덕목을 백성들에게 권장하면서 일본은 仁義와 염치를 아는 나라로 변모하고 있었다. 元重擧는 일본의 이러한 변화가 비단 일본에게만 이로운 것이 아니라, 조선과 중국에게도 긍정적인 영향을 미칠 것이라 생각했다. 즉 元重擧는 일본이 문명화될수록 동아시아에서의 전쟁 재발 위협은 사라진다고 보았다.

일본의 괄목할만한 학문 성장은 통신사행록을 통해 조선으로 전해졌고, 즉시 조선의 지식인들의 관심 대상이 되었다.

(世肅이) 강가에 蒹葭堂을 짓고, 竺常·淨王·合離·福尙修·葛張·罡元鳳·片猷 등의 무리과 더불어 堂 위에서 조촐한 모임을 가지기도 하였다. 甲申年에 成大中 士執이 일본에 갔다 世肅에게 청해서 〈蒹葭堂雅集圖〉를 만들었다. 世肅이 손수 그렸고 여러 사람이 詩軸에다 시를 썼는데, 竺常은 序文을 지어서 주었다. 竺常은 승려였으나 典故를 깊이 깨달았고 성품이 또 침착해서 옛사람의 風致가 있었다. 淨王은 竺常의 門徒로서 淸楚한 것이 사랑스러웠고 合離도 또한 기이한 재주가 있었다. 지금 그 詩文을 기록하는데 비록 고루함을 벗지는 못했으나

---

74) 元重擧, 『和國志』 권1, 〈中國通史征伐〉, "其儒士者 漸知有人彛物則之懿娘孺下賤 日勸於善 如有在位者倡而率之 則置郵之速 惟日本爲甚易 彼若知仁義識廉恥 悅古而反令 則不但其國之幸 我國與中國益不見寇掠之患".

먼 지역 사람들의 風流가 사랑스럽다. 글씨가 모두 산뜻하고 그림도 俗氣를 벗어났다.[75]

大坂의 상인이었던 木弘恭은 회화와 박물학에 조예가 깊은 인물이었다. 그런 그가 1758년경에 浪華江 근처에 蒹葭堂이라는 집을 짓고, 大坂의 이름난 문인들과 詩社를 결성[76]하였다. 1763년 癸未使行의 제술관과 서기들은 龜井魯로부터 이들을 소개받고, 문학적 교류를 시도하였다. 김인겸은 『明史』, 『三才圖會』, 『本草綱目』처럼 조선에서 구하기 어려운 책들을 구비한 사실에 관심을 보였으며, 南玉은 蒹葭堂을 주도했던 木弘恭에 대해서 상세한 細注를 달아 설명[77]하였다. 특히 成大中은 이들과 서신을 주고받으며 그들의 문학적 활약상을 파악하고 이를 『日本錄』에 기록[78]하였다. 成大中이 가져 온 〈蒹葭堂雅集圖〉를 본 李德懋는 蒹葭堂 문인의 시를 자신의 문집에 수록하며 그에 대한 평을 남겼다. 비록 그들의 詩文에 고루함은 있었으나, 李德懋는 이를 비판하는 대신 조선과는 다른 일본만의 風流로 이해하였다. 더욱이 李德懋는 蒹

---

75) 李德懋, 『靑莊館全書』 제52권, 「耳目口心書」 五, "搆蒹葭堂於江濱 與竺常淨王合離福尙修葛張罡元鳳片猷之徒 作雅集於堂上 甲申歲 成大中士執之入日本也 請世肅作雅集圖 世肅手寫諸人 皆以詩書軸 竺常作序以予之 竺常釋也 深曉典故 性又深沉 有古人風 淨王常徒也 淸楚可愛 合離亦奇才 今記其詩文 雖未脫孤陋 可愛遠人之風流 墨蹟皆瀟洒 畫亦超脫".

76) 다카하시 히로미, 「通信使·北學派·蒹葭堂」, 『조선통신사연구』 제4호, 조선통신사학회, 2005, 125쪽.

77) 김성진, 「계미상행시의 필당창화와 대판의 混沌社」, 『한국문학논총』 제54집, 한국문학회, 2010, 10~11쪽.

78) 정은영, 「『일본록』에 나타난 대일지식 생성 연구」, 『어문학』 122, 한국어문학회, 2013, 485쪽.

蒹葭堂 문인의 시문을 자신과 교유하던 北學派 지식인에게 소개[79] 하였는데, 이런 모습에서 일본 문학에 대한 긍정을 어느 정도 엿볼 수 있다. 그리고 蒹葭堂 문인에 대한 관심은 金正喜와 같은 후대 문인에게도 이어졌다.

한편 일본의 학문 성장을 조선의 安危와 연결시켜 바라보았던 元重擧의 생각은 李德懋와 丁若鏞에게 이어졌다.

대저 2백 년 이래로 오랑캐의 풍속이 변화해서 聖學을 하니 진실로 그 가상함을 알겠거니와, 武力이 성하지 않고 文弱해짐은 일본으로서는 복이 되지 않는다.[80]

文彩가 실질보다 나아지면 武事를 힘쓰지 않기 때문에 망령되이 이익을 노려 움직이지 않는다. 저들 몇 사람들이 經義와 禮義를 말한 것이 이와 같으니 그 나라는 반드시 예의를 숭상하고 원대한 장래를 생각하는 사람이 있을 것이다. 때문에 지금은 일본에 대해서 걱정할 것이 없다고 한 것이다.[81]

李德懋는 戊辰使行때 일본의 儒士 藤知冬과 留守友信이 통신사에게 보낸 글을 보고 일본 학술의 현 상황과 그 학문적 계보를 파악할 수 있었다. 그리고 그 문헌들을 자신의 문집에 수록하며,

---

79) 李德懋, 『靑莊館全書』 제16권, 「雅亭遺稿」 八, 〈成士執 大中〉.

80) 李德懋, 『靑莊館全書』 제58권, 「盎葉記」 五, 〈日本文獻〉, "大抵二百年來 蠻俗化爲 聖學 固知其嘉尙 而武力不競 委靡文弱 在日本未爲福也".

81) 丁若鏞, 『茶山詩文集』 제12권, 「論」, 〈日本論〉 一, "文勝者 武事不競 不妄動以規利 彼數子者 其談經說禮如此 其國必有崇禮義而慮久遠者 故曰日本今無憂也".

말미에 일본의 학문 성장에 대한 자신의 견해를 덧붙였다. 李德懋는 일본이 유학을 수용함으로써 비로소 오랑캐에서 벗어날 수 있었다며 이를 긍정적으로 인식했다. 하지만 李德懋는 武를 숭상하던 일본의 급격한 학문 성장이 자칫 文弱으로 연결될 수 있다는 점을 지적하였다. 그의 평에 조선의 安危와 연결되는 직접적인 언급은 없다. 하지만 일본의 文弱이 그들에게는 福이 되지 않는다는 것을 뒤집어 말하면 일본 이외의 지역, 즉 조선과 중국에는 복일 수 있다는 우회적인 표현으로 생각할 수 있다.

이에 비해 丁若鏞은 일본의 문흥이 조선에 이롭다고 斷言하였다. 일본 古學派의 글을 접한 丁若鏞은 이제야 진정으로 일본의 침략 가능성에서 벗어났다고 하였다. 그는 일본이 조선을 침략한 이유에 대해 제대로 된 선진문물을 수용하지 못해서였다고 보았다. 그래서 그때는 예의를 갖추지 못해 자신의 이익만을 탐하는 것이 나쁜 줄 몰랐는데, 이제 일본에서 학문이 성장하였고 그 문사들이 예의나 경의에 대해 말하고 있으므로 더 이상 침략 위협에 두려워하지 않아도 된다고 하였다. 비록 그 표현 방식은 다르지만, 李德懋와 丁若鏞은 일본의 재침 가능성이 차단되었다는 사실과 관련하여 일본의 학문 성장을 긍정적으로 받아들였다.

## (2) 文興의 배경 고찰

통신사는 일본이 단시간에 괄목할 만한 학문의 성장을 이루어 낼 수 있었던 배경에 관심을 가지기 시작했다. 통신사는 우선 일본 학문에 미친 조선의 영향을 언급하였는데, 이는 조선의 학문적 역량에 대한 자부심과도 연결되었다.

아이들에게는 반드시 道德經을 먼저 가르치고 將倭는 반드시 武經
七書를 배우는데 諺文으로 번역하였다. 이 나라 안에 인쇄하고 간행하
는 冊板은 흔히 우리나라의 서적을 가져다가 다시 간행하는 것인데,
태반이 임진년에 서쪽으로 침입하였을 때 얻은 것으로서 저자의 가게
에 서적이 가득찬 것도 또한 많다. 唐本은 책값이 매우 높다. 지금은
경전 읽는 자가 오로지 晦菴의 註를 주장하며 여염 사이에 글 읽는
소리가 서로 들리며 江戶와 駿河에는 다 夫子의 사당을 세웠다.[82]

金世濂은 일본에는 자국어로 번역된 經書를 읽는 소리가 가득
하다며 일본의 학문 성행을 단적으로 표현하였다. 그리고 그들이
교육에 사용하는 서적의 대부분은 조선에서 약탈한 서적을 재간
행한 것이라는 점을 분명하게 밝혔다. 秀吉은 임진왜란을 일으키
면서 조선의 많은 문화재를 약탈해 반출할 계획을 세웠다. 그래
서 조선으로 출병하며 相國寺의 西笑承兌 南禪寺의 靈三, 東福寺
의 永哲과 文永, 安國寺의 惠瓊 등을 諮問으로 함께 파견하였다.
이들은 장수들과 함께 조선의 각종 書籍과 活字를 약탈[83]했다.
이렇게 약탈한 활자를 바탕으로 일본의 출판문화는 비약적인 성
장을 하였다. 申維翰은 자신과 일본 문사의 필담창수집이 한 달

---

82) 金世濂, 『海槎錄』, 「聞見雜錄」, "教兒必以道德經爲先 將倭必學武經七書 而翻以諺文
國中印行冊板 多取我國書籍反刊者 太牛得於壬辰西掄 市肆書籍 充牣亦多 唐本冊價
甚高 今則讀經傳者 專主晦菴註閭巷之間 讀書之聲相聞 江戶駿河俱立夫子廟".
83) 전경목, 「임진왜란으로 말미암은 문화재 피해상황」, 『임진왜란과 한일관계』, 경
인문화사, 2005, 462쪽.

만에 출간된 사실에 놀라움을 표하기도 하였다. 金世濂은 일본
시중에 유통되고 있는 조선 서적이 일본 학문 성장의 밑거름이
되었다는 사실을 분명하게 밝혔다.

> 甲辰年에 백제가 또 經傳과 여러 博士들을 보냈으며 乙巳年에 백제
> 가 왕자 王仁을 파견하였다.[84]

일본이 처음에는 문자를 숭상하지 않다가 應神天皇에 이르러서 백
제가 경전을 전하고 여러 博士를 보내주었다. 履中天皇에 이르러서
國史를 두었으며 經體天皇에 이르러서 백제가 또 五經博士를 보냈다.
欽明天皇 대에 이르러서 백제가 불상과 불경을 보냈으니, 불교가 여
기에서 비롯되었다. 백제사람 王仁과 阿直妓는 어느 때 들어갔는지
알 수 없으나 일본에서 처음으로 서적을 가르쳤다. 그 후 임진왜란
때 우리나라 사람 睡隱 姜沆이 4년 동안 잡혀 있었는데, 그때 舜首座
란 승려가 있어 서로 교유하면서 비로소 文敎를 열었다.[85]

통신사는 일본의 史書를 통해 백제의 王仁과 阿直妓로부터 『천
자문』과 여러 유교 경전이 일본에 전해졌다는 사실을 인지하고
있었다. 뿐만 아니라 임진왜란 때 被擄人으로 온 姜沆이 藤原惺窩

---

84) 南龍翼, 『扶桑錄』, 「聞見別錄」, 〈倭皇代序〉, "甲辰百濟送經傳諸博士 乙巳百濟遣王
子王仁".

85) 趙曮, 『海槎日記』, 6월 18일(戊戌), "日本初不尙文字 至應神天皇 百濟送經傳諸博士
至履中皇 置國史 至經體皇 百濟又送五經博士 至欽明皇 百濟送佛像佛經 佛敎始此
百濟人王仁阿直妓 未知何時入來 而始敎書籍於日本 伊後壬辰亂時 我朝人姜睡隱沆
被拘四年 其時有僧舜首座者 相與從遊 始開文敎".

에게 조선의 성리학을 전수했다는 사실이 알려지면서 일본 학문의 연원은 조선이라는 사실이 분명해졌다. 이에 대해서는 일본 문사들 스스로가 인정한 바였다. 그리고 현재는 조선의 서적과 조선인의 후손이 일본의 학문 발전에 一翼을 담당하고 있었다. 조선통신사는 조선 서적의 일본 전래와 피로인의 학문 참여가 맞물리면서 일본의 학문이 성장하고 있다는 사실을 통신사행록에 빠짐없이 기록하였다.

그리고 이러한 사실은 통신사행록을 통해 조선에도 전해졌다. 특히 통신사가 일본에서 가져 온 일본 문헌 속에는 일본 학문의 기원이 백제임을 인정한 글이 다수 있었다.

應神倭皇 15년에 백제 사람 阿直岐가 『易經』·『孝經』·『山海經』을 바치니, 皇子 菟道稚가 그에게 師事하였다. 阿直妓가 또 博士 王仁을 추천하니, 應神倭皇이 使者를 보내어 그를 청하였다. 久素王이 보내라고 명하니 王仁이 千字文을 가지고 이르렀다. 菟道稚가 또 그에게 師事하였으니 儒敎가 비로소 행해졌다.[86]

『和漢三才圖會』에 이르기를, "晉 太康 5년, 倭 應神 15년에 백제 사신 王仁이 『千字文』을 가지고 오니, 이에 儒敎가 처음으로 행해졌다." 하였다. 物部茂卿이 말하기를, "先正 중에 큰 功德이 있는 분으로는 王仁氏, 黃備氏, 管原氏, 惺窩氏 네 君子이다."라고 하였다.[87]

---

86) 李德懋, 『靑莊館全書』 제64권, 「蜻蛉國志」 一, 〈人物〉, "應神倭皇十五年 百濟人阿直歧 進易經孝經山海經 皇子菟道雅師事之 阿直歧又薦博士王仁 應神遣使請之 久素王命送 王仁持千字文而至 道雅又師之 儒敎始行".

『年代記』·『日本書紀』·『和漢三才圖會』등의 일본 서적에는 백제가 경전을 전해준 이후로 일본의 학문이 시작되었다고 기록하고 있었다. 특히 조선의 지식인은 王仁의 渡來로 일본에서 儒學이 시행되었다는 사실에 주목했다. 이는 이미 통신사행록에서 여러 차례 언급한 내용이었지만, 조선의 지식인들은 일본의 史書나 類書의 기사를 근거로 그것이 명백한 사실임을 考證하고자 했다. 특히 李裕元은 일본의 유학자인 荻生徂徠가 학문을 성장시킨 네 君子 중 한 명으로 王仁을 들고 있다는 사실에 주목했다. 그가 말한 네 군자 중 나머지 세 명은 일본 글을 만든 黃備氏, 일본에서 학문의 神이라고 지칭되는 管原道眞, 그리고 일본 성리학의 시초인 藤原惺窩였다. 이러한 점은 荻生徂徠와 같은 일본의 유학자들이 백제인 王仁을 일본 유학의 鼻祖로 인정하고 있음을 보여주었다.

한편 통신사를 통해 일본에서의 姜沆의 활약상이 전해지면서 조선 내에서는 그에 대한 재인식이 이어졌다.

전 佐郎 姜沆은 丁酉再亂 때 왜적에게 포로로 잡혔다가 돌아온 이후, 문장에 능하고 才氣가 있었다. 그럼에도 불구하고 사람들에게 질시를 당하여 세상에 버림받아 내가 항상 그를 안타깝게 생각해왔다. 하지만 적국에서의 몸가짐과 행한 일을 자세히 알 수 없었는데, 지난해 回答使가 돌아와 말하기를, "왜인들이 그의 節義를 칭찬하지 않는 이가 없으며, 심지어는 그를 蘇武와 文天祥에 비유하였다."라고

---

87) 李裕元, 『林下筆記』 제11권, 「文獻指掌編」, 〈日本諸學之始〉, "和漢三才圖會 晉太康五年 倭應神十五年 百濟使王仁 持千字文來 於是儒敎始行 物部茂卿曰 先正有大功德者 王仁氏黃備氏管原氏惺窩氏 四君子".

하였다.88)

일본에서 피로인 생활을 하다가 조선으로 귀환한 姜沆은 뛰어
난 文才에도 불구하고 적에게 목숨을 구걸했다는 인식 때문에 등
용되지 못했다. 그런데 1607년 丁未사행을 통해 일본에서의 그의
행적이 전해지면서 그에 대한 부정적인 인식은 불식되었다. 慶暹
은 『海槎錄』의 말미에 일본인들이 姜沆의 節義를 높이 평가하였
다는 사실을 기록하였는데, 그 이후 姜沆은 蘇武나 文天祥과 같은
節義之士로 재평가 받았다. 또한 이후 통신사가 일본의 학문 성장
과 관련하여 姜沆과 藤原惺窩와의 교류를 자주 다루면서 그는 일
본 성리학의 鼻祖로 인식되었다. 1763년 癸未使行의 서기 成大中
은 『靑城雜記』에서 藤原惺窩의 이야기를 수록하며, 姜沆이 藤原惺
窩에게 성리학을 전한 내용을 자세히 다루었다. 특히 成大中은 姜
沆이 藤原惺窩와 함께 일본의 사당에 配享되고 있다는 사실을 전
하며, 그가 일본 학문에 미친 영향을 거듭 강조하였다. 이러한 내
용을 바탕으로 통신사와 조선의 지식인은 일본의 학문이 성장할
수 있던 밑바탕에는 한반도의 문물전래가 있었음에 공감했다.
　하지만 이러한 외부적 요인으로만 설명하기에는 일본의 학문
성장이 너무나 비약적이었다. 그래서 통신사들은 조선이나 한반
도의 영향 외에 일본 학문 성장의 내적 동인을 찾고자 노력했다.

---

88) 金長生, 『沙溪全書』 제2권, 「書」, 〈與李聖徵廷龜〉, "前佐郎姜沆 丁酉被擄於倭賊 及
　其迴還之後 以能文有才氣 見娸於人 爲世所棄 僕常愛惜 而猶未詳賊中行身與所爲 向
　年回答使來言 倭人莫不稱贊其節義 至比於蘇武文天祥".

太學頭 林信篤이 그 두 아들 信充·信智를 데리고 와서 만나 보기를 청하므로, 나와 세 書記가 모두 儒衣儒冠으로 대청에 나갔다. 신독의 부자는 모두 三隅冠에 흰 갓끈과 玉色袍에 칼을 차고 있었는데, 서로 향하여 두 번 읍하고 앉았다. (…중략…) 그의 조부는 道春이요, 아버지는 恕인데 대대로 일본의 문학을 맡아왔으므로 무릇 국가에서 쓰는 문장은 모두 그의 집에서 나왔고, 그의 門徒가 되어 薦擧를 받아 녹을 먹는 자가 수십 인이라 한다. 그러나 그의 文筆을 보니 치졸하고 거칠어서 제대로 모양을 이루지 못하였다. 일본의 官爵은 다 世襲이므로 비록 높은 재주와 깊은 학문이 있어도 信篤을 평상 아래에서 바라볼 수밖에 없으니 가소로웠다.[89]

제1대 關白 家康에서부터 3대 家光에 이르기까지 幕府는 林家塾에 재정적 지원을 하는 등 성리학의 보급에 힘썼다. 신분 질서의 확립을 통해 幕府와 關白에 권위를 부여하고 군주에 대한 충성과 헌신을 강조하는 성리학은 幕府의 통치질서 확립에 기여했기 때문이었다. 그러다 5대 關白 綱吉이 유학을 자신의 정치적 이념으로 수용하여 文治와 德治를 추구하면서 幕府의 유학 장려가 본격적으로 시작되었다. 綱吉은 스스로 유학을 익혀 매월 家臣들을 불러 四書와 易經을 강의하는 한편 四書를 편찬·반포[90]하였다. 그

---

89) 申維翰,『海游錄』, 9월 28일(丁酉), "大學頭林信篤 率其兩子信充信智 即來請見 余與 三書記 皆儒衣冠出大廳 信篤父子皆三隅冠白纓玉色袍帶劍 相向再揖而坐 (…中略…) 其祖曰道春 父曰恕 世掌日本文學 凡爲國用詞翰 皆出於其家 爲門徒而被薦食祿者數 十人 然觀其文筆 拙朴不成樣 日本官爵皆世襲 雖有高才邃學 不得望信篤於牀下 可 笑".

90) 야마구치 게이지 지음(김현영 옮김),『일본근세의 쇄국과 개국』, 혜안, 2001, 200쪽.

리고 1691년 忍岡에 있던 孔子廟와 學舍를 新田의 湯島로 이건하고, 幕府가 공식적으로 釋奠에 참여함으로써 林家의 學問所를 幕府의 공적 시설로 인정했다. 그리고 林信篤을 太學頭에 임명[91]하여 성리학을 官學으로 삼았다. 江戶의 관소를 찾은 太學頭 林信篤을 만난 申維翰은 그를 가리켜 長者의 풍도가 있고 말투도 품위가 있었으나 문장은 치졸하다고 표현하였다. 그리고는 성리학이 官學이 되고 太學頭의 지위가 세습되면서 오히려 일본 성리학자들의 학문적 역량이 떨어지는 결과를 낳았다고 평가했다.

한편 6대 關白인 家宣은 新井白石을 기용하여 幕府의 제도와 의례를 정비하였다. 그러나 나이 어린 7대 關白 家繼의 사망 후 關白에 오른 吉宗은 新井白石을 파면하고 太學頭를 재신임하였다.

> 吉宗은 위인이 매섭고 준수하고 명석하였다. 지금 나이 35세인데 기개가 魁傑스럽고 또한 局量이 있었다. 武는 좋아하면서 文은 즐겨하지 않으며, 검소함을 숭상하고 사치를 배척하였다. 그는 늘 일본 사람이 조선의 문학을 사모하나 학풍과 분위기가 각각 달라 배워서 능할 수 없는 것이 있으니, 우리는 스스로 日本文을 하는 것만 같지 못하고 말하였다.[92]

申維翰은 關白 吉宗의 출신, 關白에 오르기까지의 과정과 통치

---

91) 서신호, 「전근대 일본사회의 교육제도와 이념: 幕府설립의 관학, 昌平坂學問所를 중심으로」, 『교육문화연구』 제15-2호, 인하대학교 교육연구소, 2009, 139쪽.

92) 申維翰, 『海游錄』, 9월 27일(丙申), "吉宗爲人 精悍俊哲 年今三十五歲 氣岸魁傑 且有局量 好武而不喜文 崇儉而斥華奢 常曰日本人 必慕朝鮮文字 而風氣各殊 有不可學而能者 不若自爲日本之文也".

관련 일화 등을 자세히 다루었다. 특히 백성을 먼저 생각하고 검소하게 생활하는 위정자로서의 자질을 칭찬하였다. 그러나 조선과 일본은 개별 국가로서 그 만의 文風이 있다는 吉宗의 발언은 조선의 학문을 바라보는 일본의 시각이 변모했음을 드러내고 있었다. 조선의 학문과는 다른 '日本文'의 강조는 幕府의 유교 장려책과 맞물리면서 성리학 이외의 학문이 성장할 수 있는 원동력이 되었다. 비록 일본의 官學은 성리학이었지만, 吉宗은 荻生徂徠를 幕府의 侍講으로 삼고 다양한 私塾의 건립을 지원하는 등 유학의 내·외적 성장에 많은 신경을 썼다.

한편 幕府의 관학 설립과는 별개로 일본의 각 藩에서는 다양한 학문 장려 정책을 펼쳤다.

태수의 아비 松平新太는 나이가 많아 江戶에 옮겨가 살고 있는데, 대개 글을 잘 짓고 재주가 많으며 효성과 우애가 지극하다고 한다. 그는 불교를 일체 금하였는데 불상을 모두 부수어 강물에 던져 버렸으며, 자기 지역 내의 중들을 다른 지방으로 쫓아 버렸다고 한다. 그리고 儒學을 숭상하여 道를 배우며, 詩書를 암송하고, 부모의 3년 상을 상하 모든 사람에게 똑같이 치르게 했다고 한다. (…중략…) 그런데 江戶로부터 여기에 대하여 논쟁이 크게 일어나 죄를 주느냐 주지 않느냐 할 때 마침 御史의 褒賞이 내려와 논쟁이 얼음 녹듯이 가라앉고 關白이 그를 매우 후하게 대하게 되어 나라 안의 사람들이, 덕이 있는 사람은 반드시 흥한다고 말하였다 한다. [이 사람뿐만 아니라, 詩書에 能한 자는 곳곳에 있어 장차 文運이 크게 일어나리라 한다.]93)

일본은 國都에만 聖廟를 세우고 各州에는 庠序와 俎豆가 없었다. 그런데 吉元이 長門州의 태수가 되어 자못 선비를 장려하고 학문을 숭상하여 금년 봄에 關白에 啓請하여 비로소 五聖廟를 세웠는데 국도로부터 神主를 받들어 왔고 小倉貞으로 敎授를 삼아서 詩書의 교육을 맡게 하였다 한다.[94]

1682년 壬戌使行의 堂上譯官 洪禹載는 肥前太守 源綱政의 아버지 松平新太가 일찍이 불교를 배척하고 유학을 숭상하여 부모의 삼년상을 지냈다는 사실을 듣고 기록했다. 松平新太가 다스리던 藩에서는 모두가 그를 賢士라 존경했지만, 幕府에서 태수에 대한 처벌을 두고 다양한 논의가 진행되었다는 사실에 대해서도 기록하였다. 일본에서는 불교식 喪葬禮가 일반적이어서 유학자인 荻生徂徠마저도 이를 따랐고, 일찍이 유학적 통치를 지향했던 仙台藩의 綱村마저도 유교식 제례를 시행했다가 불교계의 저항에 부딪혀 포기[95]했을 정도였다. 그러나 幕府가 그에게 포상을 내렸다는 洪禹載의 기록은 당시 일본 학문의 상황을 잘 드러내주고 있다. 유교적인 학문 풍토가 일본 고유의 전통 의례와 갈등을 빚었지

---

93) 洪禹載, 『東槎錄』, 7월 21일, "聞太守之父松平新太 缺年老 傳往在江戶矣 蓋善文多才 孝友至矣 切禁佛法 凡諸像撤破投江 境內僧尼 驅逐他鄕 崇儒學道 誦法詩書 三年之喪 (…中略…) 而自江戶大發是非 欲罪不罪之際 適以御史之褒賞 論議氷釋 關白遇之甚厚 一國皆曰 有德者必興 非獨此人能通詩書者處處有文翰將興云矣".

94) 申維翰, 『海游錄』, 8월 18일(戊午), "日本但於國都 立聖廟 各州無庠序俎豆 而吉元爲長門太守 頗能獎士崇學 今春請命始建五聖廟 自京師奉題版而來 以小倉貞爲敎授 掌詩書訓誨".

95) 이희복, 「막번체제와 선다이번 그리고 일본유학」, 『일본사상』 제8호, 한국일본사상사학회, 2005, 101쪽.

만, 幕府가 유교적 상장례를 채택한 肥前太守의 손을 들어줬다는
것은 幕府는 물론 각 번의 유학 장려가 가속화될 것임을 보여주었
다. 이에 洪禹載는 비전태수의 유학 장려책과 일본 각지에서 재능
있는 문사가 출현하고 있다는 점을 전하며 일본에 文運이 크게
일어날 것이라 전망하였다. 또한 申維翰도 長門州의 예를 들어 藩
의 유학 장려 정책이 더욱 강화되고 있음을 전했다. 長門州의 태
수 吉元은 關白에게 청하여 江戶 이외 지역으로는 처음으로 文廟
를 조성하여 孔子의 신주를 모시고 太學頭의 문하인 小倉貞을 敎
授로 삼아 詩書의 교육을 맡겼다. 이렇듯 통신사들은 幕府와 諸藩
의 유학 장려가 일본 학문의 성장과 밀접하게 관련되어 있음을
기록하였다.

한편 1682년 壬戌使行의 漢學譯官 金指南은 漢語를 하는 일본
인을 만나 다양한 학문과 예술을 장려하는 水戶侯의 이야기를
들었다.

大君의 從祖 水戶侯의 門下에는 의사나 畫工·方術家 등이 많이 있습
니다. 그중에서도 더욱 여러 나라 말에 유의해서 조선·琉球·安南·暹
羅 등의 말을 통역하는 사람을 각각 따로 모아 거처하게 하고 후하게
대접을 했습니다.96)

李耳老·李錫予와 함께 관소 주변의 절을 산보하던 金指南은 우
연히 중국어를 하는 일본인을 만나게 되었다. 이를 신기하게 여긴

---

96) 金指南, 『東槎日錄』, 8월 21일(丙申), "大君之從祖水戶侯門下 多有醫師畫工方術之
類 而尤留意於諸國言語 轉譯朝鮮琉球安南暹羅等語之人 並皆處以別館 厚廩尊奉".

金指南은 그 일본인을 관소로 초대하여 문답을 나누다가 그가 지금 關白의 從祖인 水戸侯의 문하에 있다는 이야기를 들었다. 또한 水戸侯가 조선·琉球·安南·暹羅의 언어를 하는 일본인을 모아 후하게 대접하며 통상을 담당할 역관으로 양성하고 있음도 알았다. 水戸侯의 이런 정책은 그가 학문과 무역 간의 연관성을 일찍부터 염두에 두었다는 사실을 보여주었다. 특히 통신사는 무역을 통한 서적의 유입이 일본 학문 성장의 밑거름이 되었다고 생각했다.

왜인으로서 釜館에 상주하는 자가 대략 1천여 명인데, 우리나라 서적 중에 野史·輿圖·문집 등을 죄다 구입해 갔다.[97]

일찍이 들으니, 우리나라 서적 중에서 『懲毖錄』·『攷事撮要』·『輿地勝覽』 등의 책자는 전에 이미 들어왔다 하는데, 이제 들으니 『兵學指南』·『通文館志』가 새로이 이 땅에 들어왔다고 한다. 이는 모두 訓別들이 뇌물을 받고서 구해 준 것들이다. 국법을 두려워하지 않고 이들이 농간하는 폐단이 이와 같으니, 몹시 통분하다.[98]

1711년 辛卯使行의 삼사는 조선의 서적이 일본에서 유통되는 것을 확인하였는데, 그 중에는 조선의 국방력과 지리에 대한 秘書도 포함되어 있었다. 이에 숙종은 禁書정책을 시행하여 조선 서적

---

97) 任守幹, 『東槎日記』, 「海外記聞」, "倭人常住釜館者 大略千餘人 我國書籍則野史輿圖文集 無不購去".
98) 曺命采, 『奉使日本時聞見錄』, 4월 13일(丙寅), "曾聞我國書籍中 懲毖錄攷事撮要輿地勝覽等冊子 前已入來 而今聞兵學指南通文館誌 新入此地云 此皆訓別輩受賂覓給者 而不畏邦憲 此輩之奸弊如此 萬萬絶痛".

의 일본 유통을 차단하려고 하였다. 그러나 1748년의 戊辰使行에
서는 이전 통신사가 파악한 서적 외에 또 다른 조선 서적이 일본
에서 유통되고 있다는 사실을 발견하였다. 이에 대해 曹命采는
조선인 관리들의 부패와 탐욕을 질타하였다. 또한 통신사는 조선
서적의 일본 유입의 중심에 倭館이 있다는 사실을 깨달았다. 왜관
의 주요 업무를 기록한 「館守條書」 제5조에는 幕府가 관심을 가질
만한 사항에 대해서는 그 虛實에 관계없이 정보를 수집하라99)는
항목이 있었다. 이를 통해볼 때 조선에 대한 정보 수집이라는 미
명 하에 조선 서적의 수입에 幕府나 對馬島번이 조직적으로 간여
하고 있었음을 알 수 있다. 그리고 이러한 정보 수집에 일본 幕府
가 막대한 투자를 하였으리라는 사실 역시 충분히 가늠해볼 수
있다.100)

한편 일본은 중국으로부터도 많은 양의 서적을 수입하고 있었
다. 申維翰은 일본 문사와의 筆談唱和에서 일찍이 보지 못했던 아
름다운 구절을 볼 기회가 가끔 있었다면서 그 이유를 江南 才子의
시집이 南京의 상인을 통해 일본으로 많이 건너왔기 때문이라고
분석하였다. 특히 통신사는 조선에도 없는 다양한 중국 서적이
일본에는 존재한다는 사실에 충격을 받았다.

---

99) 김강일, 「조선후기 왜관의 정보수집에 관한 연구: 『分類紀事大綱 25』「風說之事」
를 중심으로」, 『한일관계사연구』 제29집, 한일관계사학회, 2008, 179쪽.

100) 왜관에서 對馬島에 보고한 조선 정보에는 고위 관료나 집권 당파만이 알 수
있는 조선 왕실이나 조정의 동향에 관한 내용도 있었다. 이를 통해볼 때 일본
幕府나 對馬島藩이 정보 탐색을 위한 인맥 형성에 많은 돈을 투자했음을 알 수
있다.

雍正帝가 萬古의 서적을 집성하여 類書로 엮고는 이름을 『圖書集成』
이라고 하였는데 모두 만 권이었다. 內府의 힘만으로 활자를 搨印하
여 만든 것이라 널리 배포할 수 없었는데, 부유한 상인이 세 질을 구
입하여 동쪽으로 건너오게 되었으니, 한 질은 長崎의 관청 창고에 있
고 두 질은 江戶로 들어갔다.[101]

成大中은 『圖書集成』이 일본에 있다는 사실을 알고는 일본의
도서 수집 열풍과 그것을 가능하게 만든 경제력에 다시 한 번 놀
라움을 금치 못했다. 成大中이 언급한 『圖書集成』은 중국의 천문·
지리·의학·종교·문학·군사 등 다양한 지식을 담고 있는 1만 권에
달하는 방대한 類書[102]였다. 그런데 이 책은 구리 활자로 각인되
어 많이 발간할 수 없었다. 그래서 중국인도 소장하기가 힘든 책
이었는데, 이 『圖書集成』이 일본에만 세 질이 있다는 것을 成大中
은 알게 되었다.

成大中은 학문의 성장과 경제력이 밀접한 연관을 가진다는 사
실을 木弘恭을 통해 거듭 확인할 수 있었다. 成大中은 大坂의 木弘
恭이 蒹葭堂會라는 詩社를 주관하고 있으며, 오만 권이 넘는 藏書
를 보유하고 있다는 점을 사행록에 자세하게 기록했다. 특히 成大
中은 그가 상인이었다는 점에 주목하며, 글의 말미에 이 사실을
덧붙였다. 이전 통신사들이 한 순간에 무너질 부질없는 것이라고

---

101) 成大中, 『日本錄』, 「日本錄」, "雍正輯萬古書籍 撰類書名圖書集成 凡萬卷 以內府之
力 活字搨印 未得廣布 富商購三件以東渡 一在長崎官庫 二入江戶".
102) 안상우, 「『고금도서집성』 의부의 편찬과 의의」, 『한국의사학회지』 제15권 2호,
한국의사학회, 2002, 59~60쪽.

치부했던 일본의 경제력이 바로 일본을 문명국으로 이끈 원동력이었음을 木弘恭을 통해 깨달았던 것이다.

　長碕의 서적이 마침내 통하였으니, 지금 집집마다 책을 읽고 사람마다 붓을 든 것이 십수 년이 조금 넘었다. 생각건대 비루한 오랑캐라고 그들을 소홀히 여겨서는 안 된다. 이것을 써서 기다린다.[103]

　일본은 무역의 중요성을 인지하였는데, 이러한 해외 교역을 활성화하기 위해서는 역관의 교육이 우선이라는 사실을 일찍부터 깨달았다. 그래서 일본의 藩主는 역관을 대우하고 양성하기 위해 힘썼다. 이런 상황을 보면서 통신사는 일본의 산업과 교육이 어떻게 연결되는지를 다각도로 파악하였다. 교육을 통해 외국어에 능통한 인재를 양성하고, 그 인재를 통해 외국과의 교역을 성사시켰다. 그리고 각 藩과 幕府에서는 그렇게 축적한 富를 다시 교육과 문화 사업에 투자하였는데, 이러한 선순환이 이루어지면서 일본은 문명국으로 성장할 수 있었던 것이다.
　중국과의 통상이 일본의 문흥을 가져 왔다는 통신사의 생각에 조선의 지식인 역시 공감했다.

　통신사가 다녀오면서 篠本廉의 글 세 통을 얻어가지고 왔다. 문장이 모두 정밀하고 날카로웠다. 대저 일본은 본래 백제를 통해서 서적을 얻어 보았는데, 처음에는 몹시 몽매하였다. 직접 한번 중국의

---

103) 元重擧, 『和國志』 권2, 〈詩文之人〉, "長碕之書遂通 見今家家讀書 人人操筆 差過十數年 則恐不可鄙夷 而忽之也 書此以俟".

浙江 지방과 통교를 하면서부터 중국의 좋은 서적을 사가지 않음이
없었다.104)

丁若鏞은 두 아들에게 보내는 글에서 일본 학문의 성장에 대해
이야기하였다. 특히 丁若鏞은 荻生徂徠, 篠本廉 등 일본 文士의 실
력에 대해 긍정적으로 평가했다. 丁若鏞은 일본에서 名儒가 많이
배출되는 이유로 중국과의 통상을 들었다. 통상을 통해 중국의
서적이 일본으로 유입되었고, 이를 바탕으로 일본 학문이 성장할
수 있었다고 본 丁若鏞의 관점은 통신사의 분석과 일치했다.
조선의 지식인들은 이런 생각에서 더 나아가 일본이 문물 수용
에 있어 조선을 앞서는 상황에 우려와 탄식을 표하기도 하였다.

아! 長崎의 선박이 날로 중국과 더불어 호흡하며 서로 통하여 絲銅
의 무역은 오히려 第二에 속하고 천하의 서적도 바다로 나르고, 산으
로 운반하지 않는 것이 없다. 옛날에는 우리에게 의뢰해야만 했는데
도리어 우리보다 먼저 보는 것도 있었다. 篠本廉이 비록 아무리 문장
을 안 되게 하고자 해도 할 수 없게 되었다. 그러니 이 한 가지 일만
보고서도 천하의 대세를 알 수 있다. 저들이 絲銅와 서적 이외에 중국
에서 얻어가는 것이 또 있지 않음을 어찌 알리오. 아!105)

---

104) 丁若鏞, 『茶山詩文集』 제21권, 「書」, 〈示二兒〉, "往在信使之行 得篠本廉文三度而
來 文皆精銳 大抵日本本因百濟得見書籍 始甚蒙昧 一自直通江浙之後 中國佳書 無不
購去".

105) 金正喜, 『阮堂先生全集』 卷八, 「雜識」, "噫 長崎之舶 日與中國呼吸相注 絲銅貿遷
尙屬第二 天下書籍 無不海輪山運 昔之所以資於我者 乃或有先我見之者 篠雖欲不文
不可得也 然此可以見一事 而知天下之勢也 彼之於絲銅書籍之外 又安知不有得之於

江戸의 문인 篠本廉의『北槎異聞』을 읽은 金正喜는 그의 글에 편벽됨과 누추함이 없다고 평했다. 특히 文體에 있어서는 이미 李攀龍의 文格에서도 벗어났을 뿐만 아니라 중국의 文士도 그를 따를 수 없을 정도라며 극찬을 했다. 그런데 金正喜는 篠本廉의 文才가 선천적인 실력이라기보다는 중국의 서적을 많이 접했기 때문이라고 보았다. 특히 그는 예전에는 일본이 조선을 통해서만 중국의 서적을 접할 수 있었는데, 지금은 상황이 역전되어 일본이 조선보다 먼저 뛰어난 서적을 입수한다는 사실에 개탄하였다. 나아가 金正喜는 이것이 서적에만 국한된 것이 아니라 선진문물의 수용 전반의 문제라고 인식했다.

이처럼 일본의 학문 성장 배경에 대한 통신사의 판단은 조선 지식인에게 전해져 일본 학문에 대한 관심을 증대시켰다. 뿐만 아니라, 일본과 대비되는 조선의 현실을 자각하게 만드는 계기로 작용했다.

## 2) 六經 傳來論

일본으로 떠나는 사신을 전별하며 쓴 詩文에는 사신의 임무와 관련한 당부의 말이 많은데, 특정 일본지식을 더 정확하고 상세하게 알아올 것을 요구하는 경우도 있었다. 이는 조선의 지식인이 통신사행록을 통해 일본지식을 수용하였으며, 그만큼 일본에 대해 알고자 하는 욕구가 컸음을 보여주고 있다. 그런데 통신사

---

中國者也 噫".

에 대한 당부 중 하나가 徐福의 사당을 방문하며 그와 관련된 일
을 상세히 조사하라는 내용106)이었다. 이때 조선 지식인이 요구
한 조사란 바로 司馬遷의 『史記』에 수록되어 있는 徐福의 일본
입국 기사에 대한 사실 여부였다.

　　秦皇帝가 크게 기뻐하며 어린 남녀 3천 명을 보내고 五穀 종자와
　　百工의 기구도 빠짐없이 대주었는데, 徐福은 평원과 廣澤을 얻자 거기
　　에 머물러서 왕노릇을 하면서 돌아오지 않았다.107)

　徐福은 不死藥을 구해오라는 秦始皇의 명을 받고 3천명의 童男
童女를 대동하여 일본으로 입국했다고 전해지는 인물로, 司馬遷
의 『史記』에는 이와 관련된 기사가 수록되어 있었다. 이후 紀伊州
熊野山에 徐福의 사당이 있다는 사실이 알려지면서 徐福의 일본
入國은 조선시대 이전부터 기정사실화 되었다.

　　徐市이 세상 피해 한 번 배에 올라타고　　　　徐生避世一乘桴
　　滄海를 횡단하여 간 것이 지금 몇 년인가　　　滄海橫流今幾秋
　　일본에서는 인물을 소중히 여기니　　　　　　可是日東重人物
　　歲時에 제사를 쉰 적이 일찍이 없었다네.　　　歲時祭祀未曾休108)

---

106) 한태문, 「조선후기 통신사의 贐章 연구: 「遯窩府君日本行詩贐章」을 중심으로」,
　　『어문연구』 73, 어문연구학회, 2012, 293쪽.

107) 司馬遷, 『史記』 권118, 「淮南衡山列傳」, "秦皇帝大說 遣振男女三千人 資之五谷種
　　種百工而行 徐福得平原広沢 止王不來".

108) 李崇仁, 『陶隱集』 제3권, 「詩」, 〈奉送羅判事使日東 本官上章自行〉.

고려 禑王 때 羅興儒는 判典客寺事의 신분으로 왜구 문제를 해결하기 위해 일본으로 파견되었다. 일본으로 떠나는 羅興儒를 전별하며 李崇仁은 시 한 편을 남겼는데, 그 시에는 일본인이 徐福의 사당에 제사를 지낸다는 사실이 언급되어 있었다. 중국의 일개 方士에 지나지 않는 徐福을 위해, 일본인이 사당을 짓고 配享을 한다는 사실을 두고 조선에서는 의견이 분분하였다. 그 중 가장 설득력이 있었던 것이 바로 徐福이 天皇의 시조라는 설과 徐福이 六經을 전래했다는 설이었다.

紀伊州 熊野山에는 徐市의 사당이 있다. 옛날에 倭皇이 徐市의 후예라고 일컬었으나 실은 잘못된 것이다. 周나라 幽王때 神人이 있어 玉璽 하나와 칼 한 자루를 가지고 日向州에 내려왔으니 神武天皇이라고 불렀다. 이가 일본의 시조가 되었다. 그러한즉 徐市 이전에 이미 수십 대의 임금이 있었던 것이다.[109]

司馬遷의 『史記』에는 徐福의 일본 입국 사실과 함께 그가 일본의 왕이 되었다는 기사가 수록되어 있었다. 그러나 姜沆은 『看羊錄』에서 그 말이 터무니없다며 일축했다. 조선후기 통신사 역시 일본인에게 질문을 하고, 일본 문헌을 고증하는 방식으로 사실 관계를 확인해 나갔다. 그 결과 일본 天皇은 天武天皇으로부터 비롯되었는데, 그때는 周나라의 제12대 王仁 幽王 연간이었으며, 徐

---

109) 成大中, 『日本錄』, 「日本錄」, "紀伊州熊野山 有徐市廟 舊稱倭皇爲徐市之後 而實誤矣 周幽王時有神人 以一璽一劍 降于日向州 號神武天皇 是爲日本始祖 然則徐市之前 已有數十代君矣".

福의 일본 입국은 7대 天皇인 孝靈天皇 때라는 사실이 밝혀졌다. 그러자 조선 지식인들의 관심은 六經의 일본 전래 여부로 모아졌다. 일본 학문과 관련한 통신사의 관심 역시 六經의 존재 여부를 묻는 것에서 시작되었다.

### (1) 徐福의 六經 소지 여부

육경은 상고시대의 史料를 공자가 정리한 것으로『詩經』,『書經』,『易經』,『春秋』,『禮經』,『樂經』을 일컫는 말110)이다. 공자는 唐堯, 禹 및 夏·殷·周 三代 문화의 정신과 전통을 보존하고 계승하려는 의도에서 육경을 刪定하였고, 이를 바탕으로 제자를 양성하였다. 이에 따라 공자 이전에는 단순히 王官의 政典이었던 육경이 이후에는 성인의 가르침을 담은 경전으로 인식되었다. 유학에서 육경은 인간의 도리를 가르치는 수단이자 유학의 근본 문헌으로 자리 잡았다.111)

그러나 秦始皇이 중국을 통일한 후, 통치체제를 강화하기 위해 학문을 통제하면서 焚書坑儒라는 유례없는 사상적 박해가 발생하였다.

지금 모든 儒生들은 지금의 것을 배우지 않고 옛것만을 배워 지금

---

110) 문지성, 「≪莊子≫〈天下〉篇을 통한 六經의 原理적 측면에 대한 이해」,『중국어 문학논총』제7호, 중국어문학연구회, 1995, 105쪽.

111) 이경무, 「유학의 경서와 학적 전통」,『범한철학』제30집, 범한철학회, 2003, 289~291쪽.

세상을 비판하고 백성들을 迷惑하게 하여 분란을 일으킵니다. (…중략…) 신이 청하옵건대 史官은 秦의 기록이 아닌 것은 모두 태워버리고, 博士官의 직분이 아니고서는 천하에 감히 소장하고 있는『詩』,『書』및 제자백가의 저작들을 지방관에게 보내 모두 태우게 하십시오. 감히 두 사람 이상이 모여『詩』,『書』를 이야기하는 자는 저잣거리에서 斬首시키고, 옛것으로 지금을 비난하는 자는 모두 멸족시키고, 이를 알면서도 거행하지 않는 관리는 같은 죄로 다스리소서. 명령이 내려진 지 30일이 되어도 서적을 태우지 않는 자는 黥刑을 내리어 城旦刑에 처하십시오. 없애지 않을 서적은 의약, 占卜, 種樹에 관계된 서적뿐이며, 만약 법령을 배우고자 하는 자가 있다면 관리를 스승으로 삼게 하옵소서.112)

진시황은 李斯의 건의를 받아들여『詩』,『書』등 고대의 經書를 불태우고 挾書律을 반포하여 경서를 소지하고 있는 사람은 벌주었다. 또한 이러한 정책에 반기를 드는 유생들을 생매장하였다. 그러나 당시의 焚書는 실제적으로 輕重의 구분이 있었고, 博士의 官書로서 합당한 것은 남겨두었다. 그래서 秦의 박사였던 伏生은 焚書坑儒 이후에도『尙書』의 내용을 전할 수 있었다.113)

---

112) 司馬遷,『史記』,「秦始皇本紀」, "今諸生不師今而學古 以非當世 惑亂黔首 (…中略…) 臣請史官非秦記皆燒之 非博士官所職 天下敢有藏詩書百家語者 悉詣守 尉雜燒之 有敢偶語詩書者棄市 以古非今者族 吏見知不擧者與同罪 令下三十日不燒 黥爲城旦 所不去者 醫藥卜筮種樹之書 若欲有學法令 以吏爲師".

113) 분서갱유에 대해서는 이상기,「秦始皇의 焚書坑儒에 대한 始末」,『중국연구』제14집, 한국외국어대학교 중국연구소, 1993; 이은혁,「漢代 文字論 硏究」,『한자한문교육』제8집, 한국한자한문교육학회, 2002; 이경무,「유학의 경서와 학적 전통」,『범한철학』제30집, 범한철학회, 2003 참조.

진시황의 焚書坑儒 이후, 先秦시대 이전의 經典을 찾는 일은 중국을 비롯한 동아시아 최대의 과제였다. 이에 漢 惠帝는 挾書律을 폐지하고 천하에 남아 있는 책을 찾아보라는 명령을 내렸으나 대부분 僞書로 밝혀졌다. 그러다 漢 武帝 말기부터 焚書를 피해 감춰 두었던 책들이 발견되기 시작했고, 孔子의 옛집을 헐다가 벽 속에 감춰둔 고문을 찾을 수 있었다.114) 그러나 이후에도 『樂經』은 찾을 수 없었다. 이에 중국은 焚書坑儒 이전 온전한 六經이 유입되었을 것으로 여겨지는 주변 국가를 통해 그 존재를 탐지하기 시작했다. 특히 한반도에 유입되었을 가능성이 크다고 생각한 중국의 歷代 王朝는 사신을 보내 六經을 進上하라고 요구하기도 하였다.

宋나라 사람들이 매번 高麗에 『百篇尙書』가 있다고 의심하였던 것은 중국에는 전하지 않아서이다. 그리고 歐陽脩의 〈日本刀歌〉로 인하여 해외에서 구하기에 이르렀다. 元나라 世祖가 고려의 세자에게 묻기에 이르렀고, 明나라 萬曆 연간에는 絅齋 葉春及이 상소를 올려 封倭使臣에게 명하여 다방면으로 그 책을 찾아오게 하라고 청하였다. 淸나라 康熙초에는 漳浦의 學廩生 蔡某가 또 상소를 올려 해외에 있는 『古文尙書』를 찾아오라고 청하였으나, 끝내 얻을 수가 없었다.115)

---

114) 이경무, 「유학의 경서와 학적 전통」, 『범한철학』 제30집, 범한철학회, 2003, 294 ~295쪽.

115) 韓致奫, 『海東繹史』 제42권, 「藝文志」 1, 經籍 1, 〈本國書目― 經〉, "宋人每疑高麗 有百篇尙書者 以中國無傳也 且因歐陽公日本刀歌 至求之海外 以至元世祖問於高麗 世子 明萬曆中 葉絅齋春及上疏 請命封倭使臣多方索之 淸康熙初 漳浦學廩生蔡某又 上疏 請微海外古文尙書 而竟未有得".

고려시대는 물론 조선후기까지 육경을 찾으려는 노력은 계속되었다. 그러나 한반도에서도 先秦시대의 육경을 찾을 수 없었다. 이에 따라 중국과 조선의 지식인들은 육경의 일본 전래 가능성에 관심을 두었다. 歐陽脩가 지은 〈日本刀歌〉에 "徐福이 떠날 때는 책이 불타지 않아서(徐福行時書未焚)/일서 백 편이 지금까지도 남아 있네(逸書百篇今尙存)/금령이 엄하여 중국에 전하는 일 허락지 않아(令嚴不許傳中國)/온 세상에 고문이 있는 줄 아는 이 없네(擧世無人識古文)"라는 구절이 있었기 때문이었다. 중국뿐만 아니라 조선 내에서도 徐福의 六經 傳來를 두고 의견이 분분했다.

'人皇 제7대 孝靈帝 45년 己卯年에 秦始皇이 즉위하였다. 이미 神仙을 좋아하여 일본에 長生不死藥을 구하였고 일본 역시 五帝三皇書를 요구하였는데 진시황이 그것을 보냈다. 25년 뒤에 진시황이 焚書坑儒를 하였으므로 孔子의 全經은 일본에 남아 있다'고 하였습니다. 제 생각으로는 일본에서 통용하는 글자는 겨우 마흔 여덟 글자가 있을 뿐으로 그것을 假名이라 일컫습니다. 나라 사람들이 이에 앞서는 중국 글을 보지 못하였을 것인데, 어찌 쉽사리 읽고 뜻을 이해했겠습니까. 부질없이 상자에 담아서 간직해 두었을 뿐일 것입니다.116)

일본의 승려 玄蘇가 河東 幼學 金光에게 보낸 편지가 『朝鮮王朝

---

116) 『宣祖實錄』 37년 2월 23일(甲辰), "人皇第七代孝靈帝四十五年己卯 秦始皇卽位 旣而好仙 就日本求長生不死藥 日本又就求五帝三皇書 始皇送之 後二十五年 始皇焚書坑儒 故孔子全經 存于日本爾 余以謂 日本所通用文字 纔有四十八 稱之曰假名 國人先是 未視中國書 豈得輕下觜解意乎 空韞櫝藏之而已".

實錄』에 수록되어 있다. 편지의 내용은 바로 徐福의 六經 전래에 관한 것이었다. 임진왜란 때 일본으로 잡혀갔던 金光은 調信, 玄蘇와 교류하며 여러 가지 일본정보를 탐색했던 듯하다. 그 중 하나가 六經의 일본 전래 여부였다. 玄蘇는 편지에서 私見임을 전제로 六經이 아직 세상에 드러나지 않았지만, 徐福이 일본에 六經을 전했다는 것은 사실이라고 답했다. 金光이 피로인 생활을 하면서도 六經에 대해 탐문했다는 사실과 그 내용이 實錄에 수록되었다는 점을 통해 조선의 육경에 대한 관심이 얼마나 대단했는지를 단적으로 알 수 있다.

## (2) 六經의 현존 여부

六經은 단순한 古書籍이나 逸失된 유물이 아니었다. 六經을 찾으면 先秦 儒學을 온전히 파악할 수 있을 뿐만 아니라, 동아시아에서 유학을 선도하는 위치에 오를 수 있었다. 그래서 六經의 존재는 문학적 자부심과도 연결되었다. 그랬기에 통신사가 파견될 때면 으레 徐福과 六經에 대해 명확히 알아오라는 요구가 있었고, 통신사행원 역시 六經의 존재를 추적하기 위해 노력했다.

> 學校에게 편지를 보내어, '徐市이 들어올 적에 반드시 온전한 經書를 가지고 왔을 터이니, 한 번 보기를 원하며, 또 徐市의 사당은 어느 지방에 있느냐고 물었더니, 學校의 대답이 모호하여 말이 분명치 않았다. 다시 玄蘇에게 물었더니, 玄蘇가 답하기를, "온전한 경서가 徐市의 사당에 있었는데, 모두 蝌蚪書입니다. 지난 3백 년 전에 徐市의 사

당이 난리통에 불타버렸는데, 터는 지금 紀伊州 熊野山에 있습니다."
라고 하였다.[117]

또 묻기를, "徐福이 일본에 올 때에는 秦始皇이 詩書를 불사르기
전이므로 六經의 全書가 일본에 있다 하는데 그러한가?"라고 하니,
대답하기를, "일본에는 원래 文獻이 없거니와, 듣지도 못하였습니다.
그때에 설령 있었다 하더라도 일본은 전쟁을 좋아하여 번복이 매우
잦아 兵火의 참혹함이 秦火보다 심하였습니다. 어찌 보존하여 지금까
지 있겠습니까?"라고 하였다.[118]

1607년 丁未使行의 부사 慶暹은 學校 元吉에게 편지를 써서 六
經의 존재에 대해 물었다. 그러나 元吉이 명확한 설명을 하지 못
하자 玄蘇에게 다시 답을 구했다. 玄蘇는 徐福이 일본에 六經을
전래한 것은 사실이나, 3백 년 전 熊野山에 있는 徐福의 사당에
불이 나 소실되었다고 설명했다. 그리고 甲子使行의 부사 姜弘重
의 같은 질문에 以酊菴 長老 玄方은 일본 측 문헌에는 六經에 대한
이야기는 전하지 않으며, 설사 있다고 하더라도 일본의 전란에
불타 없어졌을 것이라고 답을 한다. 일본 승려와의 문답을 통해
六經이 현재 일본에 존재하지 않는다는 것은 확실해졌으나, 徐福

---

117) 慶暹, 『海槎錄』, 6월 10일(辛丑), "送書於學校 問徐市入來時 必賚全經而來 願一見
之 且徐市廟在何地方耶 學校所答糢糊 語不分明 更問於玄蘇 玄蘇答曰 全經在於徐市
廟 皆蝌蚪書也 退計三百年間 徐廟爲兵火所燒 基在紀伊州熊野山云".

118) 姜弘重, 『東槎錄』, 10월 28일(己酉), "又問徐福之來 在秦火之前 故六經全書在於日
本云 然耶 答曰日本素無文獻未之聞也 其時設或有 日本好戰翻覆甚數 兵火之慘甚於
秦火 豈能保有至今耶".

의 六經 전래가 사실인지의 여부는 玄蘇와 玄方의 말이 달라 여전
히 알 수 없었다.

통신사의 탐문과는 별도로 조선에서는 徐福의 일본 입국에 대
한 최초의 기록인『史記』를 근거로 徐福의 六經 전래가 불가능함
을 밝히는 논의도 전개되었다.

徐市이 처음 바다에 들어간 것이 비록 焚書令이 내려지기 전에 있
었으나, 37년에 바다로 들어간 뒤부터는 그에 대한 기록이『史記』에
다시 보이지를 않으니, 대개 서불이 한번 떠나갔다가 돌아오지 않게
된 것은 이때에 이루어졌던 것이 분명하다고 하겠다. 그러한즉 소위
徐福이 떠날 때엔 책이 불타지 않았다는 것은 상세히 상고해 보지
않아서이다. 하물며 徐市로 말하면 특히 일개 方士일 뿐이니, 바다에
들어가 돌아오지 않은 것은 대체로 진나라가 장차 어지러워질 것을
알고서 스스로 세상을 피해 볼 계책에서 나온 것이었다. 그러니 그가
어찌 육경에 대해서 지극한 관심을 가졌겠는가.119)

『史記』의「秦始皇本紀」에는 진시황 28년(B.C. 218)에 신선을 찾
아 나서라는 方士 徐福의 上書가 있었고, 시황제가 이를 받아들여
수천 명의 童男童女를 선발해 徐福과 함께 떠나도록 했다는 기록
이 있었다. 따라서 張維는 분서갱유 이전에 徐福이 六經을 가지고

---

119) 張維,『谿谷漫筆』제1권,「漫筆」,〈世傳日本有未經秦火之書其說無據〉, “徐市之初
入海 雖在未焚書之前 自三十七年入海之後 不復見於史 蓋市之一去不返 必在於是歲
矣 然則所謂徐福行時書未焚者 無乃考之未詳耶 況徐市特一方士也 入海不返 蓋知秦
之將亂 自爲避世計耳 豈能眷眷於六經者耶”.

일본에 입국했다면 그 시기는 진시황 28년이라야 가능한 일이라고 보았다. 그런데 『史記』에는 진시황 37년에 瑯琊에서 徐福이 시황제를 뵙고는 善射를 요청하였다는 기록이 있다. 또한 『史記』에서 徐福에 대한 기사가 사라진 것은 이때 이후였다. 그래서 張維는 徐福이 일본에 입국하여 정착한 시기는 진시황 37년 이후가 되어야 한다고 판단했다. 張維의 논리에 따르면 분서갱유가 徐福의 일본 입국 3년 전에 일어났으니 시기상 徐福의 六經 전래는 불가능하다는 것이었다. 더욱이 張維는 徐福이 儒者가 아닌 일개 方士였다는 점에서 자신에게 불필요한 六經을 미리 챙겨 일본에 들어갔다는 점을 납득할 수 없다고 하였다. 또한 과시하기를 좋아하는 일본인의 습속상 六經의 존재를 숨기지 못했으리라는 근거를 들어 張維는 일본에는 六經이 존재하기 않는다고 주장했다.

한편 일본의 지식인 역시 동아시아에서 六經이 가지는 의미에 대해서 파악하고 있었다고 여겨진다. 이를 알 수 있는 대표적인 경우가 1711년 辛卯使行의 三使와 新井白石 간에 이루어진 筆談이었다.

南崗[從事官의 號]이 묻기를, "오직 귀국만이 先秦시대의 서적을 보전하고 있다는 말을 일찍이 〈六一繡刀歌〉에서 보았는데, 지금도 혹 한두 가지 전해 오는 것이 있습니까?"라고 하니, 白石이 대답하기를, "本國의 出雲州에 큰 神廟가 있어 세속 사람들이 大社라 부릅니다. 이 대사 안에 竹簡에다 漆書한 것이 수백 장 있는데, 곧 『古文尚書』입니다."라고 하였다. 靑坪[副使의 號]이 묻기를, "그렇다면 그 서적은 반드시 蝌蚪體로 쓰여진 것일 텐데 선명한 것이 있습니까? 또는 謄寫本

이라도 전해 오는 것이 있습니까?"라고 하니, 白石이 "본국 풍속이 신비한 것을 중히 여기는데, 더구나 神廟에 祕藏되어 있어서 俗間에선 謄寫本을 전할 수 없으니 한스럽습니다."라고 대답하였다. 平泉이 말하기를, "누가 전하기를 熊野山 徐福廟에도 蝌蚪體로 쓴 古文이 있었으나 불에 타버려 전하지 못했다고 하니, 그 말이 믿을 수 있습니까?"라고 하니, 白石이 대답하기를, "그것은 아마 세속 사람들이 지어낸 말입니다."라고 하였다.[120]

筆談 자리에서 종사관 李邦彦은 歐陽脩의 〈日本刀歌〉의 내용을 들며 일본에 육경이 전래되었는지를 물었다. 이에 新井白石은 일본에 六經이 전래된 것은 사실이며, 현재 出雲州의 大社에 竹簡에다 漆書한 『古文尙書』가 전해지고 있다고 답했다. 이에 정사 趙泰億은 이전 통신사행록에 기록되었던 육경의 燒失에 대해 다시 질문했고, 新井白石은 이를 속설이라 일축했다. 이에 三使는 傳命禮를 마치고 돌아가는 길에 大社에 祕藏되어 있다는 육경을 보여달라고 부탁했지만, 新井白石은 이를 거절했다.

辛卯使行에서 있었던 필담에 대해 任守幹은 '交驩'이라고 하며 즐거운 교유의 장으로 표현했으나, 실상 筆談의 내용은 자문화의 우월성을 과시하는 내용으로 가득했다. 그런 자리에서 통신사는 육경을 언급했고, 이후의 필담은 徐福의 육경 전래를 믿지 못하는

---

120) 任守幹, 『東槎日記』, 「江關筆談」, "南崗從事號問曰 貴邦先秦書籍獨全之說 曾於六一
   繡刀歌見之矣 至今猶或有一二流傳者耶 白石曰 本邦出雲州有大神廟 俗謂之大社 社
   中有竹簡漆書者數百莊 卽古文尙書 靑坪副使號曰 其書想必以蝌蚪書之 能有鮮之者
   而亦有謄傳之本耶 白石曰 本邦之俗以祕爲要 況神廟之藏 俗間不得傳寫可恨 平泉曰
   或傳熊野山徐福廟 有蝌蚪書古文 厄于火而不傳云 此言信否 白石曰此乃俗人誣說".

통신사와 사실임을 강하게 주장하는 新井白石이 부딪히는 양상으로 전개되었다. 특히 통신사에 대한 聘禮改革을 단행하며 기존 조·일 관계의 변화를 모색했던 新井白石이 六經 전래를 강하게 주장했다는 점은 의미가 크다. 더구나 辛卯使行 이후, 일본의 文士들이 新井白石의 말을 부정하였다는 점을 감안해 보면 新井白石의 이러한 주장은 六經을 통해 일본 문화가 조선보다 한 수 위라는 사실을 강조하려는 의도가 있었다고 볼 수 있다.

조선후기 지식인들은 통신사행록을 근거로 六經의 不傳을 인정하였다.

乾隆 癸未年에 玄川 元重擧가 通信使 書記가 되어 倭의 儒學者인 龜井魯에게 묻기를, "古文 六經을 徐市이 가지고 오지 않았습니까?" 하니, 답하기를, "저 역시 歐陽脩의 〈日本刀歌〉를 보았습니다. 그러나 우리나라에는 그런 사실이 없습니다. 우리나라의 習俗이 또한 과시하기를 좋아하는데, 貴國과 더불어 通好한 지 오래되었습니다. 가령 우리나라에서 금지함이 있었더라도 반드시 누설되지 않았을 리가 없습니다. 그리고 우리나라에서는 지금도 오히려 六經이 귀하다는 것을 진실로 알지 못합니다. 六經이 귀하다는 것을 알았다면 마땅히 天下萬國과 더불어 함께할 것이나, 귀하다는 것을 모른다면 어찌 그것을 숨기고 금지하겠습니까?"라고 하였다. 이런 사실들을 보면 곧 고려나 일본 모두 『古文尙書』가 없다는 것을 알 수 있었다. 천고의 疑案을 바로잡을 수가 있었다.[121]

---

121) 韓致奫, 『海東繹史』 제42권, 「藝文志」 1, 經籍 1, 〈本國書目一 經〉, "乾隆癸未 元玄川重擧 爲信使書記 問倭儒龜井魯曰 古文六經 徐市載來否 答曰 僕亦見歐陽公日本刀

徐福이 바다에 들어가서 倭皇의 시조가 되었다고 말하는데, 다 사리를 모르는 사람의 허탄한 말이다. 倭書를 상고해 보면, 徐福이 왜국에 들어간 것이 그들의 孝靈天皇 때이니, 이 보다 앞서 나라를 건립한 것이 몇 대 몇 년인지 알지 못한다. 생각건대, 왜국의 人文이 徐福이 들어간 뒤부터 비로소 열렸는데, 商君의 남긴 법을 행하므로 부국강병하게 되어 백 대의 풍속을 이루었으니, 왜인이 徐福의 사당을 지어 놓고 제사지내 주는 이유는 반드시 이 때문이다.[122]

韓致奫은 1763년 癸未使行의 서기 元重擧와 藍島의 문인 龜井魯의 문답을 제시하며, 고려를 거쳐 조선까지 계속된 의심이 해소되었다고 기술하였다. 비록 徐福의 六經 전래가 사실이 아니라고 결론 내렸지만, 조선후기 통신사와 지식인들은 일본의 학문 발전에 중국의 經書가 큰 역할을 담당했다는 사실 또한 알 수 있었다. 통신사는 長崎를 통해 들어온 중국의 서적으로 학문을 닦기에 여념이 없는 일본의 현실을 들며, 일본을 더 이상 비루한 오랑캐로 인식해서는 안 된다고 기록하였다. 뿐만 아니라 일본을 '海中 文明의 고을'이라고까지 표현했다. 이렇듯 통신사의 관심은 六經의 일본 전래에 대한 의문에서 시작되었지만, 이후에는 일본 학문의

---

歌 然本國無此事 且國俗好誇矜 與貴國通使久矣 假使國有禁 必無不洩之理 且國中今日 尚不能眞知六經之貴 如其知貴 當與天下萬國共之 如不知貴 何必秘之禁之 觀此則可知高麗日本 並無古文尙書 足可訂千古疑案".

122) 曺命采,『奉使日本時聞見錄』,「聞見總錄」, "或言徐福之入于海而爲倭皇之始者 皆涉齊東之誕語 考之倭書 福之入倭國 在於其皇孝靈之時 前此立國 已不知爲幾代年矣 意者倭國人文 始闢於徐福入去之後 而行以商君餘法 富國強兵 至于百世成俗 倭人之所以祠福而祭之者 必以是夫".

성장 근원을 탐색하는 차원으로까지 논의가 확대되었다.

## 3) 古學論

藤原惺窩가 일본의 문호를 세운 후 성리학은 幕府 차원의 장려
정책에 힘입어 학문적 영향력을 확대해가고 있었다. 그러나 역설
적이게도 막부의 학문 장려는 林羅山 일가, 더 나아가 일본 성리
학의 도태로 연결되었다. 일본 내에서 關白의 권력 강화를 위한
학문의 왜곡을 좌시할 수 없다는 학문적 분위기가 형성되었던 것
이다. 또한 성리학에서 말하는 학문적 개념들이 너무나도 사변적
이고 추상적이어서 聖賢의 책 속에서만 존재할 수 있다는 비판도
대두되었다.123) 이에 따라 일본에서는 성리학의 학문 방법에서
벗어나고자 하는 古學派가 출현하였다.124)

고학파는 성리학을 비판하고 元始孔孟儒學으로의 복귀를 주장
했던 일본 유학의 한 유파125)였다. 그 최초 제창자 山鹿素行은 성
리학 비판을 이유로 유배되었지만, 이후 伊藤維楨과 荻生徂徠가
각각 古義學과 古文辭學을 주창하며 많은 제자를 양성126)하였다.
수많은 문사들이 고학에 심취하면서 일본은 중국, 그리고 성리학

---

123) 이용수, 「古學·國學 그리고 尊王攘夷論」, 『동양고전연구』 제30집, 동양고전학
　　　회, 2008, 206쪽.
124) 야마구치 게이지 지음(김현영 옮김), 『일본근세의 쇄국과 개국』, 혜안, 2001,
　　　205쪽.
125) 하우봉, 「조선후기 실학과 일본 근세 고학의 비교 연구 시론」, 『18세기 한일문
　　　화교류의 양상』, 태학사, 2007, 67쪽.
126) 동경대 교양학부 일본사연구회 편(김현구·이언숙 옮김), 『일본사개설』, 지영사,
　　　1994, 222쪽.

중심의 세계관에서 탈피하여 독자적인 학문 세계를 형성해 나갔다. 그리고 이러한 일본 학계의 변화가 통신사행록을 통해 조선에 소개되면서 조선 지식인의 지적 호기심을 자극하였다.

## (1) 성리학의 대척점으로서의 古學 비판

통신사행록에 일본의 고학을 최초로 언급한 사람은 申維翰이었다. 申維翰은 일본 문사와의 필담 자리에서 고학에 대한 질문을 받으면서 伊藤維楨의 仁齋學派에 대해 인지하였다.

근세에 京都 사람 伊藤惟貞이란 자가 있어 학문으로 국내에 이름이 났다. 자기의 견해를 책으로 만들어 사람들을 가르치는데, 그의 說은 性理存養과 같은 학설을 무익한 것이라 하고, 다만 日常에 실지로 道를 행하는 것만을 힘쓰게 하였다. (…중략…) 그 밖의 의논도 先儒에게 위배됨이 많다. 일시의 선비들이 혹은 숭배하여 믿는 자도 있고 혹은 그 학문을 나무라는 자도 있었다. 내가 그 문집을 보지는 못하였으나 매번 모든 문사와 대화를 나누는 말끝에 伊藤氏의 설을 들면서 그 옳고 그른 것을 묻는 이가 있었다. 항상 말하기를, "이것은 筍卿의 性惡說과 죄가 같은 것이다. 그의 말대로 따르는 자는 사람의 도리를 禽獸와 초목의 性에서 구하고자 하는 것인가?"라고 하였더니, 모든 선비들이 또한 그렇다고 하였다.[127]

---

127) 申維翰, 『海槎錄』, 「聞見雜錄」, "近世京都人伊藤惟貞者 以學問名於國中 撰集己見 以敎國人 其說以性理存養之說 爲無益 而只將日用行道之實爲務 (…中略…) 餘外立 論 多畔先儒 一時爲士之類 或有崇信者 或有譏其穿鑿者 余未見其文集 而每與諸文士

申維翰은 伊藤維楨의 학설에 대해 先儒의 학설에 위배되는 것이 많다며 부정적 견해를 피력했다. 특히 伊藤維楨이 성리학을 無益한 학문으로 규정하고, 배울 필요가 없다고 설파한 것에 대해 인간의 도리를 禽獸와 草木의 性에서 배우고자 하는 것이라며 신랄하게 비판했다. 그러나 申維翰 스스로가 밝혔듯이 그의 이러한 비판은 伊藤維楨의 글을 직접 읽고 내린 판단은 아니었다. 그래서 고학에 대한 심도 있는 논의라고 할 수는 없다. 또한 일본의 문사들이 자신의 의견에 동조하고 있다고 본 申維翰의 판단 역시 일본 내에서의 고학의 영향력을 정확히 인지하지 못했음을 보여 주고 있다. 더욱이 『海游錄』 전체로 볼 때, 申維翰이 일본 학계의 현 상황을 논하면서 더 깊은 우려를 표명한 쪽은 고학이 아니라 성리학이었다. 申維翰의 관심은 성리학자의 학문적 역량이 점차 낮아지는 상황에서 이를 비판하는 학문으로 고학이 출현했다는 사실에 대해 걱정하는 수준에 머물고 있었다.

그러나 통신사의 기록과 더불어 伊藤維楨의 저작이 조선에 유입128)되면서 그에 대한 관심은 고조되었다. 1719년 서기 成夢良이 伊藤維楨의 차남인 伊藤長英으로부터 기증받은 『童子問』이 조선에 전해짐에 따라 조선의 지식인 중 일부는 이를 탐독하였던

---

酬酢的言語之際 有提伊藤家說話 而質其可否 余輒曰 此與荀卿性惡之說 同罪 從其言者 欲求人道於禽獸草木之性乎 諸生或以爲然".

128) 일본 고학 서적의 조선 유입에 대해서는 하우봉, 「조선후기 실학과 일본 근세 고학의 비교 연구 시론」, 『18세기 한일문화교류의 양상』, 태학사, 2007; 함영대, 「조선후기 한일학술교류에 대한 일고: 그 비대칭성을 중심으로」, 『한문학보』 제 24집, 우리한문학회, 2011; 정혜린, 「김정희의 일본 고학 수용 연구」, 『한국실학 연구』 26, 한국실학학회, 2013 참조.

것으로 보인다.

　일본인인 洛陽의 伊藤維楨 原佐가 『童子問』을 지으니 무릇 189조에
모두 3책이었다. 號는 古學先生이다. 그 아들 長胤이 발간하고, 그 문
하인 林景范 文進이 발문을 지었다. 維楨의 말에 이르기를, '儒者의
학문은 사리에 어두운 것을 가장 경계하였다. 그 道를 논하고 經典을
해석함에 있어 모름지기 명백히 하여 마치 대낮에 네거리에 있는 것
과 같아야 하며, 일을 행함에 털끝만큼이라도 남을 속이지 않아야 바
야흐로 切當할 수 있다. 附會하지 않고, 牽合하지 않으며, 假借하지
않고, 遷就하지 않아야 한다. 특히 그 단점을 가림으로써 덮어 보호하
는 것을 싫어하고, 또 아첨을 취하여 좋게 만드는 것을 경계해야 한
다. 이전의 모든 유자들은 이러한 모든 병을 범하니, 오직 道를 논하
고 經典을 해석하는 것에만 해가 있는 것이 아니었다. 반드시 사람의
心術을 크게 무너뜨렸다. 알지 못해서는 안 된다.'고 하였다. 이 말은
매우 좋다. 이 외에도 격언이 매우 많은데, 바다 섬 안 오랑캐의 나라
에도 이러한 학문하는 사람이 있을 수 있음을 알지 못했다. 살짝 그
3책에서 논한 것을 보니, 무릇 孟子를 推尊하고 때때로 伊川을 비판하
였다.[129]

---

129) 金榦, 『厚齋先生別集』 卷之二, 「雜著」, 〈隨錄〉, "日本國人洛陽伊藤維楨原佐 著童
　　子問凡百八十九條共三冊 號學古先生 其子長胤鋟梓 其門人林景范文進作跋 維楨之
　　言曰 儒者之學 最忌闇昧 其論道解經 須是明白端的 若白日在十字街頭 作事一毫瞞人
　　不得方可切 不可附會 不可牽合 不可假借 不可遷就 尤嫌回護以掩其短 又戒粧點以取
　　媚悅 從前諸儒 動犯此諸病 非惟有害於論道解經 必大壞人之心術 不可不知云云 此言
　　甚好 此外格言甚多 不意海島之中蠻貊之邦 能有此學問之人也 竊觀其三冊所論 大抵
　　推尊孟子 而時疵伊川矣".

宋時烈의 문하이자 조선후기 禮說에 조예가 깊었던 金榦은 1719년 통신사를 통해 들어온『童子問』을 구해 읽었다. 金榦은 道를 논하고 경전을 해석함에 있어 附會·牽合·假借·遷就하지 않아야 하며, 모든 것을 명백하게 밝혀야 한다는 伊藤維楨의 학문 방법론을 긍정적으로 평가하였다. 또한『童子問』은 金榦이 한갓 오랑캐에 지나지 않는다고 보았던 일본의 학문 수준을 재평가하는 계기가 되었다. 뿐만 아니라, 金榦은 伊藤維楨의 학문이 선진유학으로의 회귀를 지향하고 있음도 파악하였다. 다만 그가 伊藤維楨의 글을 '甚好'라 표현한 것을 고학에 대한 이해나 긍정이라고 보기는 어렵다. 때때로 程頤를 비판하는 논조가 보였다는 金榦의 생각은 고학이 성리학과 程朱를 부정하는 데서 그 사상적 논의가 시작되었다는 사실을 몰랐기에 가능한 평가였기 때문이다. 오히려 金榦은 四書에 대한 이해를 돕고, 儒者가 가져야 할 마음가짐을 논한『童子問』의 내용, 그 자체에 대해 긍정했다고 볼 수 있다.

『童子問』은 이후에 파견된 통신사의 필독 도서가 되었다. 이에 따라 伊藤維楨과 일본의 고학에 대한 통신사의 관심은 더욱 커졌다.

이른바 古義란 곧 자기의 견해를 스스로 세워 장마다 주를 달아 해석한 것이다. 字義는 곧 心·性·情·四端·七情·誠 등의 글자를 분별하여 논한 것이다. 아득한 바다의 오랑캐가 愚昧함에 빠져 先賢을 업신여기고 헐뜯음이 이에 이르렀으니 진실로 싫고 진실로 가련하다.[130]

---

130) 洪景海,「隨槎日錄」, 4월 22일~26일, "所謂古義 卽自立己見 逐章釋註者也 字義 卽以心性情四端七情誠等字 逐字論辨者也 絶海蠻兒 坐於愚昧 侮毀前賢至此 良足良憐".

일본으로 출발하기 전 이미 『童子問』을 보았던 戊辰使行의 子弟軍官 洪景海는 적극적으로 일본 고학에 대해 탐색하였다. 大坂에 도착한 洪景海는 역관에게 부탁해 伊藤維楨의 다른 저서인 『論語古義』와 『語孟字義』를 구해서 읽었다.131) 申維翰과는 달리 伊藤維楨의 글을 직접 읽은 洪景海는 古義가 무엇이고, 그들의 학문 방법이 어떤 지를 파악하고 그것을 기록하였다. 그럼에도 불구하고 고학에 대한 洪景海의 평가 역시 申維翰과 별반 다르지 않았다. 先賢을 헐뜯는 오랑캐의 우매함이 불쌍하다는 洪景海의 평가는 성리학 이외의 학문은 용납할 수 없다는 경직된 사고를 반영하고 있었다.

또한 戊辰使行의 서기 柳逅는 사행 노정에서 만난 일본 문사들에게 일본의 학문 경향, 특히 伊藤維楨에 대해 적극적으로 탐문하였다. 그러나 그저 伊藤維楨을 호걸한 선비 정도로만 설명할 뿐이어서 그에 대한 정확한 정보를 얻을 수는 없었다. 그러다 江戶에 이르러서야 비로소 仁齋學派의 문사를 만나 필담을 나눌 수 있었다.

藤原明遠이 製述·書記에게 글을 보내어, 『中庸』은 子思의 글이 아니라고 장황히 말하였다. 그러나 문리가 완성되지 않았으니 곧 이 사람이 伊藤維貞의 괴탄한 무리임을 알았다. 이날 明遠이 제술·서기들을 보러 왔는데, 제술관 등이 그가 성인을 誣罔한 것을 꾸짖고 각각 납득이 되도록 설명하였다. 明遠이 스스로 말하기를, "『中庸』을 子思의 글

---

131) 후마 스스무 지음(하정식·정태섭·심경호·홍성구·권인용 옮김), 『연행사와 통신사』, 신서원, 2008, 176쪽.

이 아니라고 하는 자는 천 년 뒤에도 明遠 한 사람뿐일 것입니다."라
고 하였다.132)

막부에서 侍講直學士로 있던 藤原明遠은 제술관과 서기에게 『中
庸』은 子思가 쓰지 않았다는 글을 보냈다. 논리에 닿지 않는 그의
글을 보고 제술관과 서기들은 伊藤維楨의 제자임을 인지했다. 그
래서 藤原明遠이 자신들을 찾아오자, 그 글의 문제점을 지적하며
성리의 학설을 설파하려고 하였다. 그러나 藤原明遠이 통신사의
논리를 받아들이지 않자, 통신사는 일본 고학파에 대해 스스로를
드러내기 위해 이치에 맞지 않는 말도 서슴없이 하는 괴탄한 무
리로 결론 내려버렸다. 이 일은 조선 문사와 일본 고학파 간에
벌어진 학술적 논쟁의 시작이었다.
통신사를 통해 伊藤維楨과 仁齋學派에 대한 정보가 계속해서
유입되면서 조선 내에서도 그의 고학을 비판하는 논의가 조금씩
일어나기 시작하였다.

藤明遠이란 자가 있었는데 伊藤維楨의 무리였다. 製述官과 서기에
게 글을 보내어 『중용』이 子思의 저서가 아니라고 장황히 말하였다.
말이 이치에 맞지 않고 文理가 완성되지 않았다고 한다. 이에 근거하
여 말한다면 그 학문의 수준을 알 만하다.133)

---

132) 曹命采, 『奉使日本時聞見錄』, 5월 29일(壬子), "藤原明遠貽書于製述書記 而以中庸
　　一書 謂非子思之書 張皇爲辭文理未成 始知此人 卽伊藤維貞之怪徒也 是日明遠來見
　　製述書記 製述等責其誣聖 而各爲說擊破之 明遠自以爲以中庸爲非子思之書者 千載
　　後惟明遠一人云".
133) 安鼎福, 『順菴集』 제13권, 「雜著」, 橡軒隨筆 下, 〈日本學者〉, "有藤明遠者 伊藤維

安鼎福은 伊藤維楨이 쓴 〈童子問詩〉와 「蟬谷雜記」에 실린 金㙫의 글을 보고134) 일본 고학에 관심을 가졌던 듯하다. 하지만 그 역시 伊藤維楨과 고학에 대한 심도 있는 논의로 나아가지는 못했다. 오히려 安鼎福은 고학을 바라보는 다른 지식인의 글이나 통신사행록을 인용하면서도 개인적인 평가를 유보135)하였다. 이러한 安鼎福의 고학 언급은 일본 학술 전반을 파악하는 차원에서 이루어진 것이며, 고학 자체에 크게 관심을 두지 않았음을 의미한다. 그러나 이후 戊辰使行에서 있었던 藤原明遠과 서기 간의 학술 논쟁을 알고는 일본 고학, 특히 고의학파의 학문 수준을 알 만하다고 비판적으로 논평했다. 그러나 이러한 평가 역시 통신사의 고

---

楨之徒也 貽書於製述官書記 以中庸爲非子思之書 張皇爲辭 而語不成說 文理未暢云 據此而言 則其學可知也".

134) 安鼎福은 왜인이 지은 〈童子問詩〉와 작자미상의 「蟬谷雜記」를 보았다고 하였는데, 이 둘 다 金㙫의 문집인 『厚齋集』에 실려 있다. 金㙫의 글은 그의 생몰연대 (1646~1732)를 고려할 때, 己亥使行으로 유입된 『童子問』을 읽고 쓴 것으로 추정되며, 조선에 있어 가장 이른 시기의 古學 평가로 생각된다. 이후 『童子問』을 접한 조선의 지식인 사이에서 金㙫의 글도 함께 전해졌고, 安鼎福은 그 글이 수록된 「蟬谷雜記」를 읽었던 것으로 보인다.

135) 古學에 대한 기존 연구에서 安鼎福은 극단적인 평가를 받았다. 하우봉은 安鼎福이 伊藤維楨의 글을 인용하며 그 학문 태도에 공감을 표시했고, 나아가 대일강경론자였던 安鼎福이 〈童子問詩〉와 「蟬谷雜記」를 보고 일본의 문물에 대해 긍정적으로 바뀌었다고 평가했다(「조선후기 실학과 일본근세 고학의 비교연구 시론」, 『18세기 한일 문화교류의 양상』, 태학사, 2007, 88쪽). 반면 김성준은 安鼎福의 伊藤維楨 평가가 조선 유학자 절대다수의 입장과 대동소이했다며 古學에 대한 安鼎福의 평가가 부정적이었다고 하였다(「18세기 통신사행을 통한 조선 지식인의 일본 고학 인식」, 『동양한문학연구』 제32집, 동양한문학회, 2011, 168쪽). 그러나 이러한 평가의 근거가 된 구절인 "此言甚好 此外格言甚多 不意海島之中蠻貊之邦 能有此學問之人也 竊觀其三冊所論 大抵推尊孟子 而時疵伊川矣"는 安鼎福의 글이 아니라, 金㙫의 『후재집』을 인용한 대목이다. 그러므로 이 글을 인용한 것 자체에서는 古學에 대한 安鼎福의 생각 일면을 엿볼 수는 있지만, 이를 古學 평가의 직접적인 근거로 삼을 수는 없을 듯하다.

학 인식에 기초한 것으로 객관적이라고 할 수는 없다.136) 다만 통신사를 통해 일본 학술에 관한 최신의 정보를 획득하려고 한 점에서 그 관심의 정도를 엿볼 수 있다. 이를 통해 통신사의 고학 인식이 조선의 지식인에게 직·간접적인 영향을 미쳤다는 사실을 알 수 있다.

특히 老論의 정통 유학자들은 伊藤維楨에 대해 통신사와 동일하게 강경한 입장을 취했다.

일본인 伊藤維楨은 『語孟字義』를 지었다. 維楨은 대개 그 나라의 공적있는 유학자이나 그 說은 주자를 譏評한 것이 많았다. 그 책이 우리나라에 유입되었으니, 혹 취하여 보고 뜻에 미혹되는 자가 있었다. 宣城 上舍 李遠重 任道가 설을 지어 그것을 판별하였다. 무릇 朱子는 孔子 이후의 뛰어난 인물이었다. 日月이 비추는 바와 같으니 무릇 血氣가 있어 尊親하지 않을 수 없다. 그런데 維楨이 이러한 망령된 글을 지으니 진실로 놀랍다. 그러나 臆說에는 어긋남이 많고, 먼 지방에 있는 오랑캐의 손에서 나왔으니 곧 그 망령됨은 분별할 것이 못된다. 이미 취하고 보아 뜻에 미혹된 자가 있으니 곧 미연에 방지하는 道가 있어야 하고, 또한 개의치 않을 수가 없었다. 이것이 任道의 뜻이었다. 다만 그 분별할 것은 朱子를 망령되게 평가한 것에 있을 따름이요, 나머지는 어찌 족히 말을 낭비하겠는가.137)

---

136) 함영대, 「조선후기 한일학술교류에 대한 일고: 그 비대칭성을 중심으로」, 『한문학보』 제24집, 우리한문학회, 2011, 388쪽.

137) 宋穉圭, 『剛齋集』 권6, 「拔」, 〈書語孟字義辨後〉, "日本人伊藤維楨 作語孟字義 維楨蓋其國之業儒學者 而其說多譏評朱子者矣 其書流到我國 或有取見而惑志者 城李上舍遠重任道 爲著說以辨之 夫朱子 孔子後一人也 日月所照 凡有血氣者 莫不尊親

宋時烈의 6대손으로 정통 노론 유학자였던 宋穉圭는 伊藤維楨을 주자에 대해 譏評한 일본인 유학자로 평가했다. 그리고는 李任道의 〈語孟字意辨〉 내용을 소개하였는데, 『語孟字義』에 나타난 伊藤維楨의 주자 비판에 초점을 맞추고 있다. 또한 이에 대한 宋穉圭의 跋文 역시 『語孟字義』에 나타난 학술적 측면보다는 朱子를 비판한 사실 그 자체에 무게를 두고 있다. 이를 통해 조선후기 노론은 反성리학적 성향의 일본 고학에 대해 학술적 비판과 논쟁을 하는 것조차 의미 없는 일이라 치부[138]했음을 알 수 있다. 아울러 宋穉圭는 伊藤維楨의 학설을 긍정적으로 보고자 하는 시각이 존재한다는 사실에 우려를 표명하며, 이러한 경향이 더 확산되는 것을 막는 것 역시 지식인의 역할임을 분명히 하였다.

한편 1763년 癸未使行에서는 伊藤維楨에 국한되어 있던 일본 고학에 대한 관심이 徂徠學派로 확대되었다. 荻生徂徠는 학문적 역량을 인정받아 제5대 關白 綱吉 때 이미 막부에서 侍講으로 근무하였으며, 이후 학문적으로 대립적인 위치에 있었던 新井白石이 막부에 등용되자 侍講에서 물러나 私塾을 열고 제자를 양성하였다. 辛卯사행에 山縣周南·東野 등의 徂徠學派 문사들이 통신사를 만나 수창을 나누었음에도 통신사행록에는 이에 대한 언급이 없었다.[139] 뿐만 아니라 申維翰이 파견되었던 己亥使行에도 荻生

而維楨乃有此妄作 固可駭也 然其臆說類多差謬 而出於遠方蠻夷之手 則其妄不須辨 旣有取見而惑志者 則在防微之道 亦有不可恝然者 此任道之意也 但其可辨 只在於妄評朱子而已 餘何足費說也".

138) 김성준, 「18세기 통신사행을 통한 조선 지식인의 일본 고학 인식」, 『동양한문학연구』 제32집, 동양한문학회, 2011, 168쪽.

139) 이효원, 「荻生徂徠와 통신사: 徂徠 조선관의 형성과 계승에 주목하여」, 『고전문

徂徠가 직접 관소를 찾아 통신사와 필담창수를 나누었으나, 이에 대한 기록 역시 남아 있지 않았다.[140] 이 시기의 통신사는 성리학을 비판하는 신진학자에 불과했던 荻生徂徠에 대해 별다른 관심을 가지지 않았다. 이는 곧 18세기 전반까지 荻生徂徠가 창도한 古文辭學의 일본 내 영향력이 아직은 古義學에 비해 약했음을 말해 준다. 이후 戊辰使行에서도 일본 고학은 여전히 伊藤維楨을 중심으로 인식되었다.

1763년 癸未使行의 원역들은 이전 사행의 기록과 국내에 유입된 일본의 서적을 통해 일본에서 성리학이 변방의 학문으로 전락했음을 알고 있었다.[141] 이에 元重擧는 일본으로 떠나기 전 조선의 주자학만이 正學임을 일본 문사에게 보여주겠다는 의지를 표명했다. 元重擧는 부산에 체류하는 동안, 南玉과 成大中에게 詩文唱和보다는 程朱의 道를 전하는데 주력하자는 의지를 보였다. 元重擧는 程朱가 아니면 말하지 않고 經書가 아니면 인용하지 않으며, 고학파와는 唱酬를 하지 않는다[142]는 교류의 원칙까지 세웠다.

이렇듯 성리학적 학문관의 견지로 일본을 교화시킬 수 있다는 자신감을 가지고 떠났지만, 일본에 도착해서 실감한 고학파의 위세는 통신사가 상상한 그 이상이었다. 특히 통신사가 그 文才를 높이 산 일본의 문인들 대부분이 荻生徂徠의 문하였다. 荻生徂徠

---

학연구』 제43집, 한국고전문학회, 2013, 455쪽.

140) 이효원, 「荻生徂徠와 「贈朝鮮使序」 연구」, 『한국한문학연구』 제51집, 한국한문학회, 2013, 433~434쪽.

141) 이홍식, 「1763 계미통신사행과 한일 관계의 변화 탐색: 충돌과 갈등 양상을 중심으로」, 『동아시아문화연구』 제49집, 한양대 동아시아문화연구소, 2011, 93쪽.

142) 元重擧, 『乘槎錄』, 3월 초10일(辛酉).

는 일찍부터 신봉하였던 古文辭를 바탕으로 古文辭學을 제창하였다. 그가 말한 古文辭의 文은 秦·漢의 문장이었으며, 詩는 宋詩가 아닌 盛唐을 모범143)으로 삼았다. 또한 荻生徂徠는 宋詩를 부정하는데 그치지 않고 宋學인 性理學 자체를 부정하기도 하였다. 그래서 1763년 계미통신사는 仁齋學派보다는 徂徠學派를 더 부정적으로 인식했다.

柴邦彦이란 자는 나이가 젊으며 호는 栗山이다. 붓을 잡고 마치 물 흐르듯이 118운을 써 내고 다시 칠언율시 1수를 내놓았는데 詞筆이 자못 뛰어났다. 여러 시들에 모두 잇달아 화답해주었다. 邦彦이 지은 것을 자세히 보니 앞에 駢儷文으로 된 서문이 있었다. 이것은 비록 選體이긴 하나 또한 진실로 곱고 아름다우며 排律과 用事가 해박하고 풍부했다. 모두 註說이 달려 있는데 이미 풍부하고도 아름다우며 수사가 난숙하고 찬란하니 가히 동쪽으로 온 뒤로는 처음 보는 것이었다. (…중략…) 비록 촛불 아래에서 잠깐 보았지만 또한 교만함과 망령됨이 덕을 능가하는 기운이 있었다. 문장과 학식은 오직 物雙栢을 그 스승으로 삼은 자이다.144)

南玉은 排律과 用事가 뛰어난 柴邦彦의 문장을 보고 일본에 온

---

143) 야마구치 게이지 지음(김현영 옮김), 『일본근세의 쇄국과 개국』, 혜안, 2001, 202~204쪽.

144) 南玉, 『日觀記』, 2월 25일(丁未), "柴邦彦者年少號栗山 操筆如流 出百十八韻 更出七律一首 詞筆稍優 諸詩併追和 詳見邦彦之作 則先有儷序 雖是善體 亦自綺麗 排律用事該贍 皆有註說 旣富且妍藻致爛燁 可爲東來後初見 (…中略…) 雖燭下卒乍之間 亦見驕妄勝德之氣 文學識一惟物雙栢師者也".

이후 처음 보는 뛰어난 실력이라 극찬을 하였다. 그러나 그가 荻生徂徠의 학설을 따르고 있음을 알고는 불편한 심기를 표출하였다. 程朱를 따르지 않는 일본의 학파를 異端이라 지칭하며 배격했던 元重擧에 비해 비교적 유연한 입장을 보였던 南玉이었지만, 이미 일본의 문단을 荻生徂徠의 문하가 장악하고 있는 현실에 불안함을 느꼈던 것이다. 그래서 南玉은 조선의 지식인이 성리학만을 내세워 일본 문인을 상대한다면 큰 곤란을 겪을 것이라 우려했다. 南玉과 동일한 위기감을 느낀 元重擧는 江戶에서 太學頭를 만나 『經書大典』과 程朱의 책을 번역하여 발간하고 이를 각 藩에 배포할 것을 關白에게 건의해 달라고 요청했다.

그러나 元重擧와 成大中 등이 파견된 1763년에는 이미 太學頭를 필두로 한 성리학자들은 일본 문단을 지배할 힘을 상실한 상태였다. 德川 幕府 전체로 보자면 일본의 고학파는 270여 명에 불과했고, 성리학파는 그 4배에 해당하는 천여 명의 문사를 배출했다. 그러나 1716년 이후 幕府와 諸藩에 고용된 문사 중 仁齋學派와 徂徠學派의 문하생을 더한 수는 성리학파의 수를 넘어서고 있었고, 그 중 徂徠學派가 차지하는 비중은 仁齋學派의 2배가 넘는 수치였다.[145] 이를 통해 18세기 徂徠學派가 얼마나 비약적인 성장했으며, 그 위세가 어떠했는지를 분명하게 알 수 있다. 통신사

---

[145] 1716년에서 1788년까지 막부와 諸藩에서 학교나 서기 등의 직책을 맡은 일본 문사 중 성리학파가 152명, 인재학파가 49명, 조래학파가 118명이었다. 그리고 그 기간을 1624년에서 1871년까지로 넓히면 성리학파가 1,099명, 인재학파가 77명, 조래학파가 194명이었다(서신호, 「전근대 일본사회의 교육제도와 이념: 막부설립의 관학, 창평판학문소를 중심으로」, 『교육문화연구』 제15-2호, 인하대학교 교육연구소, 2009, 142쪽).

는 성리학의 道로써 일본 문사를 교화시키기에는 고학의 일본 내 영향력이 너무 강력하다는 것을 깨달았다. 그래서 元重擧는 荻生 徂徠의 저서인 『徂徠集』, 『辯名』을, 정사 趙曮은 『論語徵』을 일본 에서 기증받아 읽으며, 고학에 대해 정확하게 파악하고자 했다. 그러나 癸未使行의 원원들이 본 일본의 고학은 異端 그 자체였다.

그들의 학술이란 대개가 異端에 가깝다. 호를 仁齋라고 하는 伊藤 維貞이란 자가 있으니, 『童子問』이란 책을 저술하여 程朱를 헐뜯었다. 근래에 호를 徂徠 또는 蘐園이라 한 物雙栢字茂卿이란 자가 있는데, 비록 본받아 이을 만한 말은 없지만 그 문장은 다른 사람보다 뛰어났 다. 그는 『論語徵』을 저술하여 맹자 이하를 모두 업신여기고 헐뜯었 는데, 朱子註를 僞註라 하였다. (…중략…) 朱子의 학문이 오직 조선에 서만 행해진다. 온갖 陰이 다 박탈한 나머지이니, 한 가닥 陽을 붙드 는 책임이 오로지 우리나라의 여러 선비들에게 있다고 하지 않겠는 가. 일본의 학술은 긴긴 밤이라고 해야 옳으며 일본의 문장은 소경이 라 이름이 옳다.146)

학술은 대체로 陸王을 종주로 하고 程朱를 공격한다. 우리나라 사 람이 異端을 배척하기 때문에 朱子를 종주로 한다고 강하게 말하는 사람이 더러 있다. 그러나 주자를 공격하는 자는 인재가 많고, 주자를

---

146) 趙曮, 『海槎日記』, 6월 18일(戊戌), "所謂學術則大抵皆近異端 有伊藤維貞號仁齋者 著童子問 毁侮程朱 近有物雙栢字茂卿號徂徠一號園者 雖無師承之可言 其文章則超 越諸子 著論語徵 自孟子以下皆侮而詆之 以朱註爲僞註 (…中略…) 朱子之學 獨行於 朝鮮 群陰剝盡之餘 一脈扶陽之責 豈不專在於吾東多士耶 日本學術則謂之長夜可也 文章則謂之瞽矇可也".

종주로 하는 자들 중에는 재주가 떨어지는 자가 많다. 근세에 物雙柏이 온 세상을 현혹하여 기치를 세워 대중을 호령하였다. 그 문학이 황무지를 개척하였으나 敎法이 순정함을 더럽혔으니, 공과 죄악이 모두 우두머리가 되었다. 이는 秀吉이 그 나라에 한 것과 같다.[147]

1763년 癸未使行의 정사 趙曮은 伊藤維楨과 荻生徂徠의 글을 직접 읽어보고는 荻生徂徠의 文才에 대해서는 높이 평가했다. 그러나 그 점이 趙曮의 고학 인식에 긍정적으로 작용하지는 않았던 듯하다. 趙曮에게 일본 고학은 그저 程朱를 비판했다는 점에서 異端일 뿐이었다. 그래서 그는 성리학과 일본의 고학을 각각 '陽'과 '陰'의 학문으로 규정하고, 조선만이 '陽'의 학문을 하고 있다는 자부심을 드러냈다. 그렇기에 조선의 지식인이 성리학으로써 일본의 문사를 교화해야 한다는 자신의 생각을 통신사행록에 피력했다.

그런데 이러한 고학 인식은 비단 趙曮에게만 해당하는 것은 아니었다. 고학파의 문장 실력은 인정하나, 그 학설은 존중할 수 없다는 입장은 癸未使行에 참여한 조선 문사의 공통된 생각이었다. 제술관 南玉은 西京의 문인 那波師曾으로부터 『徂徠集』을 선물 받아 읽고 그 학설을 좀 더 정확하게 알게 되었다. 南玉 역시 荻生徂徠가 황무지와 같던 일본 학문을 부흥시켰다는 점에 대해서는 긍정적인 면이 있다고 인정했다. 하지만 그 功過를 나누면 허물이

---

147) 南玉, 『日觀記』, 「總記」, 〈文章〉, "學術大抵主陸王 而攻程朱 以我人之鬪異 强言主朱者或有之 然攻朱者多才 後主朱者多庸下 近世物雙柏眩惑一世 立幟號衆 其文學之開荒 敎法之醜正 功罪俱魁 如秀吉之於其國".

더 많아 마치 秀吉과 같다고 평가했다. 이때 南玉이 든 荻生徂徠의 가장 큰 허물은 바로 朱子를 비판하여 敎法의 순정함을 더럽혔다는 점이었다. 이러한 평가는 고학을 처음으로 언급했던 申維翰의 견해와 달라진 점이 없었다. 일본의 고학이 통신사에게 알려진 지 40여 년이 흘렀지만, 통신사의 고학 인식은 주자와 성리학을 비판했다는 그 지점에 머물고 있었다. 그래서 여러 전거를 들어 일본지식에 대한 考證을 시도했던 元重擧조차도 일본의 고학을 '반딧불이'와 같아 금방 소멸할 학문으로 평가했다.

처음 일본의 고학을 접했던 통신사는 그저 그 학문 경향에 대해 우려를 표명하는데 그쳤다. 그러나 조선에 유입된 학술 서적을 읽어보고, 일본의 고학파와 직접 필담을 나누면서 고학을 바라보는 통신사의 시선은 급격히 차가워졌다. 특히 통신사는 宋詩과 宋學, 그 중에서도 성리학을 부정했던 荻生徂徠의 학문을 異端으로 규정하였다. 성리학과 중화 중심의 세계관으로 무장한 채 일본을 교화시키려던 통신사와, 기존의 질서에서 벗어나 새로운 학문을 구축해나가던 일본 문사의 대립은 통신사가 일본으로 향하던 그 시점부터 이미 예견되었던 것이었다.

## (2) 학문방법론으로서의 古學 긍정

일본의 고학은 조선과 일본 양국 문사 사이에서 가장 큰 논쟁거리가 되었다. 특히 성리학을 官學으로 인식했던 조선의 지식인에게 주자와 성리학에 대한 고학파의 노골적인 비판은 받아들이기 힘든 일이었다. 당시 조선에서는 주자의 주석과는 다른 독창적인 경전 해석에 대해 아무리 그 뜻이 옳아도 겸허하지 못한 것으로 간주되었다. 또한 조선의 지식인들은 자신의 학설을 뒷받침할 근거를 주자의 저술로부터 찾는 방법을 즐겨 사용하였다.[148] 따라서 통신사나 조선 지식인의 고학 비판은 이러한 학풍의 차이에서 기인한 바가 컸다.

그런데 성리학에서 벗어나 당대의 현실 문제를 해결하려는 일본 고학의 학문방법은 임진왜란 이후 조선에서 일어났던 탈성리학적 흐름과 무관하지 않았다. 임병양란을 거치며 성리학이 정치사상으로서 제 역할을 하지 못한다는 반성과 비판이 조선 내에서 제기되었다. 그리고 17세기 중엽에는 성리학만을 절대시하는 학문 태도에서 벗어나려는 일련의 방법이 시도되었는데, 鄭齊斗를 중심으로 한 江華學派가 대표적이다. 이들은 당시 정권에서 소외된 少論系로 양명학을 수용하여 致良知를 그 학문적 목표로 세웠다.[149] 鄭齊斗는 성리학이 사회통합적 기능을 상실하고 의리명분론만을 내세우자 이를 假學이요 虛論이라고 비판하였다. 그래서 이를 벗어나기 위해 양명학을 바탕으로 하되 성리학적 인식론을 재수용하거나 고증학의 실증적인 학풍·도교·불교까지 수용[150] 하였다.

'理'를 중심으로 세계를 보는 성리학적 인식의 틀을 거부하고 당대 현실을 말하고자 했던 강화학파는 일본 고학과 그 발생이나

---

148) 강지은, 「17세기 경학방법론 연구: 독창성 및 비판성을 척도로 한 경학연구를 대신하여」, 『퇴계학보』 제128집, 퇴계학연구원, 2010, 175쪽.

149) 유준기, 『한국 근대유교 개혁운동사』, 삼문, 1999, 289~290쪽.

150) 심경호, 「강화학의 허가비판론」, 『대동한문학』 제14집, 대동한문학회, 2001, 38 ~40쪽.

학문적 목표가 유사했다. 따라서 강화학파가 바라보는 일본의 고학은 통신사의 시각과는 차이가 있었다.

이에 송나라 儒者들의 性理說이 孔孟의 학설과 괴리되어 들어가고 나감이 뒤섞인 것을 의심하였다. 몇 해 동안 깊이 생각하더니 이때 이르러 문득 깨달아 스스로 터득한 것이 대략의 조리를 이루었다. (…중략…) 비로소 문을 열고 생도를 이끌어 맞아들이니 오는 자가 몰려들어 집에는 항상 신이 가득하였다. 믿는 자는 그를 여러 대를 거쳐 드물게 나는 偉人이라 하고, 의심하는 자는 그것을 陸象山 王陽明이 남긴 학설이라고 하였다. (…중략…) 源正之와 伊藤維楨은 비록 모두 賢者나, 두 사람의 학문은 실제 서로 함께 도모하지 않는 嫌疑가 있었다. 그 門生과 後學들이 각각 그 스승만을 높이니 分黨은 필연적인 것이었다. 黨論이 이미 일어나자 허물을 꾸며 불화를 만드니 서로 싸워 해치는 것이 나날이 심해졌다.151)

鄭東愈는 伊藤維楨의 行狀과 『童子問』을 읽고 伊藤維楨의 일생과 학문의 성취를 기록하였다. 鄭東愈은 원래 성리학을 공부했던 伊藤維楨이 孔孟의 학설과 괴리되어 가는 성리학의 모순을 깨닫고, 새로운 학술을 주창하기까지의 과정을 비교적 자세하게 다루었다. 아마도 성리학적 학문방법론을 반성하면서 양명학의 현실

---

151) 鄭東愈, 『畫永編』, "是有疑於宋儒性理之說 乖孔孟之學 參伍出入 沈吟年至是恍然自得略就條貫 (…中略…) 始開門戶接延生徒 來者輻湊戶履常滿 信者以爲間世偉人 疑者以爲陸王餘說 (…中略…) 源正之伊藤維楨 雖皆賢者 兩人之學 實有不相爲謨之嫌 其門生後學 各存其師 分黨必矣 黨論既興 則未有不修隙 相殘干戈日尋".

관을 받아들였던 鄭東愈의 학문 성향152)이 伊藤維楨을 기존의 시
각과는 다른 측면에서 바라보게 했을 것이다. 그래서 鄭東愈는
伊藤維楨의『童子問』에 대해 배우는 사람이 쉽게 활용할 수 있는
功效을 갖춘 저술이라고 긍정적으로 평가하였다. 또한 鄭東愈는
伊藤維楨이 일본에서 '偉人' 혹은 '陸王餘說'이라는 극단적인 평가
를 받는 현실을 언급하며, 그 속에 조선의 현실을 투영하기도 하
였다. 성리학파와 仁齋學派가 서로 배치되는 학설로 국력을 낭비
하는 일본의 현실이 조선 내의 성리학과 양명학의 소모적인 대립
논쟁과 같았기 때문이었다. 이에 鄭東愈는 성리학 일변도의 현실
속에서 伊藤維楨의 반주자학적 학술 경향을 높이 평가153)했다.
   한편 古代의 언어로써 경전을 해석해야 한다는 고학파의 논
리154)는 성리학적 시각에서 고학을 비판했던 元重擧마저도 인정
하였다.

   다만 문장에서는 敍事의 체를 얻었고, 학문에서는 자신을 돌아보는
   방책을 얻었다. 또한 중국음으로 그 생도에게 韻書를 가르쳤는데, 중
   국음이 통한 후에야 책으로써 가르쳐서 드디어 새가 우는 소리 같은
   음을 변화시켰으니 古書를 誦讀하기가 10배나 간편해졌다. 그가 後生
   에게 끼친 공이 또한 크다.155)

---

152) 조성산, 「玄同 鄭東愈(1744~1808)와『晝永編』에 관한 연구」,『한국인물사연구』
    제3호, 한국인물사연구소, 2005, 243쪽.
153) 김성준, 「18세기 통신사행을 통한 조선 지식인의 일본 古學 인식」,『동양한문학
    연구』제32집, 동양한문학회, 2011, 164~165쪽.
154) 후마 스스무 지음(하정식·하정식·정태섭·심경호·홍성구·권인용 옮김),『연행
    사와 통신사』, 신서원, 2007, 186쪽.

元重擧는 荻生徂徠에 대해 비판만 했던 기존의 입장에서 벗어나 일정 부분 그의 학문적 성과를 인정하였다. 荻生徂徠가 문장에서는 敍事之體를, 학술에서는 反身之方을 얻었다고 하였다. 특히華韻韻書를 만들어 보급함으로써 후대 문사에게 미친 긍정적 영향이 크다고 평가했다. 하지만 단어의 同異에 초점을 두고 언어에대한 과학적이고 실증적인 연구를 추구하는 고문의 연구방법은,문자의 동일성보다는 문맥에 더 큰 의미를 부여하는 조선의 학문방법156)과 맞지 않았다. 그러나 四書 중심의 성리학에서 벗어나孔孟의 六經으로 회귀해야 한다는 일본 고학파의 방법론은 일단의 조선 지식인으로부터 공감을 이끌어냈다.

내가 이른바 古學先生 伊藤維楨이 지은 글과 荻先生, 太宰純 등이논한 經義를 읽어보니 찬연한 文彩가 있었다. 이로 말미암아 지금은일본에 대해서 걱정할 것이 없음을 알겠다. 비록 그들의 의론이 간혹迂闊하고 이치에 맞지 않은 점이 있기는 하나, 그 文彩가 質보다 나은면은 대단한 바 있다.157)

일본 고학파의 학문 방법에 대해 본격적으로 연구하고 이를 자

---

155) 元重擧, 『和國志』 권2, 〈異端之說〉, "但於文則得敍事之體 於學則得反身之方 又以 華音授韻書於其徒 華音通然後授之以書 逐變啁啾之音 而誦讀古書十倍簡便 其有功 於後生亦大矣".

156) 강지은, 「17세기 경학방법론 연구: 독창성 및 비판성을 척도로 한 경학연구를 대신하여」, 『퇴계학보』 제128집, 퇴계학연구원, 2010, 171쪽.

157) 丁若鏞, 『茶山詩文集』 제12권, 「論」, 〈日本論〉 1, "余讀其所謂古學先生 伊藤氏所 爲文 及荻先生太宰純等 所論經義 燦然以文 由是知日本今無憂也 雖其議論間有迂曲 其文勝則已甚矣".

신의 학문에 적용한 실학자는 丁若鏞이었다. 丁若鏞은 伊藤維楨, 荻生徂徠뿐만 아니라 그 제자인 太宰春臺의 논의를 읽고는 그 학문적 수준을 가늠할 수 있었다. 그리고 그들의 논의에 간혹 오류가 있기는 하지만 文彩가 찬연하다며 긍정적인 평가를 내렸다. 그런데 丁若鏞의 이러한 평가는 고학파에 대해 가지고 있던 자신의 생각을 뒤집는 것이기에 그 의미가 크다고 하겠다. 고학을 처음 접한 丁若鏞은 그들의 반주자학적 태도를 비판했다.158) 특히 丁若鏞은 太宰春臺의 『論語古訓外傳』을 읽고 난 뒤에는 주자를 비판하는 것이 더 과격하고 방자하다며 일갈했다. 하지만 고학파의 경전 주석을 본격적으로 연구하고 난 이후, 丁若鏞은 荻生徂徠를 '海東夫子'로 일컬으며 名儒로 인정하였다. 뿐만 아니라 자신의 학문적 성취를 집대성한 『論語古今註』를 저술하며, 고학파의 주석을 소개·인용159)하였다. 이렇듯 丁若鏞이 고학파에 대해 학문적으로 접근했던 것은 先秦古文으로의 회귀와 현실정치를 강조한 일본 고학파의 정신이 자신의 학문적 성향과 유사160)했기 때문이었다.

漢 儒者의 경전을 해석함에 考古로써 방법을 삼으니 명확하게 판별

---

158) 하우봉, 「조선후기 실학과 일본근세 고학의 비교연구 시론」, 『18세기 한일 문화 교류의 양상』, 태학사, 2007, 94쪽.

159) 이에 대해서는 김영호, 『다산의 논어해석 연구』, 심산문화, 2003; 하우봉, 「조선 후기 실학과 일본근세 고학의 비교연구 시론」, 『18세기 한일 문화교류의 양상』, 태학사, 2007; 김성준, 「다산과 일본 고학파 太宰春臺의 經權論」, 『동양한문학연구』 제36집, 동양한문학회, 2013 참조.

160) 김성준, 「茶山과 일본 고학파 太宰春臺의 經權論」, 『동양한문학연구』 제36집, 동양한문학회, 2013, 25쪽.

함이 부족하였다. 그래서 미래를 예언하는 간특한 말이 함께 수록됨을 면하지 못하였다. 이것은 배웠으나 사색하지 않은 잘못이다. 後代의 儒者는 경전을 설명함에 窮理로써 主를 삼으니 참고하여 근거로 삼음이 혹 부족하였다. 그러므로 제도와 名物에 때때로 어긋남이 있었다. 이것은 사색했으나 배우지 않은 허물이다.161)

丁若鏞은 성리학에서 가장 중요하게 다루는 '理'를 공허한 개념이라고 규정하며, 漢 이후의 학문에 대해서 비판적으로 접근했다. 訓詁學에서 다루고 있는 학문은 유학에 국한된 것이 아니었으며, 性理學은 考據가 부족해 정통의 학문 방법이라고 할 수 없다는 것이다. 그래서 丁若鏞은 사회·경제적 문제를 바로잡기 위해서는 새로운 학문 방법론이 필요하다며, 공자의 학문으로 돌아갈 것을 주장했다. 이것이 곧 洙泗學이었다. 수사학은 孔子가 山東城에 있는 洙泗江에서 제자를 가르친 데서 유래한 말로, 丁若鏞은 공자의 학문인 수사학을 재건162)하기 위해 노력하였다. 丁若鏞이 심혈을 기울였던 경전의 전면적인 연구 역시 이를 위한 방안이었다. 따라서 일본 고학에 대한 丁若鏞의 관심 역시 수사학을 재건하려던 노력의 일환이라고 할 수 있다.

한편 金正喜는 일본 서적을 통해 일본 학계의 동향과 그 특징을 일찍부터 간파하고 있었다. 그는 일본 학술에 대한 자신의 정보

---

161) 丁若鏞, 『與猶堂全書』 第二集 經集第七卷, 「論語古今注」 卷一, 〈爲政〉 第二, "漢儒注經 以考古爲法 而明辨不足 故讖緯邪說 未免俱收 此學而不思之弊也 後儒說經 以窮理爲主 而考據或疎 故制度名物 有時違舛 此思而不學之咎也".

162) 손홍철, 「다산학의 재조명을 위한 시론」, 『다산학』 제15호, 다산학술문화재단, 2009, 14~16쪽.

를 종합·평가하여 〈仿懷人詩體 歷敍舊聞 轉寄和舶 大板浪華間諸名
勝 當有知之者 十首〉로 표현하였다. 그리고 제1수에 伊藤維楨과
荻生徂徠를 언급하며 일본의 고학파에 대한 특별한 관심을 표명
했다.

| | |
|---|---|
| 경서 풀이 어찌 그리 기이하고 특이한고 | 說經何奇特 |
| 伊藤仁齋와 物雙栢의 글에서 일찍이 보았네 | 曾見伊物書 |
| 뒤에 나서 더욱더 깊고 정밀하나 | 後出加邃密 |
| 인재 역시 虛疏하지 않구나 | 仁齋未是疏 |
| 모름지기 평심하여 보아야 하네 | 且須平心看 |
| 일체의 문호 따윈 배제하고서 | 一切門戶除 |

金正喜는 고학파의 경전 해석을 '奇特'하다고 하며, 그들의 학
문이 조선의 학문 성향과는 다름을 언급하였다. 그리고는 일본
고학의 대표적인 학자인 伊藤維楨과 荻生徂徠를 비교했는데, 伊藤
維楨의 논의가 허술하지는 않지만 荻生徂徠가 더 깊고 정밀하다
고 평가하였다. 金正喜의 이런 평가는 고학파의 다양한 서적을 읽
고 내린 것으로 보이는데, 그의 장서목록을 보면 伊藤維楨의『童
子問』과 荻生徂徠의『徂徠集』, 太宰春臺의『論語訓傳』이 포함되어
있었다.163) 특히 金正喜는 阮元을 통해『七經孟子考文』을 보고나
서 일본 고학의 학문적 성과를 인정하였다.

---

163) 藤塚鄰 지음(윤철규·이충구·김규선 옮김),『추사 김정희 연구』, 과천문화원,
    2008, 〈김완당 장서목록〉 참조.

| | |
|---|---|
| 七經과 더불어 맹자까지도 | 七經與孟子 |
| 고문을 세밀하게 분석하였네 | 考文析縷細 |
| 옛날에 阮夫子를 만나뵈오니 | 昔見阮夫子 |
| 입 닳도록 精詣를 감탄하더군 | 嘖嘖歎精詣[164] |

　金正喜는 시의 말미에 "내가 중국에 들어가서 阮芸臺 선생을
뵈었는데 선생은 七經·『孟子』를 매우 칭찬하였다."라고 附記하며,
자신 역시 阮元과 같은 생각임을 은연중에 드러냈다. 『七經孟子考
文』은 荻生徂徠의 제자인 山井鼎이 지은 책인데, 이후 荻生徂徠의
동생인 物觀 등이 빠진 내용을 보충하여 1731년에 『七經孟子考文
補遺』를 출판하였다. 이 책이 長崎를 거쳐 중국으로 전래되어 淸
의 考證學者에게 높이 평가[165]받았던 것이다. 고학과 考證學은 모
두 性理學의 經書 해석이 恣意에 흐른 점을 반성·비판하며 형성된
학문이었다. 이것들에는 고대 언어의 사용례를 歸納·종합하고 경
서를 그 본래의 의미로 돌아가서 읽는[166] 방법상의 공통점이 있
었다. 때문에 先秦儒學의 본의를 고증하고자 했던 金正喜에게 있
어 일본 고학은 동일한 목표를 한 발 앞서 실행한 훌륭한 본보기
였다.

---

164) 김정희, 『阮堂全集』 제9권, 「詩」, 〈仿懷人詩體 歷敍舊聞 轉寄和舶 大板浪華間諸名
　　勝 當有知之者 十首〉.
165) 함영대, 「조선후기 한일학술교류에 대한 일고: 그 비대칭성을 중심으로」, 『한문
　　학보』 제24집, 우리한문학회, 2011, 399쪽.
166) 후마 스스무 지음(하정식·하정식·정태섭·심경호·홍성구·권인용 옮김), 『연행
　　사와 통신사』, 신서원, 2007, 170쪽.

# 제4장 일본지식의 영향과 의의

## 1. 반성적 자기 인식

임진왜란 이후 일본과 일본인은 '不俱戴天의 원수', '武만을 숭상하는 무식한 오랑캐'로 규정되었다. 그래서 조선인에게 있어 일본은 경계하고 물리쳐야 하는 대상이자 교화시켜야 할 존재였다. 그리고 이러한 임무를 수행하기 위해 파견된 사절이 바로 通信使였다. 그래서 통신사가 탐색한 일본지식은 備倭를 위한 사전 작업의 성격이 짙었다. 또 三使와 제술관·서기가 일본 문사와 나누는 筆談唱酬는 조선의 文으로 오랑캐 일본을 교화시키는 과정으로 간주되었다. 으레 일본으로 떠나는 통신사는 자신을 漢나라의 陸賈로 표현하며 임무 완수에 대한 자신감을 표출했다.

그러나 통신사가 목도한 실제 일본의 모습은 조선과는 비교할 수 없는 경제적 안정과 문화적 여유가 느껴지는 곳이었다. 특히 일본의 경제적 번영을 보여주는 三都는 조선의 경제적 폐쇄성을 깨닫게 해주었다. 또한 일본 문사와의 筆談唱酬는 小中華를 자부하는 것만으로는 일본을 굴복시킬 수 없다는 현실을 느끼게 하였다. 그러다 보니 통신사행록을 통한 일본지식의 축적과 담론의 형성이 궁극적으로는 일본을 비추어 조선을 바라보는 계기로 작용하였다. 그리고 이러한 일본지식과 담론은 일본에 대한 인식의 변화, 나아가 조선의 현실에 대한 자각과 반성으로 이어졌다.

일본에 대한 평가는 그 내용과 상관없이 그 자체만으로 지금 조선은 과연 어떠한지를 생각하게 만들었다. 특히 일본에 대한 긍정적인 평가는 조선은 왜 그러지 못했는지를 고민하게 만들었다.

비록 높은 벼슬아치가 윗사람의 명을 받들고 여행하는 것일지라도 스스로 飯藏을 가지고 다니는 외에 각 站의 접대하는 비용으로 번거롭게 하지 않는다. 입는 의복도 두세 가지 외에는 머리에 冠帽도 없고 발에 가죽신이 없다. 밥을 짓는 기구도 모두 가볍고 얇고 교묘하므로 반 묶음의 나무로 밥·국 모든 탕을 만들 수 있고, 또한 온돌에 불을 지피는 법이 없다. 그러니 한 사람이 1일에 먹는 것이 두세 개의 동전과 반 묶음의 나무에 지나지 아니하고, 1년에 입는 것이 한 냥의 銀子에 지나지 않는다.[1]

---

1) 申維翰, 『海游錄』, 「聞見雑錄」, "雖高官奉命而行者 自齎飯藏之外 不煩於各站支應之費 所着服色 二三種外 頭無冠帽 足無靴履 炊食之器皆輕薄而工妙 故半束柴而可作飯羹諸湯 亦無突火之法 是其一人一日之食 計不過數三銅錢半束柴 而一年之衣 又不過一兩銀子".

申維翰은 일본의 文興이 경제적 번성에서 시작되었다고 생각했다. 외국과의 교역을 통해 발생한 이익은 중국이나 南蠻의 선진 기물과 서적의 구입으로 이어졌고, 이런 과정을 반복하며 일본의 학문과 문화가 성장하였다고 판단했다. 그리고 이러한 경제적 번성은 일본인의 근검정신이 있었기에 가능했던 것이라고 생각했다. 申維翰이 본 일본인은 公務를 수행하는 관리부터 일반 백성까지 간소한 음식과 옷차림을 당연하게 받아들였고, 최소한의 물자를 사용하여 의식주를 해결하였다. 元重擧 역시 일본인이 의복의 따뜻함이나 음식의 맛에 집착하지 않는다며 그 검소함을 칭찬했고, 성실함에 있어서는 일본인이 천하제일이라는 긍정적인 평가도 곁들였다. 이러한 申維翰과 元重擧의 생각은 조선후기 지식인에게 수용되어 조선인 스스로에 대한 비판으로 이어졌다.

어떤 이는 오랑캐의 풍속은 禽獸와 다름없다 하는데, 이는 알지 못하고 살피지 못하여 그들의 장점은 버리고 단점만 말한 것이다. (…중략…) 우리나라 사람들의 버릇은 예로부터 교화시키기 어려워서, 色慾과 食慾을 탐내는 꼬락서니가 혹 禽獸만도 못한 자가 있다. 그러므로 蘇東坡가, "고려 사람들이 지나는 곳에는 다섯 가지 손해가 뒤따른다. 즉 遼東 以東에 사는 자들은 길들이기 어려워서 사나운 鳥獸만도 못하다."라고 하였다. 지금 우리나라 사신이 燕京에 들어가면 沿道에 있는 객점과 驛站에서 우리나라의 驛卒들을 마치 까마귀나 토끼로 지적하여, 가게와 시장을 철폐하고 酒食을 隱匿, 문을 걸어 잠그고 상대해 주지 않는 예가 있으니, 이는 우리나라의 역졸과 雇傭된 자들이 대낮에 나타나 음식을 빼앗아 먹기 때문이다. 어찌 수치스러운 일이

아니겠는가.[2]

李圭景은 申維翰의 「聞見別錄」을 인용하면서 조선이 일본인에게 배워야 할 장점으로 검약을 들었다. 특히 李圭景은 일본을 오랑캐로 보는 조선인의 편견이 오히려 일본인의 장점을 보지 못하게 만들었다고 지적했다. 또한 李圭景은 연행원역의 식탐을 비판한 蘇東坡의 말을 들어 조선과 일본을 비교하였다. 특히 李圭景은 조선이 일본인을 '禽獸'에 비유했듯이 蘇東坡는 고려인을 '鳥獸'로 표현하였음을 밝혀 적었다. 李圭景에게 있어 華夷의 구분은 이처럼 상대적인 것이었다. 李圭景은 일본과 같은 검약함이 없이는 小中華를 자부하는 조선 역시 오랑캐일 수밖에 없다는 점을 분명히 밝혔다.

한편 조선과는 다른 일본의 각종 제도는 자국의 제도적 문제를 살필 수 있는 기회가 되었는데, 가장 대표적인 것이 科擧制였다.

그들 중에 글을 좋아하는 사람은 본래 타고난 聰敏한 품성에다가 科擧를 보기 위해 표절하는 폐단이 없이 익숙히 익히고 오로지 하였다. 궁극적으로는 그 공부가 蠹魚가 글자를 파먹어 눈이 밝아짐과 같다. 옛일을 토론하여 능하고 못한 것을 평할 때에 '이 같은 것은 漢이요, 이 같은 것은 唐이요, 이 같은 것은 宋이다' 하여, 소견의 정확한

---

2) 李圭景, 『五洲衍文長箋散稿』, 「經史篇」 5, 論史類 2, 風俗, 〈夷裔之俗反省便辨證說〉, "惑言夷裔之俗 與禽獸無間 是不諒不審 棄其所長 取其所短而言也 (…中略…) 我東人習 自古難化 貪色饕食 或有如禽獸之不若者 故東坡有高麗人所經有五言 遼東以東 人以難馴 不若鷙鳥惡獸 今我使入燕 所經店站 指驛爲鳥鬼 撤肆廢市 匿其酒食閉門不見者 我驛卒雇人 白晝攫食故也 豈非可恥者乎".

것이 혹 거의 글을 잘하는 선비와 같다.[3]

    통신사는 일본지식인의 문학적 역량은 비록 作詩 능력은 떨어
지지만, 상대적으로 文에 있어서는 제법 뛰어나다고 평가했다. 申
維翰 역시 일본 文士의 시는 조선의 三尺童子가 보아도 웃을 지경
이라고 비꼬았다. 하지만 그들의 문장 실력은 더 이상 일본을 오
랑캐라고 부를 수 없도록 만들었다. 申維翰은 이렇듯 일본의 학문
이 성장할 수 있었던 이유로 과거가 없다는 사실을 들었다. 일본
인이 원래 총명한데다 과거를 위한 표절을 일삼지 않기에 오히려
학문의 기본기에 충실하여 漢唐의 표현을 정확히 구분할 수 있다
는 것이었다.
    이러한 申維翰의 생각은 조선후기에 불거진 과거제도의 폐단
과 관련이 깊었다.

    진사와 생원을 뽑는 增廣試와 式年試는 한나절에 技藝를 考察하는
庭試·謁聖試와는 다릅니다. 때문에 人定으로 한정하여 試券을 거두게
하는 것은 그들이 자기가 글을 지어 자기 손으로 쓰게 해서 그 文筆이
함께 우수한 사람을 뽑기 위해서였습니다. 그런데 근래에는 이런 規
例가 점점 무너져서 과거의 응시자가 속히 바치는 것을 위주로 하고,
考官도 속히 바치는 것으로써 인재를 뽑았습니다. (…중략…) 이번 과
거에는 寫手를 엄중히 금지하여 빨리 바치는 것을 뽑지 못하게 하였

---

3) 申維翰,『海游錄』,「聞見雜錄」, "彼其好文者 以本品聰敏之性 無科擧剽竊之累 熟習
   專領 窮極其功 如蠹魚食字而眼明 所以吐論古事 評騭能否 有曰如此者爲漢 如此者爲
   唐爲宋云爾 則所見之的確 或庶幾於能言之士".

습니다. 또 시험지는 두꺼운 것을 금하는 것이 이미 朝令이 있습니다. 이번에는 마땅히 공정하면서 風度나 능력이 있는 자를 뽑아 打印官을 삼아서 私情에 따라 찍어 주는 일이 없도록 하고, 이를 어기는 자는 科場에서 사정을 쓴 刑律을 적용하소서.[4]

조선시대 인재 등용을 위해 실시한 과거는 공인된 출세의 통로였다. 그래서 과거 합격을 위한 시험지 교체나 시험관 매수, 대리시험 등의 여러 가지 문제가 발생하였다. 그 중 하나가 寫手를 동원하는 것이었다. 과거 응시자가 많아지면서 考官의 채점 시간이 부족하게 되었다. 이에 먼저 답안을 제출한 사람을 합격시키는 관행이 생겼다. 그러다 보니 돈 있는 집안에서는 글씨를 빠르게 잘 쓰는 寫手를 동원하여 답안을 작성하였는데, 司諫院에서 이를 시정해야 한다고 주청할 정도였다.

그러나 과거제로 인한 가장 큰 폐단은 학문이 과거의 수단으로 전락했다는 점이었다. 그래서 조선 내부에서도 과거제의 폐해를 지적하는 목소리가 들리기 시작했다.

明經을 공부하는데 이르러서는 그 폐단이 가장 오래되었으면서 그 해로움이 더욱 심하다. 무릇 10세 이상부터 조금 외는 재주가 있으면 글을 짓는 것을 가르칠 여가도 없이 이쪽을 공부하기에 급급하였다.

---

4) 『英祖實錄』 1년 8월 4일(己巳), "增式年監試 異於庭謁聖之半日考藝 故限人定收券者 爲其自作自書 取其文筆之俱優者也 近來此規漸壞 擧子以速呈爲主 考官以速呈取人 (…中略…) 今科則嚴禁寫手 勿取早呈 且試紙禁厚 已有朝令 今番宜擇公正有風力者 爲打印官 使不得循私印給 違者用科場用情律".

吐와 諺解를 익히고 訓詁를 꿰맞추는데, 마음으로 터득할 것에 힘쓰지 않고 오로지 입으로 외는 것만 일삼으며 의미를 講論하려 하지 않고 모조리 외우려고만 한다. 종횡으로 외운 말을 하면서 자신의 주장에 거침이 없지만 가리키는 의미와 심오한 의리에 대해서는 어긋나고 어두워 깨달은 것이 하나도 없었다.[5]

李象靖은 조선의 문사들이 독서를 통해 성현이 말한 깊고 정밀한 의미를 파악하기보다는 오로지 과거를 통해 出仕할 뜻만 세우는 현실을 개탄했다. 明經科는 그러한 폐단이 더 심했는데, 경서 해석이 시험의 과목이 되면서 암기만을 강조하는 풍토를 만들었기 때문이었다. 더욱이 객관적 채점을 위해 『五經正義』・『三經新義』・『四書集註』 등의 공인된 표준 해석을 채택[6]하다 보니 조선의 문사들은 획일화된 답안을 암기하기에 급급했다.

申維翰은 이러한 조선의 상황과는 달리 일본에서는 과거제가 시행되지 않아 오히려 자유로운 학문 탐구가 가능했다고 보았다. 1763년 계미통신의 제술관 南玉도 申維翰의 생각에 동의했다. 南玉은 일본에는 과거가 없기에 실력이 낮은 자는 文理를 터득하기 어려우나, 반대로 文才가 있는 자는 漢唐의 문장에 가까운 글을 짓는다고 평하였다. 통신사의 이러한 생각은 丁若鏞에게도 이어

---

5) 李象靖,『大山集』제42권,「雜著」,〈科擧私議 己未〉, "至於明經之業 則其敝爲最久而其害爲尤甚 自夫十歲以上稍有記誦之才 不暇敎以屬文著作之業 而急急以進於此塗 習其吐諺 綴其訓詁 不務心得而專事上口 未肯討義而專要通誦 橫念竪說輪流貫徹 而其指意之向背 義理之淵奧則反瞢然其一未有得也".

6) 이남희,『영조의 과거, 널리 인재를 구하다』, 한국학중앙연구원출판부, 2013, 41~42쪽.

제4장 일본지식의 영향과 의의   257

졌다.

　　日本은 海外의 작은 무리이지만 그들은 科擧를 하는 法이 없다. 그
러므로 文學은 九夷에서 월등하고, 武力은 中國에 대적할 만하다. 또
나라를 유지하여 가는 規模와 紀綱을 이끌어 유지하고 문란하지 않으
며 조리가 있으니, 이것이 드러난 효험이 아니겠는가.[7]

　　丁若鏞은 科擧學 자체를 俳優의 기교를 통솔하여 연출하는 행
위와 같다고 비판했다. 丁若鏞은 과거의 폐해를 다음과 같이 지적
했다. 우선 과거라는 격식에 맞추어 관리를 선발하다 보니 재능
있는 문사들의 개성이 사라지게 되었다. 또한 과거에서 실제 事務
와는 관련 없는 禮樂만을 강조하다 보니 그 임무를 제대로 수행하
지 못하는 관리만 양산하는 결과를 초래하였다. 그렇기에 丁若鏞
은 과거를 폐지하는 것이 堯舜의 門下로 들어가는 방법이라고 주
장했다.

　　특히 그는 과거제를 폐지했을 때의 효과로 일본을 들었다. 丁若
鏞은 일본에는 과거제가 없기 때문에 주자학 이외에 다양한 학술
논의가 진행될 수 있었고, 그 결과 일본의 학문이 성장할 수 있었
다고 보았다. 그래서 지금은 그 文이 九夷의 으뜸이 되었고, 무력
에 있어서는 중국과 대등한 위치에 올랐다고 평가했다. 그 동안
조선 내부에서 논의된 과거제 폐지는 聖賢의 道를 깨달을 수 없다

---

7) 丁若鏞, 『茶山詩文集』 제11권, 「論」, 〈五學論四〉, "日本者海外之小聚耳 以其無科擧
之法也 故文學超乎九夷 武力抗乎中國 規模綱紀之所以維持控馭者 森整不亂 有條有
理 豈非其顯效哉".

는 식의 원론적인 주장에 머물 수밖에 없었다. 하지만 과거제가 없는 일본에서 비약적인 학문 성장이 가능했다는 사실이 통신사 행록을 통해 전해지면서 이는 과거제 폐지의 타당한 근거로 제시되곤 하였다. 즉 조선의 지식인들에게 일본은 과거제 폐지의 긍정적인 사례였던 것이다.

그러나 통신사가 전한 일본지식 중 조선의 지식인을 가장 놀라게 한 부분은 일본이 중국, 더 나아가 서양과의 통상을 통해 경제적인 번영을 누리고 있다는 점이었다. 沿路 가득히 쌓여 있는 재화와 항구를 메운 상선은 일본의 경제력을 가늠하기에 충분했다. 특히 사행 노정에서 본 외국 상선의 모습은 국제통상에서의 일본의 위상을 여실하게 보여주었다. 1607년 丁未使行의 부사 慶暹은 大坂을 향하는 중에 南蠻의 商船을 보게 되었다. 처음 보는 남만 상선의 거대함과 화려함에 慶暹은 이목을 빼앗겼다. 이에 慶暹은 배의 모습에서부터 남만인의 재빠른 행동까지 그 모든 것을 호기심 어린 시선으로 기록하였다. 그리고 이러한 경험은 일본의 통상구조에 대한 관심으로 연결되었다.

球暹, 暹羅, 安南, 交趾, 南蠻, 呂宋, 于蘭夕 등 여러 나라로 이곳에서 저곳까지 모두 바닷길을 경유하는데 수개월이 걸려야만 도착됩니다. 중국 사람들도 또한 몰래 서로 왕래하는 자가 많습니다. 무릇 여러 나라 商船이 모두 薩摩의 籠島와 肥前의 長崎에 정박하는데 왕래하는 것이 일정하지 않아 심지어는 여러 해를 일본에 머무는 자도 있습니다. 馬島 사람들도 또한 중국의 浙江 등지를 왕래하고 있습니다.[8]

1624년 甲子使行의 부사 姜弘重은 以酊菴 長老 玄方과 더불어 일본이 국교를 맺고 통상을 하고 있는 나라에 대해 문답을 나누었다. 玄方이 답한 나라들은 지금의 태국과 베트남, 필리핀 등이었다. 姜弘重은 玄方과의 문답을 통해 일본의 교역 대상이 중국에서 벗어나 동남아시아, 서양 등으로 확대되고 있음을 알 수 있었다. 통상에 대한 통신사의 관심은 18세기까지 이어졌다. 1711년 辛卯使行의 三使는 新井白石과 일본의 교역 규모에 대해서 필담을 나누었다. 그러다 서양에 대한 이야기로 화제가 확대되었는데, 新井白石의 이탈리아·네덜란드와 대서양에 대한 언급에 통신사는 당혹감을 느꼈다. 통신사에게 유럽의 여러 나라는 그저 西域으로 통칭되는 존재였던 것이다.

17세기 초반 조선의 지리·서양 관념은 중국과 대등한 수준이었다. 1603년 李光庭과 權憘가 북경에서 구입한 〈坤輿萬國全圖〉가 조선에 있었고 1630년에는 서양 인문지리서인 『職方外記』 역시 陳奏使 鄭斗源에 의해 조선에 유입9)되었던 상태였다. 그래서 李睟光은 『芝峯類說』에서 포르투갈·영국·로마제국 등 유럽의 몇몇 국가들을 소개하였으며, 李瀷과 愼後聃은 『職方外紀』에 강한 인상을 받고 각각 〈跋職方外紀〉, 〈職方外紀自序〉 등의 글을 남겼다.10)

---

8) 姜弘重, 『東槎錄』, 12월 18일(戊戌), "則如琉球暹羅安南交趾南蠻呂宋于蘭夕等國 而自此抵彼 皆由海路 必經數月而到 中原之人亦多潛相來往 凡諸國商船 皆泊於薩摩之籠島 肥前之長崎 往來無常 至有數歲留連者 馬島人亦相往來於浙江等處云".

9) 차미희, 「조선후기 서양 세계지리서의 도입과 지식인의 세계관 동향」, 『17·18세기 조선의 독서문화와 문화변동』, 혜안, 2007, 141~146쪽.

10) 盧大煥, 「조선후기의 서학유입과 서기수용론」, 『진단학보』 제83호, 진단학회, 1997, 124~126쪽.

그러나 18세기 통신사의 지리 관념은 중국 중심의 세계관에 머물러 있었을 뿐만 아니라 오히려 『芝峯類說』에 나타난 李睟光의 서양 인식보다 훨씬 후퇴[11]한 것이었다. 이는 비단 三使에 국한된 문제가 아니었다.

> 阿蘭陀는 본래 남쪽 끝의 별종 세상이라고 하는데 개들의 種族이라 소변을 볼 때 한쪽 발을 들고서 배설한다고 하니 우습다.[12]

辛卯使行(1711)의 押物通事 金顯文은 赤間關에서 阿蘭陀人을 보았다. 장기에 도착한 아란타인들은 이곳에 상선을 정박시키고, 江戶로 이동하여 자신들이 탐지한 국제 정세 관련 정보를 막부에 전달해야만 했다. 이를 위해 江戶로 가던 아란타인을 金顯文이 만난 것이었다. 赤間關에 머무는 체류기간 동안 金顯文은 수차례 아란타인을 보았고, 일본어를 하는 아란타인과 간단한 대화도 나눌 수 있었다. 그러나 金顯文이 기록한 아란타인은 '狗種族'에 불과했다. 辛卯使行의 三使와 金顯文이 보인 서양에 대한 관심은 그저 일본을 파악하기 위한 하나의 대상이거나 일본에서의 이국 체험 정도에 머물고 있었다. 이 시기 통신사는 조선과 서양의 교역은 아예 안중에도 없었다. 그랬기에 일본으로 유입된 중국 서적이 일본 학문의 성장을 이끌었다는 사실을 인지하였음에도 불구하고

---

11) 원재연, 「조선시대 학자들의 서양인식」, 『대구사학』 제73집, 대구사학회, 2003, 51쪽.

12) 金顯文, 『東槎錄』, 1월 25일(己酉), "阿蘭陀 本是極南別種世云 狗種放尿之時 舉一脚 以溲之云 可笑可笑".

통신사는 통상의 활성화에 대한 강력한 의지를 표명하지 않았다.
그러나 일본과 서양의 통상을 다룬 통신사행록의 내용은 조선
지식인으로 하여금 자국의 부정적 상황을 인지할 수 있도록 유도
했다.

우리나라는 바닷길로 通貨하지 않기 때문에 文獻이 더욱 희귀하다.
따라서 서적이 미비되고 三王의 사적도 모르는 것은 오로지 이 때문
이다. 일본 사람들은 江南과 통상했으므로 명나라 말기의 古器·書畵·
書籍·藥材 등이 長崎에 꽉 차 있다. 일본의 蒹葭堂 주인 木世肅은 서적
3만 권을 비장하고 있고 또 중국의 명사들과 많은 교제를 맺고 있다.
그래서 文雅가 바야흐로 성대하여 우리나라에 견줄 바가 아니다. 또
고려 때는 宋나라의 商船이 해마다 왔었는데, 그때 고려왕이 후한 예
로 供饋했으므로 문물이 많이 구비되었다.13)

지난 때에 倭國이 중국과 通商하지 않았을 때에는 우리나라에 이르
러 연경에서 온 실을 무역해 가니, 우리나라 사람이 중개한 이익을
얻을 수가 있었다. 倭國이 그것이 심히 이롭지 않은 줄을 알고 중국과
직접 통상을 하였다. 이후로는 왜국이 교역을 맺은 다른 나라가 30여
개국에 이른다. 왜국 사람들 중에 때때로 중국어를 잘하는 자가 있어
天台山과 雁蕩의 기이함을 능히 말하였다. 천하의 진귀한 물건과 중

---

13) 李德懋, 『靑莊館全書』 제63권, 〈天涯知己書 筆談〉, "我國不以水路通貨 故文獻尤貿
貿 書籍之不備 與不識三王事者 全由此也 日本人通江南 故明末古器書畵書籍藥材 輻
湊于長崎 日本蒹葭堂主人木世肅 藏秘書三萬卷 且中多國交名士文雅方盛 非我國之
比也 高麗時商之舶 年年來迫 麗王厚禮供饋 文物甚備也".

국의 古董書畫가 長崎島에 폭주하고 있다. (…중략…) 그 나라가 부유하고 또 강하기를 바라지 않는 사람은 없다. 그러나 부강해지는 방법을 어찌 남에게 양보한단 말인가?[14]

李德懋와 朴齊家는 통신사행록을 통해 일본의 교역 규모와 통상이 미친 긍정적인 영향에 대해 알게 되었다. 이에 조선후기 실학자들은 중국과의 통상을 강력하게 주장하였다. 李德懋는 木弘恭의 藏書 3만권과 日·中 양국 문사와의 직접적인 교류를 언급하며 통상의 필요성을 제기했다. 李德懋는 사신을 통해서만 서신을 주고받을 수 있다던 洪大容과 嚴誠의 필담을 제시하여 조선의 폐쇄성을 지적했다. 반면 이전 왕조였던 고려는 宋나라와의 통상을 통해 선진문물이 구비될 수 있었다고 평하였다. 이는 경제 성장뿐만 아니라, 학문의 성장을 위해서도 중국과의 통상이 필요하다는 주장이었다.

朴齊家 역시 막대한 교역량으로 長崎가 폭주하고 있는 현실을 들며 중국과의 통상을 강력하게 주장했다. 朴齊家는 가난한 조선이 富國强兵을 이룰 수 있는 궁극적인 방법은 해외통상에 있다[15]고 생각했다. 그러나 건국 후 4백 년이 흘렀지만 통상을 위한 배한 척도 조선에 닿은 적이 없는 것이 현실이었다. 그나마 임진왜

---

14) 朴齊家, 『北學議』, 〈通江南浙江商舶議〉, "向者倭之未通中國也 款我而貿絲于燕 我人得以媒其利 倭知其不甚利也 直通中國 而後已異國之交市者 至三十餘國 其人往往善漢語 能說天台雁蕩之奇 天下珍怪之物 中國之古董書畫 輻輳於長崎島 (…中略…) 人莫不欲其國之富且强也 而所以富强之術 又何其讓於人也".

15) 김성준·오세영, 「楚亭 朴齊家의 流通通商論 研究」, 『해운물류연구』제39호, 한국해운물류학회, 2003, 14쪽.

란 후 중국과 일본의 국교가 단절되면서 조선은 중개무역으로 이윤을 창출하고 있었지만, 그마저도 현재는 불가능한 실정이었다. 그러다 보니 교역국이 30여 개국에 이르는 일본과 달리, 조선의 해외통상은 계속 퇴보하고 있었다. 이를 타개하고 나라를 부강하게 만들기 위해 朴齊家는 지금이라도 조선이 중국과의 통상에 적극성을 보여야 한다고 지적했다.

통신사행록에는 해외통상에 대한 조선의 인식 변화를 촉구하는 내용은 들어 있지 않았다. 그러나 조선과는 상반되는 일본의 교역 규모를 자세하게 기록함으로써 조선의 지식인, 그 중에서도 北學派 지식인의 현실인식에 큰 자극제가 되었다. 비단 통상에 있어서만이 아니라, 통신사가 전한 일본지식은 그와 대비되는 조선의 현실을 자각하고 반성하는 계기가 되었다.

## 2. 역사관의 정립과 학문의 지평 확대

임진왜란 이후 조선에서는 국토 재건의 노력과 함께 역사적 치욕을 치유하려는 여러 방안이 모색되었다. 그 중 하나가 자국 역사에 대한 연구였다.

弘文館이 領事 柳成龍의 뜻으로 아뢰기를, "經筵을 여는 일로 전교를 내리셨습니다. 전일 視事할 때에는 朝講과 晝講에는 곧 『詩傳』을, 夕講에는 곧 『綱目』을 進講하였습니다. 그런데 『綱目』은 권수가 너무 많아 일이 많은 때에 쉬이 다 볼 수가 없을 듯합니다. 『唐鑑』에 대해서는 선현들이 三代 이하로는 이러한 의론이 없다고 하였으며, 또 권수도 간편하니 우선 진강하도록 하고, 『詩傳』은 전대로 진강함이 합당할 듯하여 감히 아룁니다."라고 하였다. 傳敎하시기를, "시를 읊는 것이 불가하다. 朝講에는 『周易』을 배우고 싶고, 夕講에는 『東國通鑑』이나 『高麗史節要』 중 하나를 배우고 싶다는 뜻을 영사에게 말하라."라고 하셨다.16)

임진왜란 발발 후, 經筵을 폐했던 선조에게 司憲府에서는 경연을 다시 열어야 한다는 箚子를 올렸고, 선조가 이를 수용17)했다. 이에 柳成龍은 弘文館을 통해 朝講과 晝講에는 『唐鑑』을, 夕講에는 『詩傳』을 進講하자는 뜻을 아뢰었다. 그러나 선조는 석강에는 『東國通鑑』·『高麗史節要』와 같은 자국 역사서를 진강하기를 원했다. 하지만 홍문관에서는 『東國通鑑』은 그 내용이 황망하고, 『高麗史節要』는 卷帙을 다 갖추지 못했을 뿐만 아니라 그 격이 경연에 적합하지 않다는 이유를 들어 반대하였다. 하지만 선조는 자국의 역사를 모르고 국가를 경영할 수는 없다는 뜻을 분명히 하였다. 이를 통해 전대의 역사로써 현재의 국난을 해결하려고 했던 선조의 의중을 알 수 있다.

조선의 지식인 역시 전쟁 발생의 요인과 실제를 지난 역사 속에서 찾고자 했다. 그 일례가 李廷馣의 「倭變錄」이었다. 임진왜란

---

16) 『宣祖實錄』 27년 10월 20일(甲子), "弘文館以領事柳成龍意啓曰 經筵爲之事傳敎矣 前日視事時 朝晝講則詩傳 夕講則綱目進講 而綱目編秩浩繁 多事之時 似未易究覽 唐鑑一書 先賢以爲三代以下無此議論 且卷編簡便 姑爲進講 詩傳則依前進講宜當敢棄 傳曰不可詠詩 朝講欲學周易 夕講欲講東國通鑑高麗史節要中一書 言于領事".

17) 『宣祖實錄』 27년 10월 17일(辛酉)·18일(壬戌).

때 의병장으로 활약했던 李廷馣은 신라 혁거세 8년부터 임진왜란
까지의 일본 관련 전쟁사를 연대기로 정리[18]하였다. 국난 타개의
방법으로 진행된 역사 연구는 전쟁 상대국인 일본 역사에 대한
관심으로 이어졌는데, 그 과정에서 통신사행록은 조선사회에 큰
영향을 미쳤다.

> 赤間關 동쪽에 丘壟 하나가 있는데, 왜인들이 그것을 가리키며 말
> 하기를 "이것이 白馬墳이다. 신라 군사가 일본에 깊이 들어왔으므로
> 일본 사람이 화친하기를 청하여 군대를 해산하고 백마를 잡아 맹세
> 하고 말을 여기에다 묻은 까닭이다."라고 하였다.[19]

1617년 丁巳使行의 종사관 李景稷이 『扶桑錄』에 언급한 이래
'白馬塚'은 민족적 자부심과 우월성을 입증하기에 좋은 대상이었
다. 조선전기에 李從茂의 對馬島 정벌이 있었으나 이는 일본의 일
개 藩을 대상으로 한 것이었다. 그러나 통신사가 전한 '백마총'
기록은 大坂과 지척인 赤間關까지 신라의 군사가 정벌에 성공했
다는 점에서 의미가 컸다. 이는 임진왜란이라는 불의의 일격에
상처받은 조선인에게 민족적 자긍심을 되살려주는 한편, 일본 정
벌이 요원한 꿈이 아님을 현실에서 보여주는 역사적 사건이었다.
그래서 통신사행을 떠나는 사행원에게 보내는 글에는 '백마총'
관련 유적지를 반드시 방문하라든가 관련 사실을 더 정확하게 탐

---

18) 허태용, 『조선후기 중화론과 역사인식』, 아카넷, 2009, 51쪽.
19) 李景稷, 『扶桑錄』, 10월 18일(己卯), "赤間關之東有一丘壟 倭人指之曰 此是白馬墳
新羅兵深入日本 日本人請和解兵 刑白馬以盟 埋馬於此故云".

구해서 오라는 요구[20]가 이어졌다. 이에 부응이라도 하듯 이후 통신사는 '백마총'을 직접 가서 확인하고 그 사적이 자국과 관련 있음을 증명하고자 하였다.

그 서쪽 굽은 언덕에 흙으로 무덤을 만들어 놓았는데 이름을 白馬塚이라 하였다. 속설에 전하기를 신라왕이 장수를 보내어 왜국을 공격하자 왜인이 강화하기를 청하여 적간관에 이르러 흰 말을 베어서 맹세하고 인하여 죽은 말을 묻어서 무덤을 만들어 그 땅에 표시를 하였다고 한다. 왜인의 풍속에는 무덤의 제도가 없는데 지금 무덤의 모양을 보니, 반드시 신라 사람이 만든 것이었다.[21]

赤間關에 도착한 己亥使行의 제술관 申維翰은 '백마총'을 찾아보고는 이것이 신라 유적이 맞다고 확신했다. 그 확신의 근거는 무덤의 양식이었다. 일본인은 돌을 포개어 무덤을 만드는 데 비해 '백마총'은 흙을 쌓은 봉분의 형태였다. 이미 藍島와 韜浦에서 일본의 무덤을 직접 확인했던 申維翰은 '백마총'이 일본의 무덤 양식과 맞지 않다는 점을 근거로 신라인이 조성한 유적이라고 판단했다.

그 나라는 예부터 외부의 침략을 받는 일이 없었는데, 百濟 때 수군

---

20) 안대회, 「임란 이후 해행에 대한 당대의 시각: 통신사를 보내는 문집 소재 송서를 중심으로」, 『정신문화연구』 제35권 제4호, 한국학중앙연구원, 2012, 225~226쪽.
21) 申維翰, 『海游錄』, 8월 18일(戊午), "其西曲岸 帖土爲墳 名白馬塚 俗傳新羅王遣將攻倭 倭人請成至赤間關 刑白馬而盟 因瘞死馬爲墳 以標其地 倭俗無墳制 今觀墳樣 必是羅人所築".

이 습격하여 赤間關에까지 이르렀다. 왜인들이 白馬를 잡아 맹약하고 화친을 맺었다. 그래서 지금도 길가에 白馬塚이 있지만, 그 나라 역사에는 꺼려서 쓰지 않았다.[22]

일찍이 듣건대, 고려가 倭國을 칠 때에 乘勢를 타고 여기에 이르렀으니, 왜인이 白馬의 목을 베어 맹약하여 화의하고서 싸움을 그만두었다고 한다. 이제 듣건대 왜인들에게는 그 전하는 말이 없다고 하니 이를 꺼림을 보인 것이다.[23]

그러나 丁巳使行으로부터 100여 년이 흐른 시점에서는 '백마총'에 관해 아는 일본인이 없었다. 또한 『年代記』를 제외한 다른 史書에는 이에 대한 기사가 없었던 까닭에 통신사는 '백마총'이 신라의 유적인지 확신할 수 없었다. 그래서 辛卯使行의 부사 任守幹은 '백마총'을 백제의 유적으로, 1748년 戊辰使行의 종사관 曹命采는 고려와 관련 있다고 기록하였다. 즉 '백마총'이라는 사적에 대한 이견은 없었으나 그 조성 시기와 정벌의 주체는 다르게 파악했다. 이에 1763년 癸未使行의 서기 元重擧는 다양한 문헌을 동원하여 '백마총'을 하나의 기록이 아닌 역사적 사실로 재구성하였다.

上洛 金方慶이 갑자기 赤間關에 들어오니 倭國이 크게 떨고 두려워

---

22) 任守幹, 『東槎日記』, 「海外記聞」, "其國自古無外虞 百濟時潛師襲之 至赤間關 倭人刑白馬媾和 至今路傍 有白馬塚 其國史諱而不書矣".

23) 曹命采, 『奉使日本時聞見錄』, 4월 6일(己未), "曾聞高麗伐倭國 乘勝至此 倭人斬白馬爲盟 約和罷兵云 而今聞倭人無傳之者 似是諱之也".

하며 다스려지기를 청하니 상락이 허락하였다. 마침내 백마를 목베어 피를 마시고 盟誓를 하였다. 말은 적간관의 북쪽에 묻었는데 지금까지 서로 전하여 白馬塚이라 한다. 이를 적지 않은 것은 왜인들이 패배한 것을 꺼려하고 쓰기를 싫어해서이다.[24]

元重擧는 麗蒙聯合軍의 일본 정벌에 대한 일본 측 史書를 인용하면서 '백마총' 역시 동일 사건의 유적일 것이라 기록하였다. 일본의 기록에 고구려를 고려로, 고려병을 몽고병이라고 잘못 기록했던 경우가 있었는데, '백마총' 역시 그런 예의 하나라는 것이었다. 이처럼 통신사행록에 기록된 과거의 사실이 조선의 지식인에게는 현재에 대한 보상심리로 작용하기도 하였다.

무엇보다 조선후기 통신사의 일본 史書 탐독과 그와 관련한 통신사 기록은 잊혀졌던 자국의 고대사를 발굴·재인식하는 계기가 되었다는 점에서 의미가 크다. 조선전기까지 三國을 비롯한 고대사는 관심의 영역이 아니었다. 고구려의 『留記』와 『新集』, 백제의 『書記』, 그리고 신라의 『國史』 등은 그 이름만 전할 뿐이었다. 또한 고려시대에 편찬된 역사서 역시 通史가 아니어서 고대사를 정립하기에는 자료적 한계가 너무 컸다. 또한 유교적 사관에서는 『三國遺事』나 『東國通鑑』에 실린 고대사 기록이 荒茫[25]하여 수용할 수 없었는데, 이것 역시 고대사가 제대로 인식되지 못한 이유[26]

---

24) 元重擧, 『和國志』 권1, 〈中國通使征伐〉, "上洛方慶猝入赤間關 倭國大振恐請行成 上洛許之 遂斬白馬歃血爲盟 埋馬於赤間關之北 至今相傳爲白馬塚 此不書者 倭人諱敗而惡書也".
25) 『宣祖實錄』 27년 10월 21일(乙丑).
26) 이에 대해서는 김현숙, 「실학자들의 고구려사·백제사 연구」, 『한국고대사연구』

중 하나였다. 그런 상황에서 통신사행록의 기록과 통신사가 유입한 일본 史書는 三國의 역사를 알 수 있는 좋은 자료가 되었다.

특히 丙子胡亂 이후, 오랑캐 淸이 中原을 차지하면서 지역적 華夷論을 근거로 한 조선의 역사관은 수정이 불가피하였다. 그래서 조선후기에는 과거를 통해 역사적 정통성과 내재적 발전론을 설명하려는 움직임이 활발하게 일어났다. 그 과정에서 중국 혹은 이민족에 맞서 싸운 북방의 고대사(고구려·발해)에 대한 관심이 고조되었다. 이처럼 자국 역사의 독자성에 의미를 부여하는 분위기 속에서 고대사를 기록한 통신사행록은 학계의 주목을 받을 수밖에 없었다. 더욱이 신라와 백제가 일본에 대해 군사적·문화적 영향력을 행사했다는 통신사의 기록은 조선후기의 시대적 요구에 부합하는 것이었다.

이에 일본 역사의 이해를 통해 우리의 역사를 재구하려는 통신사의 노력은 더욱 가속화되었다. 그래서 통신사행록에는 일본에 유교를 전한 王仁과 阿直岐를 비롯하여 琳聖太子와 일본으로 가 山神이 되었다는 신라인 日羅 등 三國의 渡海人이 기록되어 있다. 뿐만 아니라 18세기 통신사행록에는 일본의 한반도 정벌사까지 기록되어 있는데, 그 대표적인 것이 神功皇后의 三韓 征伐이다.

漢나라 때 履陶公이란 자가 兵書를 가지고 와서 神功后에게 주었는

62, 한국고대사학회, 2011; 정재훈, 「실학자들의 '한국사' 탐구」, 『한국사 시민강좌』 제48집, 일조각, 2011; 조인성, 「실학자들의 한국고대사 연구의 의의: 김정희의 진흥왕 순수비 연구를 중심으로」, 『한국고대사연구』 62, 한국고대사학회, 2011 참조.

데, 곧 姜太公의 八陣法이다. 신공후가 이 병법으로 西州의 적을 격파
하고 또 三韓을 토벌했다.[27]

황후가 짚고 있던 창 손잡이를 손수 신라 궁문의 밖에 꽂으며 빌었
더니 창에서 잎이 돋아났다. 백제와 고구려가 그것을 듣고 모두 스스
로 와서 和議를 청하니 황후가 마침내 군대를 돌이켰다. 인하여 留田
宿稱으로 하여금 신라에 머물면서 三韓에 군대를 주둔시켜 지키도록
하였다.[28]

神功皇后는 仲哀天皇의 妃이고 應神天皇의 어머니이자 일본의
八幡宮에 모셔진 神이다. 특히 神功皇后는 征伐을 단행하여 三韓
을 복속시키고 한반도의 남부를 경영한 인물로『古事記』,『日本書
紀』에 기록[29]되어 있다. 17세기 통신사들이 壹岐島의 勝本에서
보고 '聖母坊', '望母祠', '聖母祠' 등으로 기록한 사당이 곧 神功皇
后와 관련된 사적이었으나 그에 대한 정확한 내용은 다루지 않았
다. 또한 八幡을 다루면서도 그 아들인 應神天皇에 대해서만 언급
하거나, 혹은 그에게 蠶織을 전해준 백제의 문화 전파 차원 정도
만 다루었다. 그런데 戊辰使行의 종사관 曺命采는 神功皇后의 三

---

27) 曺命采,『奉使日本時聞見錄』,「聞見總錄」, "漢世有履陶公者 持兵書來 授神功后 卽
太公八陣法也 后以此法破西州之賊 且討三韓".

28) 元重擧,『和國志』권1,〈新羅百濟高麗通使戰伐〉, "后以所杖矛 手揷于新羅宮門之外
呪之 矛隨生葉 百濟高句麗聞之 皆自來請和 后遂還師 因使留田宿稱留新羅 使爲三韓
鎭守".

29) 홍성화,「통신사행록에 보이는 고대사 관련 기술 고찰」,『한일관계사연구』제43
집, 한일관계사학회, 2012, 260쪽.

韓 정벌을 문견록에 기록하였고, 1763년 癸未使行의 서기 元重擧
는 이를 더욱 발전시켜 일본 내에서 전승되고 있는 삼한 정벌의
내용까지 전하고 있다. 元重擧는 삼한 정벌이 황탄하여 이치에
닿지 않는다고 평하였다. 그러면서도 일본의 신라 침입을 기록한
『三國史記』의 기사와 三國이 일본에 朝貢을 바쳤다는 일본 측 기
록을 통해 사실일 가능성이 있다는 점도 아울러 밝히고 있다.

통신사행록을 저술함에 있어 단순히 삼국의 역사만 다룬 것이
아니라 외교 상대국의 史書를 이용한 점은 의미가 있었다. 특히
자국의 고대사에 대해 조선과 일본의 다양한 기록을 상호 비교하
는 실증적인 방식을 취하고, 그것을 바탕으로 객관적 평가를 내
리는 방식은 조선후기 역사 서술에 영향을 미쳤다.

倭史『年代記』에는 應神天皇 당시, 신라의 儒禮王 때에 신라 군사가
明石浦에 와서 흰 말을 죽여 맹서를 받고 돌아갔다. 지금도 그 나라
赤間關 동쪽에 白馬塚이 있다. 또 신라가 토벌하여 온 것이 여러 군데
라고 기록하였으나, 대개 우리나라 역사에는 전하여지지 않는다. 지
금 동래 絶影島에 太宗臺가 있는데, 俗說에 신라의 太宗이 對馬島를
토벌할 때 駐蹕하였던 곳이라 한다. (…중략…) 후세에 海東의 온 땅이
섬 오랑캐들에게 곤욕을 받은 것은 반드시 까닭이 있다. 나랏일을 결
정하는 선비는 마땅히 그 방어책을 생각하여야 한다.30)

---

30) 安鼎福,『東史綱目』제3상, "倭史年代記 應神天皇當新羅儒禮王之時 羅兵至明石浦
殺白馬受盟而歸 至今其國赤間關之東 有白馬塚 又記新羅來伐者數處 盖我史滅缺不
傳也 今東萊絶影島 有太宗臺 俗說新羅太宗 伐對馬島時 駐蹕處也 後世以海東全地
受困島夷者 必有其由矣 籌國之士 當思其禦之策".

지금 일본의 여러 書冊들을 상고해 보고서 우리나라에 관계되는 일들을 모아 별도로 한 編을 만들었다. (…중략…) 應神天皇 22년(291, 유례왕8)에 신라의 군사가 일본을 공격하여 明石浦 안으로 깊이 들어왔는데, 大坂과의 거리가 100리였다. 일본 사람들이 강화를 요청하여 白馬를 잡아 赤關의 동쪽에서 맹서하였는데, 지금까지도 白馬塚이 남아 있다.[31]

安鼎福은 金世濂의 『海槎錄』을 통해 '백마총'에 대해 알고 있었다. 그래서 이후 『東史綱目』에 신라의 일본 정벌을 기록하면서, '백마총'도 함께 언급하였다. 安鼎福은 자국의 역사서에는 이에 대한 기록이 없어 倭史로써 보충한다고 밝히며, 『年代記』의 기사를 인용하였다. 그리고 단순한 역사 기술에 그치지 않고 기사와 관련 있다고 생각되는 俗說을 함께 전하며 자신의 견해를 피력하였다. 신라가 일본을 토벌하였던 과거도 있었지만 반대로 임진왜란과 같은 곤욕을 당한 경우도 있으니 이에 대한 방비가 반드시 있어야 한다는 점을 분명하게 밝혔다.

韓致奫 역시 수많은 일본 史書와 野史, 稗官雜記 등을 자료로 삼아 내용을 비교하고 논리적으로 추론[32]하여 객관적인 자국사를 서술하려고 노력했다. 그 스스로 「交聘志」를 엮으며 일본의 여러 서책을 참고했다고 밝혔는데, 『海東繹史』의 인용 書目을 보면

---

31) 韓致奫, 『海東繹史』 제41권, 「交聘志」 9, 〈通日本始末〉, "今考日本諸書 采其事關東國者 另爲一編 (…中略…) 應神天皇二十二年 新羅兵攻日本 深入明石浦 距大坂百里 日本人請和 刑白馬盟赤于間之東 至今尙有白馬塚".

32) 정재훈, 「실학자들의 '한국사' 탐구」, 『한국사 시민강좌』 제48집, 일조각, 2011, 106쪽.

『日本紀』·『日本書紀』·『和漢三才圖會』처럼 익히 알려진 책 외에도 『日本逸史』, 『征伐記』, 『異稱日本傳』 등 20여 권에 이르는 일본 서적을 자료로 삼았음을 알 수 있다. 그 결과 '백마총'에 대해서도 이를 다루고 있는 통신사행록이나 『年代記』가 아니라 『日本書紀』를 그 근거 자료로 인용하였다.

통신사의 일본 서적 탐독은 일본에 관한 지식을 탐색하는 하나의 경로로 시작되었다. 그러나 백제 문화의 일본 전래와 '백마총' 이야기가 통신사행록에 기록되어 조선에 전해지면서 자국 역사에 대한 인식의 전환을 가져 왔다. 그리고 현재 일본의 문화와 제도의 근원이 한반도였다는 점은 민족적 자부심을 고취시켰다. 이렇듯 조선후기 통신사행록은 역사의 내재적 발전 동인을 찾기 위해 노력하던 조선사회에 한반도의 고대사를 재조명하는 자극제 역할을 하였다. 아울러 고대사 자료의 한계를 일본의 사서를 통해 극복하면서 역사 연구 방법론에 있어서도 변화의 단초가 마련되었다.

한편 통신사행록에서 다룬 일본지식은 조선의 학문 풍토에도 영향을 미쳤다. 앞서 언급했듯이 통신사행록을 통해 일본의 古學이 조선에 소개되었다. 古學에 대해 알게 된 조선의 지식인들은 이를 비판하거나 혹은 학문방법론으로써 적극 수용하였다. 古學에 대한 개개인의 好·不好, 긍정·부정을 막론하고 일본 古學 그 자체는 성리학 일변도의 조선사회에 신선한 충격을 주었다. 이렇듯 통신사행록은 일본지식을 전하는데 그치는 것이 아니라, 이를 둘러싼 논쟁의 지점을 형성하였다. 그래서 통신사행록에서 무엇을, 어떻게 다루고 있느냐를 살피는 것은 중요한 문제였다.

그런데 조·일 관계가 안정을 찾아가면서 통신사행록에는 일본의 일상사가 조금씩 언급되기 시작했다. 일본인의 의복, 음식, 그리고 주거뿐만 아니라 다양한 계층의 삶 자체가 지식 탐구의 대상이 되었던 것이다. 통신사는 그 모든 것을 세밀하게 관찰하고 빠짐없이 기록하였다. 그리고 그 과정에서 조선사회에 유용한 기술과 기물이 통신사행록의 한 부분으로 자리잡았다. 이러한 통신사의 지식 탐구 경향은 흔히 實學으로 汎稱되는 조선후기의 學風과 닿아 있었다.

　17세기 이후, 농업생산력의 증대와 그에 따른 농민층의 분화, 常平通寶의 보급으로 인한 상품화폐경제의 발달, 여기에 중개무역을 통한 이윤 창출은 조선후기 경제와 문화를 송두리째 바꾸어 놓았다. 이에 따라 이전에는 천시되었던 상공업과 노동의 가치가 새롭게 조명되었다. 특히 利用厚生과 학문의 經世的 성격을 강조하는 학풍이 전개되면서, 임병양란 이후 오랑캐라고 철저하게 배격당했던 淸의 문물이 조선의 지식 체계 속에 들어올 수 있었다.

　이와 관련하여 朴趾源·李德懋·柳得恭·朴齊家 등 北學派(혹은 利用厚生學派) 지식인들이 주목을 받았다. 이들은 연행을 통해 형성된 견문을 글로써 조선사회에 알렸을 뿐만 아니라, 발전된 淸의 문물을 적극 수용하자고 주장하였다. 이 중 朴齊家는 1778년 謝恩使 蔡濟恭을 따라 처음 연행을 다녀온 것을 시작으로 총 4번에 걸쳐 北京을 방문하였다. 그리고 淸의 문물제도와 문물 수용에 대한 자신의 생각을 『北學議』를 저술하여 보여주었다.

　중국에서는 똥을 황금처럼 아낀다. 길에는 버려진 재가 없다. 말이 지나가면 삼태기를 들고 그 꽁무니를 따라가며 말똥을 모은다. 길가에 사는 사람들은 날마다 광주리를 들고 가래를 끌고 다니면서 모래 속에서 말똥을 가려 줍는다. 똥은 正方形 혹은 세모꼴로 쌓거나 여섯모꼴로 쌓는다. 그 아래를 깊게 파서 똥물이 어지럽게 흐르지 않는다. 똥을 쓸 때에는 모두 물에 섞어 차진 진흙처럼 만들어서 바가지로 퍼서 사용한다. 대개 그 힘을 고르게 하고자 해서다.[33]

북학파 지식인들은 사소한 사물이 가진 造成力에 주목했다. 중국에서 흔히 쓰이는 벽돌이나 깨어진 기왓장처럼 지극히 사소하고 일상적인 사물에서 중국의 문화적 저력을 느낀 것[34]이다. 이러한 점을 잘 보여주는 또 다른 사례가 거름이었다. 북학파 지식인이 저술한 연행록에는 馬糞이나 인분의 유용성에 대해 언급한 경우가 많았는데, 朴齊家 역시 마찬가지였다. 말이 지나가기만 하면 중국인들은 그 말을 따라가며 말똥을 주웠는데, 功力에 비해 터무니없이 적은 마분을 보고 朴齊家는 실속 없는 행위라며 비웃었다. 그러나 마분을 거름으로 써서 농사를 지으면 다음해 수확량이 곱절로 늘어난다는 사실을 깨닫고는 중국의 거름 만드는 법에 대해 자세하게 기록하였다.

그런데 이들에 앞서 거름이 가지는 조성력에 대해 관심을 가진 사람이 있었으니, 바로 元重擧였다.

---

33) 朴齊家, 『北學議』, 「外篇」, 〈糞〉, "中國惜糞如金 道無遺灰 馬過則擧畚而隨其尾 以收其糞 道傍之氓 日持筐曳鍬 揀馬矢於沙中 積糞皆正方或三稜六稜 而浚其下 令水不亂流 用糞皆和水如濃泥 以瓢舀用 蓋欲均其力也".

34) 김현미, 「18세기 연행록의 전개와 특성 연구」, 이화여자대학교 박사논문, 2004, 85~56쪽.

집에는 부엌과 측간, 욕실에 각각 큰 통을 놓아둔다. 무릇 목욕한 물이나 그릇 씻은 물, 쌀 씻은 물과 짠물 찌꺼기 및 분뇨의 물은 한 방울도 땅에 버리는 것이 없다. 소나 말을 가지고 있는 자도 또한 구유 바깥에 구덩이를 파고 찌꺼기 물을 받는다. 이것을 매일 일꾼이 새벽에 일어나 등에 雙擔桶을 지고 각 통의 것을 모두 운반한다. (…중략…) 밭두둑의 구덩이가 날로 차고 날로 마르면 나무 막대기로 일어서 淸濁이 서로 섞이게 한다. 그러므로 밭의 구덩이를 지나가는 자는 반드시 코를 감싸 쥔다. 밭의 곡식이 파릇파릇해지고 가랑비가 내리면 남녀노소 모두가 낡은 옷을 입고 밭두둑으로 가서 긴 나무 자루가 달린 바가지로 구덩이 속의 물을 퍼서 곡식 싹을 적셔 준다.35)

元重擧는 일본의 생업과 관련된 정보를 『和國志』에 다수 수록하였다. 그는 기존의 일본지식을 뛰어넘어 완전히 다른 인식과 층위에서 일본을 살펴보고자 하였는데, 그 중 하나가 농법과 농작에 대한 탐색이었다. 이와 관련하여 元重擧가 특별히 관심을 가진 부분은 거름이었다. 일본의 부엌과 욕실, 측간에는 큰 통이 항상 구비되어 있었는데, 일본인들은 일상생활에서 나오는 배설물을 이 통에 버렸다. 人糞은 물론 생활하수나 음식 찌꺼기 등을 함께 모아두었다 이를 거름으로 사용했던 것이다. 특히 江戶와 같은 대도시 주변에 武藏野新田이 개발36)되면서, 거름으로 쓰이

---

35) 元重擧, 『和國志』 권2, 「農作」, "其家則厨厠浴溷 各安大箇 凡浴溷瀹器米汁鹽滓與尿屎之水 無一勺棄地者 有牛馬者 又窖其外受其滓汁 每日保丁晨而起 背負雙擔桶 各箇盡搬 (…中略…) 田畔之窖 日盈而日暘 則用杖汰之 使淸濁交絮 故田窖之過者 必擁鼻 田穀旣靑而雨下霢霂 則盡其室男女老少 齊着弊衣 皆往田畔 以長木柄巠䡊斗 取窖中之水 以湆穀苗".

는 분뇨를 배에 싣고 다니며 파는 상인이 등장할 정도였다.

人糞이나 재를 하찮은 것으로 취급하지 않은 元重擧와 朴齊家의 관점은 일견 닮아 있다. 그리고 元重擧는 그렇게 사소한 것을 이용하여 돈을 번다는 점에도 주목했다. 그가 언급한 거름 파는 상인은 흡사 洪大容이 연경에서 본 '潔淨芳房' 주인과 흡사하였다.37) 이처럼 일상적이고 사소하지만, 유용한 사물에 대한 관심은 북학파 이전 이미 통신사에서부터 시작되었고, 따라서 이러한 통신사행록의 내용이 북학파에 영향을 미쳤다고 생각할 수 있다.

더군다나 元重擧가 북학파의 젊은 지식인들로부터 尊丈으로 불리었다는 사실과 朴齊家·李德懋·柳得恭의 저술에『乘槎錄』과『和國志』의 내용이 인용되었다는 점에서 元重擧의 일본지식이 북학파에 수용38)되었음을 알 수 있다. 특히 朴齊家의 경우,「外篇」의 論辨類를 제외하고는『북학의』의 구성이 元重擧의『和國志』와 상당 부분 유사하다. 元重擧는『和國志』를 저술하며, 그 내용을 수

---

36) 제8대 關白 吉宗은 大岡忠相을 町奉行으로 발탁하여 본격적인 도시 정책을 실시했다. 이때 함께 추진된 것이 바로 武藏野新田의 개발이었다. 武藏野新田에서는 江戶에 공급할 야채를 재배하였는데, 江戶에서 배출되는 분뇨를 가져다가 이곳의 비료로 사용하였다(오이시 마나부,「일본 근세도시 에도의 기능과 성격」,『도시인문학연구』제1권 1호, 서울시립대 도시인문학연구소, 2009, 133쪽).

37) 洪大容은 연경의 공중변소에 대한 기록을 남겼다. 변소를 설치해 놓고 사용료를 받을 뿐만 아니라 모인 인분은 거름으로 이용하는 주인을 보고 洪大容은 일을 처리하는 중국인의 치밀하고 교묘한 모습에 감탄을 하였다(『담헌서』외집 8권,「燕記」,〈京城記略〉).

38) 북학파와 계미통신사의 영향 관계에 대해서는 임형택,「계미통신사와 실학자들의 일본관」,『창작과비평』, 창비, 1994; 오수경,「燕巖學派 硏究」,『대동한문학』제11집, 대동한문학회, 1999; 박채영,「현천 원중거의 통신사행록 연구:『승사록』과『화국지』를 중심으로」, 이화여자대학교 석사논문, 2009; 구지현,「유길준의『西遊見聞』에 보이는 견문록의 전통과 확대」,『온지논총』제37집, 온지학회, 2013 참조.

레·도로·목축·안장·언어·의학[약]·배·궁실·교량 등 76가지로 항목화하였다. 그런데 朴齊家 역시 자신의 중국 견문을 항목으로 나누어 기술했을 뿐만 아니라, 항목의 분류 역시 흡사했다. 이는 元重擧의 통신사행록이 북학파 지식인에게 단순 지식만을 전달한 것이 아니라, 무엇을 보고 어떤 방식으로 기록해야 하는지까지도 알려주었음을 의미한다.

이처럼 북학파에게 미친 元重擧의 영향력은 지대하였다. 하지만 元重擧가 학문의 대상으로 삼은 일상에 대한 관심이 오로지 元重擧로부터 시작되었다고 할 수는 없다. 오히려 이러한 논의는 통신사행록 저술의 전통과 일본지식의 축적이 있었기에 가능한 일이었다. 예컨대 통신사행록에서 거름에 대해 가장 먼저 언급한 사행원은 申維翰이었다. 申維翰은 일본 가옥의 편의성을 설명하면서 냄새가 나지 않고 청결한 측간에 관심을 가졌다. 그리고 측간에서 발생하는 오물을 통에 담아 밭으로 옮김으로 해서 파리나 모기가 생기지 않는다는 사실을 기록하였다. 이러한 申維翰의 논의는 元重擧에 의해 더욱 발전되었다. 따라서 元重擧의 『和國志』가 일본지식을 체계적으로 기술하고는 있지만, 그 안의 다양한 논의는 이전 통신사행록과의 영향 관계 속에서 접근하는 것이 타당할 것이다.

한편 朴趾源은 연행에서 유통의 문제를 절감했다. 만약 조선의 전역에 수레가 다닐 수 있다면 물산이 원활히 유통되고, 이에 따라 백성들의 삶이 나아질 수 있다[39]고 생각했다. 이러한 생각은

---

39) 박기석, 「『열하일기』에 나타난 연암의 중국문화 인식」, 『문학치료연구』 제8집, 한국문학치료학회, 2008, 90쪽.

朴齊家에게도 이어졌다. 朴齊家는 조선의 현실에서 상품 유통을 촉진시키기 위해서는 수레와 배, 도로, 다리, 화폐를 개량해야 한다고 주장[40]하였다. 특히 朴齊家는 중국의 虹橋에 관심을 보였다. 다리를 아치형으로 만들어 홍수에도 잠기지 않을 뿐만 아니라 다리 아래로 선박의 출입이 용이했기 때문이었다. 그런데 통신사행록에도 虹橋의 장점을 유통의 측면에서 접근한 기록이 있었다.

> 虹橋를 백여 칸 혹은 수백 칸으로 만들어 강물을 가로질러서 大路를 만들어 놓은 것이 몇 군데나 되는지 알 수가 없었다. 다리 위로는 수레 몇 대가 나란히 갈 수 있고, 다리 밑으로는 큰 배가 통행하였다.[41]

1636년 丙子使行의 정사 任絖은 大坂의 강물과 운하를 가로질러 만들어진 橋梁에 관심을 가졌다. 大坂의 교량은 虹橋의 형태라, 아래로는 배가, 다리 위로는 수레와 사람이 다닐 수 있었다. 통신사는 수레 몇 대가 한꺼번에 다닐 수 있을 정도의 큰 교량을 보고 大坂의 物動量을 짐작하였다. 이외에도 도로의 정비를 비롯하여 가축의 사육, 蠶業 등 북학파가 언급한 淸의 문물 중에는 이미 통신사행록에서 다루었던 부분이 다수 존재했다.

하지만 이러한 일본지식들이 즉각적이고 또 직접적으로 조선

---

40) 김성준·오세영, 「楚亭 朴齊家의 流通通商論 硏究」, 『해운물류연구』 제39집, 한국해운물류학회, 2003, 12쪽.

41) 任絖, 『丙子日本日記』, 11월 10일(庚戌), "造以虹橋百餘間 或數百間 橫駕江水作大路者 不知其幾處 橋上亦可方數車 橋下通行大船".

의 지식인, 특히 북학파의 대외인식에 영향을 주었다고 할 수는 없다. 다만 기존의 학문 체제에서 도외시되었던 것들, 특히 민생이나 현실 생활과 관련한 관심이 實學으로 연결되었다고 한다면, 통신사행록 안에서도 이 지점을 찾을 수 있다는 것이다. 병자호란 이후, 조선은 자신보다 大國인 淸의 문물을 수용하는 것에도 거부감을 보였다. 그런데 지리적으로도 또 문화적으로도 오랑캐에 불과한 일본의 문물을 기록하는 것은 더더욱 가치 없는 일로 치부될 수 있었다. 그럼에도 불구하고 일본에 파견된 통신사는 조선에 유용한 지식을 찾고 이를 통신사행록으로 남겼다. 그리고 이러한 저술 의지가 통신사행록을 통해 전해지면서 元重擧의『和國志』가 탄생할 수 있었던 것이다.

# 제5장 결론

　임진왜란을 거치며 조선과 일본 양국 간의 외교적 위상이 변하였고, 이에 따라 외교정책의 전면적인 수정이 불가피하였다. 이에 조선은 일본에 대한 새로운 정보를 확충하여 조선 우위의 외교 관계를 재정립하는 한편, 일본의 침략을 효과적으로 차단할 수 있는 備倭의 방안을 모색했다. 그래서 조선은 국서 전달과 被擄人 刷還을 명분으로 通信使를 파견하여 일본정보를 확충하고자 했다. 비왜를 위한 정보 확충을 목적으로 파견된 조선후기 통신사는 정확한 정보를 효과적으로 수집·전달할 수 있는 방법들을 강구하기 시작했다. 이에 본고에서는 조선후기 通信使行錄을 통해 일본지식이 어떠한 방식으로 형성·확충되었으며, 이러한 지식이 통신사 내부와 조선사회에 어떻게 수용되고 표면화되었는지를 고찰해 보았다.

　2장에서는 통신사행록의 형성 방법과 글쓰기 방식을 정보 탐색의 경로, 지식의 구체화와 그것의 효과적인 전달에 초점을 두고 살펴보았다. 조선후기 통신사는 일본정보를 최대한 많이 수집하고자 노력했지만, 단기간의 일본 체류를 통해 접할 수 있는 일본정보는 한정적이었다. 이에 통신사는 자신의 견문에만 의존하지 않고 여러 경로를 통해 일본에 대한 정보를 탐색하였다.

그 하나가 다양한 사람들과의 문답이었다. 통신사와 문답을 나누며 정보를 제공한 사람들에는 이전 사행원, 일본에 체류 중인 피로인과 중국인, 일본 현지인이 있었다. 통신사는 燕行에 비해 오랜 時差를 두고 파견되었는데, 이전 사행원과의 일본정보 공유는 이로 야기되는 정보의 단절을 상쇄시키고, 정보 탐색의 방향을 모색하는 데 도움을 주었다. 특히 통신사행원 중에는 대를 이어 사행에 참여하는 경우가 많았는데, 이들은 가문 내에서 전해지던 일본정보를 동행했던 사행원역들에게 제공하였다.

한편 일본에 도착한 통신사는 현지에 체류 중인 조선 피로인과 중국인을 통해 일본에 대한 생생한 정보를 탐색할 수 있었다. 특히 士族 출신 피로인은 그 유학적 소양을 바탕으로 일본에서 각 藩의 관리로 등용되거나 의원에 종사하고 있었다. 피로인들은 그러한 지위를 바탕으로 일본의 정세 변화·전쟁 재발의 가능성·민심의 향배 등을 감지하고, 이를 통신사에게 전달하는 내부 조력자의 역할을 수행하였다. 또한 통신사는 자신들을 찾아온 중국인을 통해 일본 幕府의 중국인 대우나 통신사를 바라보는 일본의 시각 등을 살필 수 있었다. 이렇듯 사행 노정에서 만난 피로인과 중국인은 통신사가 가진 정보 수집의 한계를 극복하는 데 도움을 주었다. 그러나 무엇보다 통신사에게 유용했던 정보 탐색의 경로는 일본 현지인과의 문답이었다. 통신사는 일본인과 문답을 나누며 기존 정보의 사실관계 여부를 확인할 수 있었다. 특히 통신사와 일본 文士 간에 학문적 공감대가 형성되면서 그것을 바탕으로 한 인간적인 교유가 가능해졌다. 학문 이외에도 일본에 대한 허심탄회한 대화가 이어지면서 통신사는 일본 문사를 통해 다양한 일본정보를 제공받을 수 있었다.

일본정보를 탐색할 수 있는 또 다른 경로는 바로 일본 서적을 탐독하는 것이었다. 사행을 떠나기에 앞서 통신사는 이전 사행록이나 일본 지도 등을 구해 이를 숙지하였다. 하지만 통신사가 일본에 도착해서 목도한 일본의 현실은 숙지하고 있었던 지식과는 많은 차이가 있었다. 기존 지식의 오류를 발견한 통신사는 조선에 알려진 일본과 실제 일본 사이에서 발생한 간극을 해소하고자 일본 서적을 구해 읽기 시작했다. 처음에 통신사는 일본에 대한 기본적인 정보를 얻고자 史書 위주로 독서를 하였다. 하지만 조·일 관계가 안정되고, 일본의 학문이 비약적으로 성장하면서 통신사의 독서 분야는 지속적으로 확대되었다. 일본의 학술서적은 물론 兵書·地理書·宗敎思想書, 심지어는 類書까지도 통신사의 독서목록에 올랐다. 이러한 통신사의 일본 서적 탐독은 일본의 실상을 정확하고도 객관적으로 살펴볼 수 있는 기회를 제공하였으며, 보다 많은 일본정보를 확충하는 계기가 되었다. 일본 서적에 대한 통신사의 관심은 서적의 구매로까지 연결되었다. 그리고 이러한 서적들은 통신사를 통해 국내로 유입되어, 조선의 지식인이 일본지식을 보다 손쉽게 습득할 수 있는 참고서로 활용되었다.

하지만 조선후기 통신사가 일본정보의 확충보다 더 심혈을 기울인 것은 그 정보의 정확성과 객관성을 담보하는 일이었다. 그래서 통신사는 단순한 일본정보를 지식으로 구체화할 수 있는 글쓰기 방식을 모색하였다. 그것은 정확한 개념을 아는 것에서부터 시작되었다. 통신사가 접한 일본은 동일한 한자문화권임에도 불구하고 사물이나 개념을 지칭하는 용어가 조선과는 다른 경우가 많았다. 전대 사행록에서는 이러한 점을 중요하게 생각하지 않았다. 그러나 조선후기 통신사는 조선과는 다른 일본 용어를 정확하게 기록했을 뿐만 아니라, 이를 조선식 개념으로 換置하여 설명하기까지 하였다. 이는 언어적 관심의 차원을 넘어서 정확한 일본지식을 형성하려는 노력의 일환으로 볼 수 있다. 이러한 노력은 개념을 구체화하는 나름의 방법론이 되어 일본에서 본 새로운 景物을 설명할 때도 적용되었다. 통신사는 조선에서는 볼 수 없는 생경한 사물을 치밀하게 관찰하여 묘사하는 동시에, 그것을 친숙한 사물에 빗대어 설명하는 방식으로 지식을 구체화하였다.

한편 통신사는 일정한 준거를 제시하여 자신들이 확충한 일본지식에 객관성을 부여하였다. 이전 사행록의 내용을 근거로 자신의 견문이 객관적임을 드러내었고, 통신사행록을 통해 반복적으로 제기되었던 문제를 정보 탐색의 대상으로 간주하고 이를 해결하기 위해 노력하였다. 그렇게 노력하는 과정에서 문제와 관련된 일본정보는 한층 많아지고 정확해졌다. 또한 문제를 해결하는 방법의 하나로 일본 문사와의 문답을 활용하면서 정보의 객관성도 확보되었다. 아울러 개별 통신사행록은 동일 사안에 대한 다양한 해석과 평가를 수록하고 있어 후대 통신사와 조선 지식인이 좀 더 열린 시각으로 일본지식에 접근할 수 있도록 만들었다. 이러한 통신사행록의 글쓰기 방식은 일본을 바라보는 동시대인의 시각은 물론, 이전 사행원의 관점까지도 함께 아우르고 있어 더욱 객관적인 일본지식을 확립할 수 있었다.

이렇게 형성된 일본지식은 통신사행록을 통해 조선에 전해졌다. 통신사행록은 후대 통신사에게는 훌륭한 외교지침서였고, 조선의 지식인에게는 일본지식을 얻을 수 있는 거의 유일한 학술적 창구가 되었다. 이러한 점을 익히 알고 있었던 통신사는 일본지식을 효과적으로 전달하기 위한 글쓰기 방식도 강구했다. 통신사는 조선전기의 사행록인『海東諸國記』를 典範으로 삼아 聞見錄 중심의 글쓰기 체재를 선택하였다. 통신사행록의 문견록은 이미 통신사에게는 익숙한 관습적 글쓰기 방식이었을 뿐만 아니라, 자신들이 탐색한 일본지식을 집약적이고 종합적으로 전달하기에도 용이했다. 그러나 사행이 거듭될수록 축적된 일본지식은 방대해졌고, 파견 시기에 따라 조선사회가 요구하는 일본지식도 달랐다. 이에 통신사는 문견록을 저술하되, '筆談', '記聞', '列傳'이라는 題名으로 별도의 글을 써서 사행에서 느낀 중요한 사실을 다시 한 번 강조해서 기록하였다.

한편 조선과 일본의 관계가 안정되면서 통신사가 관심을 가진 일본지식의 영역은 더욱 확대되었다. 특히 丙子使行부터 乙未使行까지 이루어진 日光山行은 그동안 통신사의 발길이 닿지 않았던 일본 東北 지역을 경험할 수 있는 좋은 기회였다. 더불어 당시 조선에서 성행했던 博物學으로 인해 일본인의 사소한 일상과 잡다한 기물들까지도 모두 통신사의 관심 대상이 되었다. 이렇듯 이전 사행에서는 배제되었던 일상적인 견문이 정보 탐색의 대상이 되면서 집약적인 서술에 유용했던 문견록보다는 자유롭게 일본 체험을 기록할 수 있었던 일기가 일본지식을 전달하는데 유용한 체재로 인식되었다. 아울러 집약적 서술이 가능했던 문견록과 상세한 설명이 용이했던 일기가 통신사행록의 주요 체재가 되면서, 이 두 체재 사이의 유기성이 강화되기도 하였다.

이처럼 통신사행록은 기존의 일본지식을 바탕으로 쓰여졌으나, 그 기록을 단순히 傳寫·축적하는 데에만 머물지는 않았다. 사행이 거듭될수록 지식의 탐색 영역은 확장되었고, 새로운 시각이 더해졌다. 그리고 이렇게 형성된 일본지식은 조선으로 유입되어 특정 내용을 두고 논쟁이 벌어지기도 하였다. 뿐만 아니라 통신사 내에서도 그 직분이나 학문적 성향에 따라 동일 지식을 다르게 해석하며 충돌이 빚어지기도 하였다. 이에 따라 조선사회에서는 특정 지식을 중심으로 일본 담론이 형성되었다.

3장에서는 일본지식이 하나의 담론으로 형성되어 가던 논쟁의 지점에 대해 살펴보았다. 조선후기 통신사는 외교사절이자 문화사절이었다. 따라서 통신사행록에 내포된 일본 담론 역시 크게는 정치·외교적 담론과 문학·학술적 담론으로 나눌 수 있다. 정치·외교적 담론은 제한된 일본정보를 바탕으로 형성되었던 기존의 일본관이 통신사행록을 통해 균열되면서 발생하였다. 그 대표적인 예가 天皇論·對馬島論·備倭論이다.

일본의 침략 가능성이 상존하는 상황에서 조선 조정은 일본의 실질적 지배자인 關白을 외교의 주체로 인정할 수밖에 없었다. 하지만 통신사행록을 통해 天皇과 關白에 대한 지식이 조선으로 유입되면서, 일본의 지배자를 누구로 볼 것인가에 대한 고민이

깊어졌다. 그리고 그 과정에서 천황에 대한 담론이 활성화되었다. 조선 지식인의 사고로는 조선과는 다른 일본의 이중적 지배체제를 용납할 수 없었던 것이다. 그래서 조선인이 바라본 일본 天皇은 권력을 잃고도 허울뿐인 자리를 유지하고 있는 '僞皇'일 뿐이었다. 뿐만 아니라 조선에서는 용인되지 않는 '女皇'이라는 존재 역시 天皇에 대한 부정적 인식을 심화시켰다. 특히 통신사를 파견한 이후 조선에서는 關白에게 외교 주체로서의 정당성을 부여하기 위해 天皇의 부정적 이미지를 더욱 강조되었다.

그러나 실제 일본을 접한 통신사는 그곳에서 天皇의 새로운 면모를 발견하게 되었고, 이를 사행록에 남겼다. 비록 정치적인 권력은 잃었으나, 일본 백성이 정신적으로 믿고 의지하는 지도자는 關白이 아닌 天皇이었던 것이다. 또한 일본에 文興이 일어남에 따라 학문과 문화 영역으로만 제한되었던 天皇의 역할은 오히려 일본 지식인층으로부터 天皇 지지를 이끌어내고 있었다. 天皇의 이러한 면모가 통신사행록을 통해 조선에 전해지면서, 조선 지식인 사이에서는 天皇의 復權을 예견하는 견해들이 나타나기 시작했다.

한편 통신사행록을 통해 조·일 외교상의 對馬島 역할론에 대한 의문이 제기되었다. 조선은 對馬島를 자국의 '邊方', 對馬島主를 '外官'으로 인식했으며, 경제·문화적으로도 긴밀한 관계를 유지하였다. 對馬島 역시 조·일 양국의 중개자를 자처하며, 중개무역을 통한 경제적 실리를 추구하였다. 그런데 그 과정에서 對馬島가 국서 개작과 같은 양국을 기망하는 행위를 서슴지 않고 자행했다. 그럼에도 불구하고 南邊의 안정을 우선시했던 조선 조정에서는 對馬島의 잘못을 애써 외면하면서 오히려 유화책을 써서 對馬

島와의 긴밀한 관계를 유지하고자 했다.

하지만 통신사가 실제로 파악한 對馬島는 조선과 일본 사이에서 긴장과 갈등을 조장하며, 자신의 이익만을 추구하는 존재였다. 그래서 통신사는 이에 대한 대비책을 강구하도록 조정에 요청하였다. 이와 때를 같이 하여 鬱陵島 爭界가 발생하면서, 조선 내에서도 對馬島를 경계해야 한다는 우려의 목소리가 높아지고 있었다. 일본과의 교린체제 안정을 최우선으로 추구했던 조선 조정이었지만, 자국의 영토 문제에 對馬島가 결부되면서 對日本 외교정책의 수정이 불가피해졌다.

이에 따라 조·일 간의 올바른 외교 정책을 수립하기 위해 통신사는 對馬島의 현 상황을 파악하고자 노력했다. 對馬島의 역할에 대해 줄기차게 의문을 제기했던 통신사였지만, 그들 역시 양국의 외교 관계에서 대마도를 완전 배제할 수는 없다고 생각했기 때문이었다. 그 결과 통신사는 對馬島가 일본 내에서 외부적이고 이질적인 존재로 취급받고 있음을 알았다. 아울러 長崎를 중심으로한 일본과 중국 간의 직접적인 교역이 이루어지면서, 중개무역으로 유지되었던 對馬島의 경제가 악화되고 있다는 사실도 파악할 수 있었다. 이렇듯 통신사는 對馬島의 현 상황을 정확하게 인지하고 이를 외교 정책에 적용하고자 하였다. 그러나 통신사가 파악한 정보와 지식이 미처 논의되기도 전에 일본의 외교 정책이 바뀌면서 통신사의 파견이 중단되었다. 그리고 통신사행록을 매개로 형성되었던 對馬島 관련 담론도 더 이상 진행되지 못하였다.

조선후기 통신사의 파견 목적이 일본의 침략 가능성 탐지에 있었기에 통신사행록을 통해 형성된 일본지식과 담론은 결국 備倭

로 연결될 수밖에 없었다. 조선 내에서 가장 일반적으로 논의된 備倭策은 內治의 안정과 국방력 강화였다. 그러나 陸戰과 鳥銃을 중심으로 마련된 조선의 국방력 강화책은 실상 일본의 상황을 고려하지 모순을 가지고 있었다. 반면 일본 곳곳에서 일본의 戰船과 物力을 직접 확인한 통신사는 조선의 비왜책에 문제가 있음을 간파하고 좀 더 현실성 있는 방안을 제시하였다.

통신사가 생각한 비왜책은 바로 일관성 있는 대외정책의 수립이었다. 그리고 그 연장선상에서 외교 교섭의 주체를 對馬島가 아닌 幕府로 변경해야 한다는 논의가 진행되었다. 거기에다 鬱陵島 爭界를 겪으면서, 조선의 지식인 사이에서도 이에 대한 공감대가 형성되었다. 또한 일본의 학문 성장을 목도한 통신사는 사행원의 학문적 역량을 강화하는 것 역시 현실적인 비왜책이 될 수 있다고 생각했다. 이는 일본 文士와의 詩文唱和를 위한 것이기도 하지만, 그보다는 통신사가 주고받은 글이 양국 간의 외교 관계에서 큰 영향력을 미칠 수 있다는 사실을 자각했기 때문이었다. 같은 맥락에서 통신사가 남긴 기록이 외교 문제를 판단하는 前例가 될 수 있었기에 문견록 저술 자체가 비왜의 현실적 방안일 수 있었다.

정치·외교적 담론에 비해 문학·학술적 담론은 통신사와 지식인 개개인의 학문 성향이 반영되면서 다양한 방향으로 논의가 진행되었다. '文'보다 '武'를 숭상하는 일본의 성향은 조선이 일본을 오랑캐로 인식했던 주요한 근거였다. 그래서 통신사는 조선의 문장으로 일본을 교화할 수 있다고 생각했다. 하지만 丙子使行 이후 사행원들은 일본의 학문이 성장하고 있다는 사실을 인지하고, 거기에 관심을 집중시켰다. 특히 18세기로 접어들면서 일본의 학문은 괄목할 만한 성장을 하였다. 이에 통신사는 일본의 학문이 성장할 수 있었던 배경을 찾고자 하였다. 그 과정에서 통신사는 일본 학문이 백제의 經典 전래로 시작되었을 뿐만 아니라, 일본의 성리학 역시 被擄人 姜沆으로부터 비롯되었다는 사실을 알게 되었다. 따라서 통신사는 일본 학문 성장의 외부적 요인으로 한반도의 문물 전래를 꼽았으며, 조선의 지식인 역시 이에 공감했다.

그러나 이러한 외부적 요인만으로 일본의 文興을 설명하기에는 부족함이 있었다. 그래서 통신사는 그러한 변화의 동인을 일본 내부에서 찾고자 노력했다. 그리고 통신사는 일본 문흥의 직접적인 배경으로 幕府와 각 藩에서 펼친 유학 장려책과 長崎를 통해 유입되는 중국 서적을 들었다. 특히 일본은 교역을 통해 이룩한 막대한 富를 역관 양성과 같은 교육 분야에 투자하였고, 이렇게 양성된 인재들이 다시 교역에 참여함으로써 교육과 경제 성장에 있어 선순환을 이루어내고 있었다. 이를 통해 일본은 문명국으로 성장해가고 있었다. 그리고 일본의 문학적 성장이 통신사 행록을 통해 국내로 전해지면서 조선의 지식인 사이에서는 문화적 위기감마저 조성되었다.

한편 일본 학문 성장의 원인 중 하나로 제기되었던 것이 바로 徐福의 六經 전래였다. 진시황의 焚書坑儒 이후로 先秦 이전의 육경을 찾는 일은 동아시아 최대의 학문적 과제 중 하나였다. 그런데 歐陽脩가 지은 〈日本刀歌〉에는 徐福을 통해 선진시대의 육경이 일본에 전래되었다는 내용이 실려 있었다. 이에 조선의 지식인들은 통신사에게 육경에 대해 명확히 알아오라는 요구를 하였고, 통신사는 육경의 전래 여부와 현존 여부를 끊임없이 탐색하였다. 그리고 탐색 결과 통신사는 徐福이 일본에 육경을 전하지 않았다고 결론 내렸다. 하지만 조선후기 통신사는 비록 일본에 육경이 존재하지는 않지만, 그 학문 성장에 중국의 경서가 지대한 역할을 담당했음을 알 수 있었다. 결국 육경에 대한 담론은 일본 전래와 현존에 대한 의문에서 시작되어 일본 학문의 성장 배경을 고찰하는 데로 나아갔다.

문학·학술 관련 일본 담론 중 통신사와 조선 지식인의 지적 호기심을 가장 자극한 것은 일본의 古學이었다. 기존의 통치이념인 성리학으로는 일본의 현실적인 문제를 해결할 수 없다는 인식에서 출발한 고학은 孔孟의 元始儒學으로 돌아갈 것을 주장했다. 伊藤維楨과 荻生徂徠를 중심으로 발전한 일본의 고학은, 성리학을 부정하고 程朱를 비판하면서 통신사와 조선의 지식인에게는 異端으로 인식되었다. 그러나 일본 고학파의 저술이 조선으로 유입되면서 그 학문방법론이 긍정적으로 수용되기도 하였다. 임진왜란 후 조선에서도 형이상학적이고 사변적인 성리학 일변도의 풍토에서 벗어나 先秦儒學 탐구하고자 하는 움직임이 일고 있었다. 선진유학을 통해 성리학의 단점을 보완하려고 했던 조선의 지식인들은 일본 고학의 학술 내용과 학문 방법을 분리하는 형태로 일본의 고학을 수용하였다. 그리고 그러한 논의의 중심에는 통신사행록이 자리하고 있었다.

이렇듯 조선후기 일본지식과 담론은 통신사행록을 매개로 형성되고 활성화되었다. 아울러 일본이라는 나라에 대한 관심과 일본인에 대한 인식 재고도 가져 왔다. 그러나 무엇보다도 통신사행록을 통해 전해진 일본지식은 조선의 현실을 분명하고 객관적으로 바라볼 수 있는 기회를 제공하였다. 조선의 지식인들은 통신사행록을 통해 자신들이 오랑캐라고 치부했던 일본인의 모습에서 본받을 점을 찾아냈다. 반면 조선인의 사소한 습성에서 오랑캐의 모습을 발견할 수도 있었는데, 이를 통해 華夷의 개념이 상대적일 뿐만 아니라 그 구분 자체가 무의미하다는 사실을 깨닫게 되었다. 그리고 일본 학문의 성장 원인을 고찰하며 조선의 과거제가 가진 폐단을 발견하게 되었고, 일본의 경제적 번영 앞에서 통상의 필요성을 절감하였다.

그리고 조선후기 통신사행록을 통해 전해진 일본지식은 조선의 역사 및 학문 인식에서 영향을 미쳤다. 일본에 대한 정보 탐색의 방법으로 시작된 일본 서적의 탐독은 잊혀졌던 자국의 고대사를 알고, 그것을 정립하는 계기로 작용하였다. 또한 통신사행록에서 다룬 일상에 대한 사소한 기록들은 조선후기의 實學과 그 맥락을 같이 하면서, 北學派 지식인에게 지식 탐색의 대상과 방법에 있어 하나의 틀을 제시하였다.

전쟁에 대한 두려움에서 시작된 통신사의 일본정보와 일본지식의 탐색은 일본과는 다른 조선의 현실을 깨닫는 계기가 되었다. 그리고 일본을 통해 조선의 현실을 투영해 봄으로써, 그 내부적 문제를 표면화하고 변화의 방향을 모색할 수 있었다는 점에서 조선후기 통신사행록의 진정한 가치를 발견할 수 있다.

# 참고문헌

## 1. 자료

국역 『朝鮮王朝實錄』.

국역 『通文館志』, 세종대왕기념사업회, 1998.

국역 『海行摠載』, 민족문화추진회, 1982.

국역 『增正交隣志』, 민족문화추진회, 1998.

김  간, 『厚齋集』(한국문집총간 155~156집), 경인문화사, 1997.

김성일, 『鶴峯全集』, 민족문화추진회, 2009.

김인겸(이민수 교주), 『日東壯遊歌』, 탐구당, 1981.

김장생, 『沙溪全書』, 민족문화추진회, 2000.

김정희, 『阮堂全集』, 민족문화추진회, 1998.

김현문(백옥경 옮김), 『東槎錄』, 혜안, 2007.

『大系朝鮮通信使』, 明石書店, 1994.

남  옥, 『日觀記』, 국사편찬위원회 소장본.

남  옥(김보경 옮김), 『일관기: 붓끝으로 부사산 바람을 가르다』, 소명출
        판, 2006.

박제가(안대회 역주), 『북학의』, 돌베개, 2013.

박지원(김혈조 역주), 『熱河日記』, 돌베개, 2009.

서영보·심상규, 『萬機要覽』, 민족문화추진회, 1971.

성대중, 『日本錄』, 고려대 육당문고 소장본.

성대중(한국고전번역원 옮김), 『靑城雜記』, 올재클래식, 2012.

성대중(홍학희 옮김), 『일본록: 부사산 비파호를 날 듯이 건너』, 소명출
　　　판, 2006.

성　현, 『慵齋叢話』, 民族文化推進會, 1971.

송치규, 『剛齋集』, 한국문집총간 271집, 경인문화사, 1997.

신　흠, 『象村集』, 민족문화추진회, 1990.

안정복, 『東史綱目』, 민족문화추진회, 1977.

　　　『順菴集』, 민족문화추진회, 1996.

어숙권, 『稗官雜記』, 민족문화추진회, 1971.

오대령, 『溟槎錄』, 국립중앙도서관 소장본.

원중거, 『和國志』, 栖碧外史海外蒐佚本叢書 30, 아세아문화사, 1990.

원중거(김경숙 옮김), 『승사록: 조선후기 지식인, 일본과 만나다』, 소명
　　　출판, 2006.

원중거(박재금 옮김), 『화국지: 와신상담의 마음으로 일본을 기록하다』,
　　　소명출판, 2006.

유성룡, 『西厓集』, 민족문화추진회, 1977.

윤　증, 『明齋遺稿』, 민족문화추진회, 2006.

이규경, 『五洲衍文長箋散稿』, 민족문화추진회, 1977.

이덕무, 『靑莊館全書』, 민족문화추진회, 1980.

이상정, 『大山集』, 민족문화추진회, 2008.

이숭인, 『陶隱集』, 민족문화추진회, 2000.

이유원, 『林下筆記』, 민족문화추진회, 1999.

이　익, 『星湖僿說』, 민족문화추진회, 1976.

이정귀, 『月沙集』, 민족문화추진회, 1999.

이항복, 『白沙集』, 민족문화추진회, 1998.

장  유, 『谿谷集』, 민족문화추진회, 1993.

정경세, 『愚伏集』, 민족문화추진회, 2003.

정약용, 『茶山詩文集』, 민족문화추진회, 1982.

한치윤, 『海東繹史』, 민족문화추진회, 2003.

허  목, 『眉叟記言』, 민족문화추진회, 1997.

홍대용, 『湛軒書』, 민족문화추진회, 1974.


## 2. 단행본

강재언, 『譯註 申維翰海游錄』, 東洋文庫, 1974.

구자균, 『韓國平民文學史』, 민족문화사, 1947.

구지현, 『계미통신사 사행문학 연구』, 보고사, 2006.

김사엽, 『改稿 國文學史』, 정음사, 1954.

김종수, 『조선후기 중앙군제연구: 훈련도감의 설립과 사회변동』, 혜안, 2005.

김태준, 『朝鮮漢文學史』, 조선어문학회, 1931.

동북아역사재단, 『동아시아의 역사 Ⅱ 북방민족: 서민문화』, 동북아역사재단, 2011.

소재영·김태준 공편, 『여행과 체험의 문학: 일본편』, 민족문화문고간행회, 1985.

손승철, 『조선시대 한일관계사 연구: 교린관계의 허와 실』, 경인문화사, 2006.

이진희, 『李朝の通信使: 江戸時代の日本と朝鮮』, 講談社, 1976.

이헌홍, 『한국고전문학강의』, 박이정, 2012.

임장혁, 『조형의 부상일기연구: 1655년 일본통신사의 기행일지』, 집문
　　당, 2000.

정장식, 『통신사를 따라 에도시대를 가다』, 고즈윈, 2005.

조규익, 『국문 사행록의 미학』, 역락, 2004.

조규익·정영문, 『조선통신사 사행록 연구총서』, 학고방, 2008.

한일관계사연구논집 편찬위원회 편, 『통신사·왜관과 한일관계』, 경인
　　문화사, 2005.

홍선표, 『17·18세기 조선의 독서문화와 문화변동』, 혜안, 2007.

나카오 히로시 지음(유종현 옮김), 『조선통신사 이야기: 한일 문화교류
　　의 역사』, 한울, 2005.

동경대 교양학부 일본사연구회 편(김현구·이언숙 옮김), 『일본사개설』,
　　지영사, 1994.

로널드 토비 지음(허은주 옮김), 『일본 근세의 '쇄국'이라는 외교』, 창해,
　　2013.

미나모토 료엔 지음(박규태·이용수 옮김), 『도쿠가와 시대의 철학사상』,
　　예문서원, 2000.

스즈키 마사유키 지음(류교열 옮김), 『근대 일본의 천황제』, 이산, 1996.

야마구치 게이지 지음(김현영 옮김), 『일본근세의 쇄국과 개국』, 혜안,
　　2001.

와타나베 히로시 지음(박홍규 옮김), 『주자학과 근세일본사회』, 예문서
　　원, 2007.

이와이 준·오자와 도미오 편저(한국일본사상사학회 옮김), 『논쟁을 통

해 본 일본사상』, 성균관대출판부, 2001.

후마 스스무 지음(하정식·정태섭·심경호·홍성구·권인용 옮김), 『연행사와 통신사』, 신서원, 2008.

후지이 조지 외 지음(박진한·이계황·박수철 옮김), 『쇼군/천황/국민』, 서해문집, 2012.


3. 논문


강지은, 「17世紀 經學方法論 研究: 獨創性 및 批判性을 尺度로 한 經學研究를 대신하여」, 『퇴계학보』 제128집, 퇴계학연구소, 2010.

고동환, 「조선후기 지식세계의 확대와 실학」, 『한국사시민강좌』 48, 일조각, 2011.

구지현, 「필담창화집을 통해 본 한일문사의 문학교류」, 『조선통신사연구』 제4호, 조선통신사학회, 2005.

_____, 「17세기 通信使 筆談에 나타난 한일간 서적 교류의 모습」, 『한국한문학 연구』 제47호, 한국한문학회, 2011.

김강일, 「조선후기 倭館의 정보수집에 관한 연구: 『分類紀事大綱 25』 「風說之事」를 중심으로」, 『한일관계사연구』 제29집, 한일관계사학회, 2008.

김경숙, 「18세기 전반 서얼문학연구: 이세원, 신유한, 강백, 김도수를 중심으로」, 이화여자대학교 박사논문, 1999.

_____, 『승사록(乘槎錄)』의 서술 방식과 사행록으로서의 의의」, 『한국문화연구원논총』 제10호, 이화여자대학교 한국어문학연구소, 2006.

_____, 「조선후기 韓·日 서적 교류 고찰: 18세기 통신사 사행록을 중심
    으로」, 『한중인문학연구』 23, 중한인문과학연구회, 2008.

김문식, 「조선후기 통시사행원의 대일인식」, 『대동문화연구』 제41집,
    성균관대학교 대동문화연구원, 2002.

_____, 「조선후기 지식인의 대일인식」, 『18세기 한일 문화교류의 양상』,
    태학사, 2007.

김보경, 「남옥의 『일관기』 연구:대상·보기·쓰기 문제를 축으로」, 『한국
    고전연구』 제14집, 한국고전연구학회, 2006.

김성준, 「18세기 통신사행을 통한 조선 지식인의 일본 고학 인식」, 『동
    양한문학 연구』 제32집, 동양한문학회, 2011.

_____, 「茶山과 일본 고학과 太宰春臺의 經權論」, 『동양한문학연구』 제
    36집, 2013.

김성진, 「朝鮮後期 小品體 散文 연구」, 부산대학교 박사논문, 1991.

_____, 「조선후기 통신사의 기행시문에 나타난 일본관연구」, 『도남학
    보』 제15집, 1996.

_____, 「조선후기 통신사의 일본문학인식」, 『한국문학논총』 제18집,
    한국문학회, 1996.

_____, 「남옥의 생애와 일본에서의 필담창화」, 『한국한문학연구』 제19
    집, 한국한문학회, 1996.

_____, 「계미사행시의 남옥과 나파사증」, 『한국문학논총』 제40집, 한
    국문학회, 2005.

_____, 「癸未使行時의 筆談唱和와 大阪의 混沌社」, 『한국문학논총』 제
    54집, 한국문학회, 2010.

_____, 「癸未使行時의 筆談唱和와 大阪의 混沌社」, 『한국문학논총』 제

54집, 한국문학회, 2010.

김승일, 「도쿠가와(덕천) 막부시기, 일본의 조선성리학 수용과 그 의의에 대한 일 시각」, 『사학연구』 제100호, 한국사학회, 2010.

김승우, 「기행시문집에 나타난 우리나라 역대 문인·학자들의 일본관 연구: 려한시대 일본기행 시문집 〈해행총재〉를 중심으로」, 『덕성어문학』 제7집, 덕성여자대학교 국어국문학과, 1992.

김아리, 「노가재여행일기의 글쓰기 방식: 상호텍스트성을 중심으로」, 『한국한문학연구』 제25집, 한국한문학회, 2000.

김윤향, 「18세기 신유한의 일본인식에 관한 고찰: 통신사기록 '해유록'을 중심으로」, 이화여자대학교 석사논문, 1987.

김인규, 「순암 안정복의 학문과 역사인식」, 『溫知論叢』 제36집, 온지학회, 2013.

김의환, 「조엄이 본 18세기 후반기의 일본사회와 조일관계: 그의 『해사일기』를 중심으로」, 『현암 신국주 박사 화갑기념 한국학논총』, 동국대학교출판부, 1985.

김정일, 「1636년 통신사와 조선의 대마도인식」, 『숙명한국사론』 창간호, 숙명여자대학교, 1993.

김현미, 「18세기 연행록의 전개와 특성 연구」, 이화여자대학교 박사논문, 2004.

김형태, 「1764년 통신사(通信使) 의원필담(醫員筆談) 『왜한의담(倭韓醫談)』의 특성 및 문화사적 가치 연구」, 『배달말』 제53집, 배달말학회, 2013.

김종수, 「호곡 남용익의 일본문명 견문」, 『민족문화』 제41집, 한국고전번역원, 2013.

김태준, 「임진란 이후의 한일교류」, 『문예진흥』 제96집, 한국문화예술
　　　진흥원, 1984.

_____, 「동아시아 문학의 자국주의와 중화주의의 위기: 18세기 한일문학
　　　교류의 한 양상」, 『일본학』 6, 동국대학교 일본학연구소, 1987.

_____, 「18세기 한일문화교류의 양상: 『강관필담』을 중심으로」, 『논문
　　　집』 제18집, 숭실대학교, 1988.

김태훈, 「17세기 대일정책 변화 연구」, 서울대학교 박사논문, 2013.

김현숙, 「실학자들의 고구려사·백제사 연구」, 『한국고대사연구』 62, 한
　　　국고대사학회, 2011.

노대환, 「조선후기의 서학유입과 서기수용론」, 『진단학보』 83, 진단학
　　　회, 1997.

_____, 「18세기 후반~19세기 전반 名物學의 전개와 성격」, 『한국학연
　　　구』 31, 인하대학교 한국학연구소, 2013.

노성환, 「조총을 통해서 본 한일관계」, 『동북아문화연구』 제20집, 동북
　　　아시아문화학회, 2009.

문경철, 「朝鮮通信使로 본 韓日文化交流: 唐人춤과 唐子춤을 中心으로」,
　　　원광대학교 석사논문, 2011.

문지성, 「≪莊子≫〈天下〉 篇을 통한 六經의 原理적 측면에 대한 이해」,
　　　『중국어문학논집』 제7호, 중국어문학연구회, 1995.

문창로, 「조선후기 실학자들의 삼한 연구」, 『한국고대사연구』 62, 한국
　　　고대사학회, 2009.

노중국, 「백제의 고대동아시아 세계에서의 위상」, 『백제문화』 제40집,
　　　공주대학교 백제문화연구소, 2009.

민덕기, 「에도 막부의 동아시아 국제사회로의 진입 노력: 무로마치 막

부와 비교하여」, 『일본사상』 제6호, 한국일본사상사학회, 2004.

_____, 「김인겸의 『日東壯遊歌』로 보는 對日인식: 조엄의 『海槎日記』와 의 비교를 통해」, 『한일관계사연구』 제23집, 한일관계사학회, 2005.

박애경, 「일본 기행가사의 계보와 일본관의 변모양상」, 『열상고전연구』 제23집, 열상고전연구회, 2006.

박정희, 「17~18세기 通信使에 대한 日本의 儀式茶禮 硏究」, 원광대학교 박사논문, 2009.

박재금, 「원중거의 일본체험, 그 의의와 한계: 「화국지」를 중심으로」, 『한국한문학연구』 제47집, 한국한문학회, 2011.

박종훈, 「『老松堂 日本行錄』에 보이는 日本人識」, 『동방학』 제22집, 한서 대 동양고전연구소, 2012.

박진한, 「일본 근세의 도시사회와 도시지배」, 『동양사학연구』 제102집, 동양사학회, 2008.

박창기, 「조선시대 통신사와 일본의 문단: 1711년 사행시 임가 및 목하 순암문과의 교류를 중심으로」, 『일본학보』 23, 한국일본학회, 1989.

박채영, 「玄川 元重擧의 通信使行錄 硏究: 『乘槎錄』과 『和國志』를 중심으로」, 이화여자대학교 석사논문, 2009.

박태순, 『계미통신사(1763)의 일본관: 김인겸의 〈일동장유가〉와 박지 원의 〈우상전〉을 중심으로」, 『일본평론』 제4집, 가톨릭대학교 사회과학연구소, 1991.

박희병, 「조선의 일본학 성립: 원중거와 이덕무」, 『한국문화』 61, 서울 대학교 규장각 한국학 연구원, 2013.

백옥경, 「역관 오대령의 일본인식: 『명사록』을 중심으로」, 『조선시대사학보』 38, 조선시대사학회, 2006.

_____, 「역관 김지남의 일본 체험과 일본인식: 『동사일록』을 중심으로」, 『한국문화연구』 10, 이화여자대학교 한국문화연구원, 2006.

설배환, 「18세기 조선 士人의 異域 인식: 『欽英』의 『同文廣考』 옮겨 적기를 통한 고찰」, 『한국문화』 65, 서울대 규장각 한국학연구원, 2014.

서신호, 「전근대 일본사회의 교육제도와 이념: 幕府설립의 관학, 昌平坂學問所를 중심으로」, 『교육문화연구』 제15-2호, 인하대학교 교육연구소, 2009.

소재영, 「『해유록』에 비친 한일관계: 신유한의 『해유록』 연구」, 『숭실어문』 제4집, 숭실대학교 국어국문학회, 1987.

소재영, 「18세기의 일본체험: 『일동장유가』를 중심으로」, 『논문집』 18, 숭실대학교, 1988.

손승철, 「조선시대 日本天皇觀의 유형적 고찰」, 『천황과 일본문화』, 한림대학교 아시아문화연구소, 2004.

_____, 「『海東諸國紀』의 사료적 가치」, 『한일관계사연구』 제27집, 한일관계사학회, 2007.

_____, 「여행기를 통해 본 한·일 양국의 표상: 조선시대 『해동제국기(海東諸國紀)』와 『화국지(和國志)』를 통해 본 일본의 표상」, 『동아시아문화연구』 44권, 한양대학교 동아시아문화연구소, 2008.

_____, 「조선통신사 사행록 연구: 『海東諸國紀』와 『和國志』同異点 분석」, 『인문과학연구』 제30집, 강원대학교 인문과학연구소, 2011.

_____, 「전근대 동아시아 국제관계의 재인식; 『해동제국기』를 통해 본

15세기 조선지식인의 동아시아관: 약탈의 시대에서 공존·공생
의 시대로」,『사림』41권, 수선사학회, 2012.

손흥철, 「다산학의 재조명을 위한 시론」,『다산학』제15호, 다산학술문
화재단, 2009.

손혜리, 「청성 성대중의 문학활동과 문학론」, 성균관대학교 석사논문,
2000.

_____, 「靑城 成大中 記文 硏究」,『한문학보』제18집, 우리한문학회,
2008.

_____, 「성대중의 사행체험과『일본록』」,『한문학보』22, 우리한문학
회, 2010.

_____, 「조선후기 문인들의 顧炎武에 대한 인식과 수용: 硏經齋 成海應
을 중심으로」,『대동문화연구』제73집, 성균관대 대동문화연구
원, 2011.

송지원, 「조선통신사의 의례」,『조선통신사연구』제2호, 조선통신사학
회, 2006.

신동규, 「『海東諸國紀』로 본 中世日本의 國王觀과 日本國王使의 성격」,
『한일관계사학회』제27집, 한일관계사학회, 2007.

신로사, 「1811년 辛未通信使行과 朝日 문화 교류: 筆談·唱酬를 중심으로」,
성균관대학교 박사논문, 2011.

_____, 「1643년 통신사행과 조경의 일본인식에 관한 小考」,『민족문화』
제41집, 한국고전번역원, 2013.

심경호, 「강화학의 허가비판론」,『대동한문학』제14집, 대동한문학회,
2001.

안대회, 「李睟光의『芝峯類說』과 조선후기 名物考證學의 전통」,『진단학

보』 98, 진단학회, 2004.

_____, 「18·19세기 조선의 백과전서파와 『화한삼재도회』」, 『대동문화
연구』 제69집, 2010.

_____, 「임란 이후 해행(海行)에 대한 당대의 시각: 통신사를 보내는
문집 소재 송서(送序)를 중심으로」, 『정신문화연구』 제35권 4
호, 한국학중앙연구원, 2012.

안상우, 「『고금도서집성』 의부의 편찬과 의의」, 『한국의사학회지』 제15
권 2호, 한국의사학회, 2002.

엄찬호, 「『海東諸國記』의 역사지리적 고찰」, 『한일관계사연구』 제27집,
한일관계사학회, 2007.

여신호, 「전근대 일본사회의 교육제도와 이념: 幕府설립의 官學, 昌平坂
學問所를 중심으로」, 『교육문화연구』 인하대학교 교육연구소,
2009, 129~157쪽.

오상학, 「조선시대의 일본지도와 일본인식」, 『대한지리학회지』 제38권
제1호, 대한지리학회, 2003.

오수경, 「燕巖學派 研究」, 『대동한문학』 제11집, 대동한문학회, 1999.

원재연, 「조선시대 학자들의 서양인식」, 『대구사학』 제73집, 2003.

유준기, 『한국 근대유교 개혁운동사』, 삼문, 1999.

윤재환, 「『日觀詩草』를 통해 본 秋月 南玉의 日本 認識」, 『고전과 해석』
제8집, 고전문학한문학연구학회, 2010.

이경무, 「유학의 경서와 학적 전통」, 『범한철학회논문집』 제30집, 범한
철학회, 2003.

이경희·조수미·한태문, 「영가대 해신제 제수 요리의 원형복원에 대하
여」, 『조선통신사연구』 제8호, 조선통신사학회, 2009.

이계용, 「일동장유가에 나타난 작가의식 연구」, 성결대학교 석사논문, 2009.

이기동, 「日本儒學에서 中世的 思惟의 形成과 克服」, 『동양철학연구』 제25집, 동양철학연구회, 2001.

이기원, 「오규 소라이의 古文辭學」, 『일본사상』 제15호, 한국일본사상사학회, 2009.

이동찬, 「18세기 대일 사행체험의 문화적 충격양상: 〈해사일기〉와 〈일동장유가〉를 중심으로」, 『한국문학논총』 제15집, 한국문학회, 1994.

_____, 「계미 통신사행 기록의 장르선택: 〈해사일기〉와 〈일동장유가〉를 중심으로」, 『한국문학논총』 제18집, 한국문학회, 1996.

이상기, 「秦始皇의 焚書抗儒에 대한 始末」, 『중국연구』 제14집, 한국외국어대학교 중국연구소, 1993.

이성후, 「조엄과 김인겸의 對日觀 연구」, 『금오공대 논문집』 제7집, 금호공과대학교, 1986.

_____, 「『일동장유가』와 『해사일기』의 비교연구」, 『논문집』 제17집, 금오공과대학교, 1996.

_____, 「청천 신유한의 대일관연구」, 『논문집』 제18집, 금오공과대학교, 1997.

이용수, 「古學·國學·尊王攘夷論」, 『동양고전연구』 제30집, 동양고전학회, 2008.

이원식, 「朝鮮純祖辛未通信使の訪日について: 對馬における日韓文化交流中心に」, 『韓國學報』 72, 조선학회, 1974.

_____, 「통신사기록을 통해 본 대일본인식」, 『국사관논총』 76, 1997.

이은혁, 『漢代 文字論 硏究』, 『한자한문교육』 제8집, 한국한자한문교육
    학회, 2002.

이종묵, 「鄭東愈와 그 一門의 저술」, 『진단학보』 110, 진단학회, 2010.

이창경, 「조선통신사가 한·일출판문화 발전에 미친 영향」, 『한국출판학
    연구』 제38권, 한국출판학회, 2012.

이채연, 「朝鮮前期 對日 使行文學에 나타난 日本人識」, 『한국문학논총』
    제18집, 한국문학회, 1996.

이혜순, 「신유한의 『해유록』 연구」, 『논문집』 제18집, 숭실대학교, 1988.

_____, 「18세기 후반 조선통신사의 일본인식: 조엄의 해사일기와 창수
    록을 중심으로」, 『동방고전문학연구』, 학산조종업박사화갑기
    념논총, 1990.

_____, 「18세기 한일문사의 교류양상: 기해사행시 한일문사의 〈창수
    집〉을 중심으로」, 『대동문화연구』 26, 성균관대학교 대동문화
    연구소, 1991.

_____, 「18세기 한일문사의 금강산: 부사산 우열논쟁과 그 의미」, 『한
    국한문학연구』 제14집, 한국한문학연구회, 1991.

_____, 「18세기 한일문사의 창화시 연구: 신묘사행시 대판성오십운 창
    화시를 중심으로」, 『한국한시연구』 2, 한국한시학회, 1994.

_____, 「17세기 통신사행집단의 문학과 의식세계: 남용익의 〈장유〉를
    중심으로」, 『한국한문학연구』 제17집, 한국한문학회, 1994.

_____, 『조선통신사의 문학』, 이화여대출판부, 1996.

이홍식, 「1763년 계미통신사행과 한일 관계의 변화 탐색: 충돌과 갈등
    양상을 중심으로」, 『동아시아문화연구』 제49집, 한양대 동아시
    아문화연구소, 2011.

이효원, 「荻生徂徠와 통신사: 조래 조선관의 형성과 계승에 주목하여」, 『고전문학연구』 제43집, 한국고전문학회, 2013.

_____, 「荻生徂徠와 「贈朝鮮使序」 연구」, 『한국한문학연구』 제51집, 한국한문학회, 2013.

이효정, 「朝鮮 前期 士大夫의 日本 使行 經驗: 宋希璟의 『日本行錄』을 중심으로」, 『조선통신사연구』 제5호, 조선통신사학회, 2007.

이희복, 「막번체제와 센다이번 그리고 일본유학」, 『일본사상』 제8호, 한국일본사상사학회, 2005.

임형택, 「계미통신사와 실학자들의 일본관」, 『창작과비평』 가을호, 1994.

장덕순, 「日本紀行의 日東壯遊歌」, 『현대문학』 제95호, 현대문학, 1962.

장순순, 「朝鮮後期 通信使行의 製述官에 대한 一觀察」, 「전북사학」 제10집, 전북대사학회, 1990.

_____, 「조선후기 대일교섭에 있어서 尹趾完의 通信使 경험과 영향」, 『한일관계사연구』 제31집, 한일관계사학회, 2008.

_____, 「17세기 조일관계와 '鬱陵島 爭界'」, 『역사와 경계』 제84호, 부산경남사학회, 2012.

_____, 「17세기 후반 '鬱陵島爭界'의 종결과 對馬島(1696~1699년)」, 『한일관계사학회』 제45집, 한일관계사학회, 2013.

장혜진, 「에도(江戸)시대 조선통신사 닛코(日光)행에 관한 일고찰: 17세기 중반 류큐 사절의 닛코행 비교를 통하여」, 한양대학교 석사논문, 2007.

전경목, 「임진왜란으로 말미암은 문화재 피해상황」, 『임진왜란과 한일관계』, 경인문화사, 2005.

정영문, 「조선시대 대일사행문학 연구: 『해행총재』 소재 작품을 중심으로」, 숭실대학교 박사논문, 2005.

_____, 「宋希璟의 『日本行錄』 研究」, 『온지논총』 제14집, 온지학회, 2006.

_____, 「通信使가 기록한 國內行使路程에서의 餞別宴」, 『조선통신사연구』 제7호, 조선통신사학회, 2008.

_____, 「통신사행록에 나타난 '대마도'」, 『온지논총』 제27집, 온지학회, 2011.

정은영, 「조선통신사와 망궐례」, 『조선통신사연구』 제5호, 조선통신사학회, 2007.

_____, 「조선후기 통신사와 조선중화주의」, 『국제어문』 제46집, 국제어문학회, 2009.

_____, 「조선후기 통신사의 관왕묘 방문과 그 의미」, 『국제어문』 제50집, 국제어문학회, 2010.

_____, 「『일본록』에 나타난 대일지식 생성 연구」, 『어문학』 제122집, 한국어문학회, 2013.

정응수, 「18세기 동아시아 주변 문화권의 문화적 자각과 중화사상의 쇠퇴: 「강관필담」과 「흑정필담」을 중심으로」, 『일본문화학보』 제3집, 한국일본문화학회, 1997.

_____, 「한일간의 상호 이미지 연구: 신정백석과 신유한을 중심으로」, 원광대학교 박사논문, 2003.

정장식, 「1655년 통신사행과 일본연구」, 『일본학보』 44, 한국일본학회, 2000.

_____, 「1636년 통신사의 일본인식」, 『문명연지』 제2권 2호, 한국문명학회, 2001.

_____, 「계미(1643) 통신사행과 일본인식」, 『일본문화학보』 ★★집, 한

국일본문화학회, 2001.

──────, 「영조대 통신사와 이덕무의 일본 연구」, 『일본문화학보』 제23
집, 한국일본문화학회, 2004.

──────, 「1748년 통신사와 일본에 대한 인식 변화」, 『인문과학논집』 제
31집, 청주대 인문과학연구소, 2005.

정재훈, 「실학자들의 '한국사' 탐구」, 『한국사 시민강좌』 제48집, 일조
각, 2011.

정한기, 「『일동장유가』에 나타난 일본에 대한 인식연구: 『해사일기』의
비교를 중심으로」, 『관악어문연구』 제25집, 서울대학교 국어국
문학과, 2000.

정혜린, 「金正喜의 일본 古學 수용 연구」, 『한국실학연구』 26, 한국실학
학회, 2013.

정훈식, 「조선후기 통신사행록 소재 견문록의 전개 양상」, 『한국문학논
총』 제50집, 한국문학회, 2008.

──────, 「조선후기 일본지식의 생성과 통신사행록」, 『동양한문학연구』
제29집, 동양한문학회, 2009.

──────, 「조선후기 일본론에서 대마도와 안용복」, 『역사와 경계』 89, 부
산경남사학회, 2013.

정훈식·남송우, 「조선후기 일본지식의 생성과 통신사행록」, 『동양한문
학연구』 제29집, 동양한문학회, 2009.

조성산, 「玄同 鄭東愈(1744~1808)와 『晝永編』에 관한 연구」, 『한국인물
사연구』 제3호, 한국인물사연구소, 2005.

──────, 「조선후기 소론계의 古代史 연구와 中華主義의 변용」, 『역사학
보』 제202집, 역사학회, 2009.

조정효, 「『일본왕환일기』의 사행문학적 성격과 의의」, 부산대학교 석사논문, 2011.

조태흠, 「이정보 시조에 나타난 도시시정의 풍류」, 『한국문학논총』 제38집, 한국문학회, 2004.

진영은, 「朝鮮通信使 交流에 나타난 韓日 飮食文化 硏究」, 순천대학교 석사논문, 2013.

진재교, 「원중거의 「안용복전」 연구: '안용복'을 기억하는 방식」, 『진단학보』 108, 진단학회, 2009.

_____, 「18·19세기 동아시아와 지식·정보의 메신저, 역관」, 『한국한문학연구』 제47집, 한국한문학회, 2011.

_____, 「17~19세기 사행과 지식·정보의 유통 방식」, 『복수의 한문학, 하나인 동아시아』, 『한문교육연구』 제40호, 한국한문교육학회, 2013.

채미하, 「실학자들의 新羅史 연구 방법과 그 해석」, 『한국고대사연구』 62, 한국고대사학회, 2011.

천병돈, 「강화학파의 형성과 사상적 계보」, 『인천학연구』 7, 인천대 인천학연구, 2007.

최나리, 「1711년 신묘통신사 빙례개변에 대하여: 新井白石과 雨森芳洲의 대립을 중심으로」, 경희대학교 석사논문, 2010.

최박광, 「한일간 한문학 교류에 대하여, 청천 신유한을 중심으로」, 『한국한문학연구』 제5집, 한국한문학연구회, 1981.

_____, 「靑泉 申維翰と日本」, 『논문집』 제6집, 건국대학교 부설교육연구소, 1982.

_____, 「18세기 일본한시단: 신유한 문집에서」, 『일본학』 제2집, 동국

대학교 일본학연구소, 1982.

_____, 「18세기 한일간의 한문학교류: 청천 신유한과 신정백석」, 『전
　　　통문화연구』 제1집, 명지대학교 한국전통문화연구소, 1983.

_____, 「한일간의 문학교류: 신유한과 月心性湛의 경우」, 『인문과학』
　　　제29집, 성균관대학교 인문과학연구소, 1999.

최종일, 「조선통신사와 일광산치제 연구」, 강원대학교 석사논문, 1998.

하우봉, 「새로 발견된 일본사행록들: ≪해행총재≫의 보충과 관련하여」,
　　　『역사학보』 112, 역사학회, 1986.

_____, 「順菴 安鼎福의 日本認識」, 『전라문화논총』 제2집, 전북대학교
　　　전라문화연구소, 1988.

_____, 「『通信使謄錄』의 使料的 性格」, 『한국문화』 12, 서울대 한국문화
　　　연구소, 1991.

_____, 「원중거의 일본인식」, 『이기백선생고희기념 한국사학논총』 하,
　　　일조각, 1994.

_____, 「실학파의 대외인식」, 『국사관논총』 제76집, 국사편찬위원회,
　　　1997.

_____, 「조선후기 통신사행원의 일본 고학 이해」, 『일본사상』 제8호,
　　　한국일본사상사학회, 2005.

_____, 「조선후기 실학과 일본 근세 고학의 비교 연구 시론」, 『18세기
　　　한일문화 교류의 양상』, 태학사, 2007.

_____, 「조선후기 대일통신사행의 문화사적 의의」, 『사학연구』 제95
　　　호, 한국사학회, 2009.

_____, 「16세기말 동아시아 국제전쟁」, 『동아시아의 역사』 II, 동북아역
　　　사재단, 2011.

_____, 「조선시대의 통신사 외교와 의례문제」,『조선시대사학보』58
　　　권, 조선시대사학회, 2011.

하혜정, 「『海東諸國記』底本 연구」,『동양고전연구』제28집, 동양고전학
　　　회, 2007.

한기승, 「日本通信使 硏究: 聘禮의 性格 分析을 中心으로」, 동의대학교
　　　석사논문, 2004.

한문종, 「조선의 남방지역과 일본에 대한 경계인식」,『한일관계사연구』
　　　제39집, 한일관계사학회, 2011.

한수희, 「호곡 남용익의 사행문학 연구:「부상록」·「문견별록」을 중심으
　　　로」, 성균관대학교 석사논문, 2010.

한태문, 「여항문인의 임술사행기 연구:『동사록』과『동사일록』을 중심
　　　으로,『국어국문학』제30집, 부산대학교 국어국문학과, 1993.

_____, 「홍세태 사행문학 연구」,『우암어문논집』제4집, 부산외국어대
　　　학교 국어국문학과, 1994.

_____, 「조선후기 통신사 사행문학 연구」, 부산대학교 박사논문, 1995.

_____, 「이언진의 문학관과 통신사행에서의 세계인식」,『국어국문학』
　　　제34집, 부산대학교 국어국문학과, 1997.

_____, 「조선후기 대일 사행문학의 실증적 연구: 부산 영가대 해신제
　　　와 제문을 중심으로」,『동양한문학연구』제11집, 동양한문학
　　　회, 1997.

_____, 「甲子 通信使行記『東槎錄』硏究」,『인문논총』제50집, 부산대학
　　　교 인문학연구소, 1997.

_____, 「『동사록』소재 서간에 반영된 한일 문사의 교류양상 연구」,
　　　『한국문학논총』제23집, 한국문학회, 1998.

_____, 「『해행총재』 소재 사행록에 반영된 일본의 통과의례와 사행원의 인식」, 『한국문학논총』 제26집, 한국문학회, 2000.

_____, 「17세기 通信使 使行文學의 전개와 문학사적 의의」, 『인문논총』 제57집, 부산대학교 인문학연구소, 2001.

_____, 「신유한의 『해유록』 연구」, 『동양한문학연구』 제26집, 동양한문학회, 2008.

_____, 「조선후기 통신사와 사명당」, 『어문연구』 64, 어문연구학회, 2010.

_____, 「조선후기 통신사의 贐章 연구: 「遜窩府君日本行詩贐章」을 중심으로」, 『어문연구』 73, 어문연구학회, 2012.

_____, 「조선후기 通信使 使行錄에 반영된 日光山行」, 『한민족어문학』 제65집, 한민족어문학회, 2013.

함영대, 「임란이전 조선 중앙관료의 일본인식」, 『한문학보』 제21집, 우리한문학회, 2009.

_____, 「조선후기 한일학술교류에 대한 일고: 그 비대칭성을 중심으로」, 『한문학보』 제24집, 우리한문학회, 2011.

허경진·박혜민, 「조선통신사 필담창화집의 일본 출판」, 『한국어문학연구』 제45집, 한국어문학연구학회, 2010.

홍성화, 「通信使行錄에 보이는 古代史 관련 기술 고찰」, 『한일관계사연구』 제43집, 한일관계사학회, 2012.

홍유표, 「일동장유가에 나타난 일본관」, 동국대학교 석사논문, 1984.

다카하시 히로미, 「通信使·北學派·蒹葭堂」, 『조선통신사연구』 제4호, 조선통신사학회, 2005.

누키이 마사유키, 「손문욱 시론」, 『조선통신사연구』 제17호, 조선통신사학회, 2013.

오쓰보 후지요, 「朝鮮通信使饗應食の意義」, 『조선통신사연구』 제10호,
　　조선통신사학회, 2010.

오이시 마나부, 「일본 근세도시 에도의 기능과 성격」, 『도시인문학연구』
　　제1권 1호, 서울시립대학교 도시인문학연구소, 2009.

타카마사 하루코, 「朝鮮通信使の饗應について」, 『조선통신사연구』 제3
　　호, 조선통신사학회, 2006.

# 찾아보기

318